海关信用体系
（AEO认证）建设实务

主　编　**王宛濮**

副主编　**梁　爽　熊　斌**

復旦大學 出版社

前言

2013年中国超越美国成为全球货物贸易第一大国，2022年中国货物贸易首次突破40万亿元人民币，连续六年稳居世界货物贸易第一大国地位。在美国"9·11"事件的后续影响下，2005年6月，世界海关组织通过了《世界海关组织全球贸易安全与便利标准框架》，倡导重要制度变革，旨在提升全球贸易供应链的安全与便利化水平。2008年3月28日，中华人民共和国国务院发布《国务院办公厅关于社会信用体系建设的若干意见》，这是第一份推进中国社会信用体系建设的指导意见。在上述宏观背景下，中国海关自2008年开始实施海关信用体系建设，将部门间联合激励和联合惩戒的具体措施与海关信用体系制度相结合，使"经认证的经营者（Authorized Economic Operator，AEO）"资质成为提升企业信用水平、助力企业享受通关便利的"金字招牌"，树立了将国内制度与国际规则深度融合、互相促进的典范。

快速发展的对外贸易和世界海关现代化制度变革的实际情况急需更多通晓国际贸易有关法律和规则、了解国际贸易合规运作的具体程序和惯常做法、熟知海关制度的应用型人才。本教材根据国际贸易和现代化海关制度发展趋势，结合多年的教学经验以及对海关信用体系制度建设领域的深入研究编写而成。本教材全面系统地介绍了海关信用体系制度建设的主要内容，包括《世界海关组织全球贸易安全与便利标准框架》概述、中国AEO制度和中国海关信用管理体系、中国海关企业信用管理措施、中国海关高级认证企业标准、中国海关高级认证企业认证实施过程等内容。我国目前尚无与海关信用体系建设有关的适用于普通高等院校教育的教材，本教材的出版，填补了该领域的空白。与其他同类书籍相比较，本教材的特色主要体现在以下三个方面：

（1）前沿性。本教材将海关信用体系制度建设的最新概念、前沿理论、政策法规与具体操作流程等都尽量完美地结合在一起，让学生比较全面地掌握相关知识和技能，以符合社会对关务合规人才的培养要求。

（2）通俗性。海关信用体系建设实务是海关法律法规在实践中的体现，内容繁多且庞杂，目前市场上尚无同类教材。本教材借鉴其他优秀教材的编写经验，通过案例引导，在编写上采用图表和表格的形式，在每章之后附上了大量案例和资料，通俗易懂。

（3）应用性。根据海关信用体系建设实务课程的特点，本教材以海关信用体系建设知识点的难易程度为出发点，以先易后难为内容安排的主线，同时在整体上把握海关信用体系建设的逻辑流程，并注重实际操作能力的锻炼，每章都安排了练习题目，以突出对基本理论、基本技能的掌握和操作能力的培养。本教材着力解决学生应了解的"什么是海关信用体系""海关信用体系能够给企业带来哪些收益""企业如何建立海关信用体系"等重点问题。

本教材经过几年的试用，结合教学实践和最新政策调整变化，先后进行过多次修改，既可作为高等院校国际经济与贸易、报关与国际货运、物流管理、电子商务、外贸英语等专业的教材，也可作为关务水平测试的辅助参考书，对在外向型企事业单位从事海关业务的管理人员、操作人员也有较高的参考价值。

本教材由上海商学院国际经济与贸易系的王宛濮讲师担任主编，负责拟定大纲、通稿并修改，由梁爽博士和熊斌博士任副主编。本书编写人员分工如下：第一、三、四章由王宛濮编写，第二章由梁爽编写，第五章由熊斌编写。

在编写过程中，我们参阅了大量国内外相关书籍和著作以及众多网站的内容，特别是参阅了海关总署署令及其他行政机关的公告和通知等内容，并引用了其中许多观点和资料，限于篇幅，不一一注明出处，在此一并表示感谢。由于编者水平有限，难免有疏漏和错误之处，敬请读者批评和指正。

编　者

2024 年 1 月

目录

第一章 《世界海关组织全球贸易安全与便利标准框架》概述 ⋯⋯⋯⋯⋯ 1
 第一节 《世界海关组织全球贸易安全与便利标准框架》的产生及其主要内容 ⋯⋯⋯ 1
 第二节 AEO 制度的产生及实施条件 ⋯⋯⋯⋯⋯⋯⋯⋯⋯⋯⋯⋯⋯⋯⋯ 23
 练习题 ⋯⋯⋯⋯⋯⋯⋯⋯⋯⋯⋯⋯⋯⋯⋯⋯⋯⋯⋯⋯⋯⋯⋯⋯⋯⋯⋯ 33

第二章 中国 AEO 制度和中国海关信用管理体系 ⋯⋯⋯⋯⋯⋯⋯⋯⋯ 44
 第一节 AEO 认证在中国的进程 ⋯⋯⋯⋯⋯⋯⋯⋯⋯⋯⋯⋯⋯⋯⋯⋯ 48
 第二节 AEO 认证制度在中国实施的重要节点 ⋯⋯⋯⋯⋯⋯⋯⋯⋯⋯⋯ 51
 第三节 中国 AEO 国际互认情况 ⋯⋯⋯⋯⋯⋯⋯⋯⋯⋯⋯⋯⋯⋯⋯⋯ 58
 第四节 中国海关企业信用管理办法 ⋯⋯⋯⋯⋯⋯⋯⋯⋯⋯⋯⋯⋯⋯⋯ 73
 练习题 ⋯⋯⋯⋯⋯⋯⋯⋯⋯⋯⋯⋯⋯⋯⋯⋯⋯⋯⋯⋯⋯⋯⋯⋯⋯⋯⋯ 79

第三章 中国海关企业信用管理措施 ⋯⋯⋯⋯⋯⋯⋯⋯⋯⋯⋯⋯⋯⋯ 80
 第一节 中国社会信用体系建设的概述 ⋯⋯⋯⋯⋯⋯⋯⋯⋯⋯⋯⋯⋯⋯ 80
 第二节 全国公共信用信息和失信惩戒措施公示的范围和内容 ⋯⋯⋯⋯⋯ 82
 第三节 联合激励措施 ⋯⋯⋯⋯⋯⋯⋯⋯⋯⋯⋯⋯⋯⋯⋯⋯⋯⋯⋯⋯⋯ 90
 第四节 联合惩戒措施 ⋯⋯⋯⋯⋯⋯⋯⋯⋯⋯⋯⋯⋯⋯⋯⋯⋯⋯⋯⋯⋯ 96
 第五节 主动披露制度 ⋯⋯⋯⋯⋯⋯⋯⋯⋯⋯⋯⋯⋯⋯⋯⋯⋯⋯⋯⋯ 105
 第六节 企业协调员制度 ⋯⋯⋯⋯⋯⋯⋯⋯⋯⋯⋯⋯⋯⋯⋯⋯⋯⋯⋯ 109
 第七节 高级认证企业便利措施 ⋯⋯⋯⋯⋯⋯⋯⋯⋯⋯⋯⋯⋯⋯⋯⋯ 112
 第八节 海关企业信用培育制度 ⋯⋯⋯⋯⋯⋯⋯⋯⋯⋯⋯⋯⋯⋯⋯⋯ 125
 第九节 高级认证企业涉税要素申报规范 ⋯⋯⋯⋯⋯⋯⋯⋯⋯⋯⋯⋯ 129
 练习题 ⋯⋯⋯⋯⋯⋯⋯⋯⋯⋯⋯⋯⋯⋯⋯⋯⋯⋯⋯⋯⋯⋯⋯⋯⋯⋯ 133

第四章　中国海关高级认证企业标准 ... 135
第一节　《海关高级认证企业标准》(标准说明) ... 135
第二节　《海关高级认证企业标准》(通用标准) ... 139
第三节　《海关高级认证企业标准》(单项标准) ... 170
练习题 ... 190

第五章　中国海关高级认证企业认证实施过程 ... 196
练习题 ... 208

附录　AEO 认证部分申请文件范例 ... 213
练习题参考答案 ... 240
参考文献 ... 242

第一章 《世界海关组织全球贸易安全与便利标准框架》概述

本章概要

本章的主题是《世界海关组织全球贸易安全与便利标准框架》,分为两节。第一节主要介绍《世界海关组织全球贸易安全与便利标准框架》的产生及其主要内容。第二节主要介绍 AEO 制度的产生及实施条件。

学习目标

了解《世界海关组织全球贸易安全与便利标准框架》的产生背景;熟悉《世界海关组织全球贸易安全与便利标准框架》的目标、原则、核心元素和支柱;理解实施《标准框架》的益处;了解 AEO 的实施条件;熟悉 AEO 实施的便利措施。

在熟悉、了解和理解《世界海关组织全球贸易安全与便利标准框架》的基础上,加深对中国海关信用管理体系的理解,特别是有助于理解《海关高级认证企业标准》。

第一节 《世界海关组织全球贸易安全与便利标准框架》的产生及其主要内容

一、《世界海关组织全球贸易安全与便利标准框架》的产生背景

国际贸易是经济繁荣的基本推动力。全球贸易体制极易被恐怖分子利用,造成对整个世界经济的严重损害。作为监管国际货物流动的政府部门,海关在加强全球供应链安全、通过征收税款和便利贸易为社会经济发展作出贡献等方面有着独特的地位。

世界海关组织(World Customs Organization,WCO)有必要制定一项战略,用以保护全球贸易安全,加快而不阻滞贸易的流动。在加强海关管理并为 21 世纪做好准备的整个进程中,保护国际贸易供应链仅是其中的一个步骤。因此,为加强和超越现有的规定和做法,世界海关组织制定了一整套加强国际贸易安全与便利的措施,即《世界海关组织全球贸易安全与便利标准框架》(以下简称《世界海关组织框架》或《标准框架》)。《标准框架》设立了一系

列原则和标准,作为世界海关组织成员必须接受和实施的最低标准。

显然,世界海关组织是推动实施此项倡议的最合适的平台。世界海关组织拥有185个成员,代表着全球超98%的贸易量。海关拥有其他政府部门所没有的重要权力,即查验进出境及过境货物和物品的权力。海关也拥有拒绝货物进出境和加速进境的权力。海关可要求提供有关进口货物的信息,也经常要求提供出口货物的信息。根据相关立法,海关还可要求提前提供电子信息。海关独有的权力和专业知识,使得它能够并应当在全球贸易安全与便利方面发挥核心作用。出于制定一个既保护国际贸易供应链的安全,又不断推进贸易便利化的全盘行动方案的需要,应该鼓励各成员海关加强与其他政府部门的合作。

海关难以而且没有必要对每一票货物都实施查验。实际上,这种做法将会阻碍全球贸易的流动。因此,现代化海关均采用自动化系统对各种问题进行风险管理。在这种情况下,各成员海关不应为保护和便利本土贸易设立不同的标准,加重国际贸易界的负担,而是应当认可现有的其他国际标准。世界海关组织要建立一套统一的国际海关标准,同时,避免与其他国际政府间组织的标准重复或相悖。

《世界海关组织框架》考虑到了能力建设和必要的法律授权等重要因素。尽管实施《世界海关组织框架》中的相当一部分内容不需要能力建设,但也注意到仍有许多成员海关在实施各项标准时需要援助,于是提出对实施《世界海关组织框架》的海关提供适当的能力建设方面的援助。

美国"9·11"事件以后,世界海关组织在一般意义的贸易便利化的基础上,特别针对贸易安全问题提出了内部指南,包括增强风险管理、应用高科技、国际合作等三个要素。2004年6月,世界海关组织理事会决定在上述指南基础上发展标准框架。2004年12月,世界海关组织政策委员会采用了内部指南,初步形成了《世界海关组织全球贸易安全与便利标准框架》,并于2005年6月召开的世界海关组织年会上作为WCO成员必须实现的最低标准而通过的文件,包括中国海关在内的168个成员海关正式表达了实施《标准框架》的意向。2014年,世界海关组织在内部指南基础上发展了《标准框架》,同年12月,世界海关组织政策委员会初步形成了《标准框架》。2015年6月,世界海关合作理事年会通过了该《标准框架》。世界海关组织的大多数成员均表示了启动实施《标准框架》的意愿,中国代表团也正式在实施意向书上签了字。

该《标准框架》的内容涉及海关的全面业务和全方位的改革方向,描述和规划了现代海关发展的模式和蓝图,代表海关未来的发展方向,是对世界海关制度的重大改革。

二、《世界海关组织全球贸易安全与便利标准框架》的目标、原则、核心元素和支柱

（一）《标准框架》的目标

《标准框架》旨在通过对海关运作模式进行重大改革,以增强各国海关应对安全与便利这两大挑战的能力:

（1）制订全球范围供应链安全与便利的标准，促进稳定性和预见性；

（2）促成所有运输方式都适用的一体化供应链管理；

（3）从找准角色定位、履行职能作用和提高工作能力方面入手，不断提高海关应对 21 世纪挑战的能力；

（4）加强海关之间的合作，提高识别高风险货物的能力；

（5）加强海关与商界的合作；

（6）促进货物在安全的国际贸易供应链顺畅流动。

该《标准框架》确定了一些原则和标准，作为世界海关组织成员必须实现的最低标准。

（二）《标准框架》的原则

《标准框架》的第一个原则是增强海关在国际供应链中尽早发现高风险货物的能力。由于在目前的技术条件下不可能对所有的进出口及过境货物实施查验，因此，运用风险评估甄别高风险货物就显得尤为重要。提前提交电子信息使海关能尽早对所有货物实施风险评估以甄别高风险货物，应尽量使用非侵入式检查设备对高风险货物实施高效查验。总之，海关能够在便利合法贸易的同时把有限的资源集中于高风险货物，从而实现保护和便利全球贸易的目的。

第二个原则与经认证的经营者安排相关，旨在促进低风险货物贸易量的增长。吸引国际物流中的众多企业参与 AEO(Authorized Economic Operator，意为"经认证的经营者")计划具有重要意义。海关在 AEO 的支持和帮助下识别高风险货物，能够进一步将有限的海关资源集中于高风险货物，由此进一步实现保护和便利全球贸易的目的。

第三个原则是为世界海关组织成员提供指导以避免他们制定相互冲突的国家规定，避免《标准框架》与该领域其他文件冲突。美国的集装箱安全倡议(CSI)、海关-商界反恐伙伴关系(Customs-Trade Partnership Against Terrorism，以下简称 C-TPAT)、亚太地区贸易安全倡议，以及新《欧盟海关法典》属于国家和地区性倡议文件。《标准框架》也支持国际海事组织、国际民航组织及世界贸易组织等其他国际组织在此领域所做出的努力。

第四个原则是保证《标准框架》实施的机制。政府和企业都可能面临实施《标准框架》的成本问题。为实施《标准框架》，许多成员可能需要整合海关机构，改革海关制度，精简边境手续并实现海关现代化。因而，仅有少数成员海关可立即实施《标准框架》。因此，《标准框架》允许各成员海关根据其不同的能力建设程度制订各自的分阶段实施方案，并鼓励实施试点项目。此外，《标准框架》要求成员提供各阶段实施进展的情况报告。这有助于在成员间推广成功经验和最佳做法，并促使各成员因来自其他成员和商界的压力而尽早实施《标准框架》。

第五个原则，也是颇为重要的一个原则，就是能力建设。《标准框架》考虑了需要时间为有意愿实施《标准框架》的世界海关组织成员提供适当的能力建设援助。世界海关组织将努力承担此项工作，并帮助成员获取来自其他成员或赞助者的财政和人力资源支持。在各实施阶段均可利用现有的世界海关组织法律文件和技术工具，以提升能力。

（三）《标准框架》的核心元素

《世界海关组织框架》包含四个核心要素：第一，《标准框架》统一了对进口、出口和转运货物提前递交货物电子信息的要求；第二，加入《标准框架》的成员承诺采用一致的风险管理方法来应对安全方面的威胁；第三，《标准框架》要求基于可比的风险识别方法，根据进口国的合理请求，出口国海关应对高风险的出口集装箱和货物进行查验，并提倡使用非侵入式检测设备，如大型X光机和放射性物质探测仪；第四，《标准框架》规定了成员海关要向达到最基本的供应链安全标准并采纳最佳做法的企业提供相应的便利。

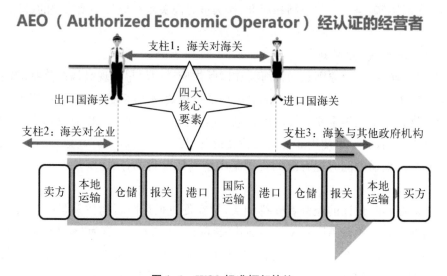

图1-1　WCO标准框架协议

（四）《标准框架》的支柱

基于上述四要素，《标准框架》着眼于三大支柱，即海关与海关的合作和海关与商界的伙伴关系以及海关与其他政府和政府内部机构间的合作。三大支柱的战略有许多优势。它们各自包括了一系列统一的、易于理解的和便于在国际上快速实施的标准。此外，《标准框架》直接吸取了世界海关组织现行的安全与便利措施和一些成员海关已经实施的项目成果。

支柱一：海关之间的合作

各国海关应在执行被广泛接受的和统一的国际标准基础上进行合作，以使货物和集装箱运输在全球贸易供应链各环节都获得最大程度的安全与便利。海关与海关的合作可以达到这个目的。它将为保障国际贸易供应链的安全，应对恐怖主义和其他跨境犯罪活动提供一个有效的机制。

传统做法是海关只有在货物到达其国内口岸时才实施查验货物。而现在，海关必须具备在集装箱或货物到达其口岸之前就对货物和集装箱进行查验和筛选的能力。由于其在政府部门中独特的职能及其专业知识，海关在保护全球贸易安全和便利贸易两方面都发挥作用。

支柱一的核心原则是运用提前获得的电子信息识别高风险集装箱或货物。通过自动化风险识别手段，海关可在货物到达出口港或在此之前，尽早在供应链中识别高风险货物。

海关须为自动化的信息交换制定规则，使该系统建立在协调的信息和交互性操作的基础上。

为实施有效查验，同时确保海关手续不阻碍贸易的流通，海关应运用现代技术手段对高风险货物进行查验。这些技术包括：大型X光机、伽马射线机和放射性物质探测设备，但不仅限于此。通过广泛运用现代技术，保持货物和集装箱的完整也是支柱一的重要组成部分。

支柱一的各技术条款根据《修订后的京都公约》《一体化供应链管理指南》以及一些成员的做法制定，加入世界海关组织《标准框架》则海关应执行支柱一的各项标准。

> **标准1：一体化供应链管理**
> 海关应按照世界海关组织《一体化供应链管理指南》(《ISCM指南》)的规定，实施一体化海关监管程序。

1.1 管理范围

为实施一体化海关监管程序，海关需要获得相应的法律授权。通过法律授权，海关可以为满足安全风险评估的需要，要求承运人(具体要求见1.3.2)提前以电子方式向海关传输从出口商(具体要求见1.3.1)处得到的数据。此外，为加强供应链的整体安全和加快货物通关速度，一体化海关监管程序中涉及海关在风险评估和海关监管方面进行跨境合作的问题，也需要有相应的法律依据。世界海关组织的有关文件，反映了这两方面的要求。这些文件包括：《关于海关信息收集与传输的国内立法发展指南》《双边协议范本》，以及《关于海关事务行政互助的国际公约》(《约翰内斯堡公约》)。作为海关之间合作的一部分，海关之间应该互相认可对方的监管/查验结果和经营者安全认证项目。

1.2 一般监管措施

1.2.1 海关监管

《修订后的京都公约》总附约(标准条款6.1)规定，所有进出境货物，包括运输工具，都应接受海关监管。标准1要求，自货物装入集装箱起(非集装箱运输货物，自货物装上运输工具起)，至货物到达运抵地，被海关放行为止，有关各方应保障货物的完整。

1.2.2 风险评估

在海关一体化监管链中，为保障安全而实施的海关监管和风险评估，是一个持续的、由多方共同参与的过程，自出口商准备出口货物时起，贯穿于整个确保货物完整性的连贯过程，应力求避免不必要的重复监管。为实现监管结果互认，考虑到《世界海关组织全球信息与情报战略》项目下已制定的一系列制度，各海关当局应同意执行统一的监管及风险管理标准，共享情报和风险信息，交换海关数据。这样做，应当可以预见将来为了监督各项标准的实施情况而实施联合监控或质量管理程序的可能性。

1.2.3 离港监管

启运地海关必须采取各项必要措施，对供应链中的货物进行识别，对未经授权的进行筛选。对海运集装箱货物的检查、风险评估及其他任何措施,都应该在集装箱装船之前完成。《国际船舶与港口设施安全规则》b1630-37条从广义上规定了港口机构应该采取的措施。另外,供应链各环节有关海关,都应同意运用电子信息系统交换海关数据、监管结果和到港通知等,尤其是被认定为高风险货物的信息。必要的时候,为了能够对高风险货物进行全面筛查,海关应该对其法定授权进行修改。

1.2.4 海关封志

为了实现供应链安全和海关一体化监管,尤其是为了确保货物从装箱到运抵目的地由海关验放这一过程中的绝对安全,海关应该按照《修订后的京都公约》总附约第六章指南(详见《标准框架》附件1的附录)中的规定,采取保证封志完好无损的措施。根据国际标准组织的可公开获取的规范——ISO/PAS 17712标准,这些措施除了包括在集装箱的填装地施加高度安全的机械封志以外,还包括记录封志的施加、变更以及在关键环节(如改变运输方式)对封志完整性进行确认等程序。

此外,海关应该对那些为确保集装箱货物在供应链中的安全而自愿采取新技术的做法提供便利条件。

1.3 数据提供

1.3.1 出口货物申报

出口商或其代理人必须在货物装上运输工具或装入出口集装箱之前,向出口海关提前进行电子申报。出于安全目的,海关要求出口货物提前申报的内容不得超出规定的范围。

出口商必须以书面形式(最好是以电子形式)向承运人确认已提前向海关递交了出口货物报关单。如果货物出口申报属于不完整申报或简单申报,在有其他需要时,如在后续阶段依照国家法律的规定而收集贸易统计数据时,则需进行补充申报。

1.3.2 载货申报

承运人或其代理人必须提前向出口及/或进口海关进行货物电子申报。海运集装箱货物提前电子申报应当在货物/集装箱装船前递交。其他货物的申报,应当在运输工具抵达出口及/或进口海关前递交。出于安全目的,海关要求企业提供的申报内容不应超出规定范围(略)。

按照国家法律规定,海关可要求事后对提前载货申报进行补充申报。

1.3.3 货物进口申报

进口商或其代理人必须在运输工具到达第一个海关之前向进口海关提前递交进口货物电子数据报关单。出于安全需要,海关要求的信息不得超出规定范围以外的信息。如果货物进口申报为不完整申报或简易申报,在有其他需要时,如在后续阶段依照国家法律的规定而收集贸易统计数据时,则需进行补充申报。经认证的供应链(详见1.4.2),为将货物进出口信息流整合为单一的进出口申报提供了可能,相关进出口海关之间可共享这些信息。

1.3.4 高风险货物信息交换

作为海关一体化监管链的一部分,供应链上的有关海关必须考虑在海关与海关之间,特别是针对高风险货物,开展数据交换,从而帮助海关进行风险评估和加快通关速度。海关电子数据信息交换系统应当包括交换出口交易情况、海关监管结果以及进口到岸通知等。

国家法律必须允许海关将其所掌握的信息提供给其他海关。国家法律没有相关规定的,则必须进行相关的立法。《关于海关信息的收集与传输立法发展指南》可以作为国家进行相关立法的基础。此外,世界海关组织已有的文件,如《约翰内斯堡公约》《双边协议范本》等,也可以作为海关开展高风险货物信息互换的基础。

1.3.5 "不得装货""不得卸货"通知

海关应该建立一个专门的系统,对不得装、卸的货物签发"不得装货""不得卸货"通知。此类通知应该在企业向海关递交风险评估所需的数据后的一个特定时限内发出。

1.3.6 申报时限

向进出口海关递交货物申报的确切时间,应该在对不同地理环境、不同运输方式下各种贸易流程的认真分析,与企业以及其他有关政府机构的磋商之后,在国家法律中明确规定下来。无论其贸易运输方式如何,海关均应为经认证的经营者提供平等的享受简化通关便利的机会。但是,为了在最低程度上确保执法的一致性,避免对不同运输方式的不平等要求,海关要求的提前申报时间,不得早于以下规定:

① 海运:

集装箱货物:在离境口岸装船前24小时。

大宗货物/大宗散货:在运抵目的国第一个口岸前24小时。

② 空运:

短途货物:飞机起飞时。

长途货物:在运抵目的国第一个口岸前4小时。

③ 铁路:

在运抵目的国第一个口岸前2小时。

④ 公路:

在运抵目的国第一个口岸前1小时。

1.3.7 世界海关组织数据模型

海关应确保其信息技术(IT)系统互相可通用,并且是基于公开标准基础上的。因此,海关应采用世界海关组织海关数据模型,该标准基本包括了进出口手续所需的所有数据项目,还为有关货物申报提供了统一的电子信息格式。前文1.3.1、1.3.2及1.3.3所述有关安全提前申报所要求的数据要素,也都全部包括在世界海关组织的数据模型内。

1.3.8 单一窗口

政府应当在海关和其他与国际贸易有关的政府机构间建立合作机制,促进国际贸易数据的顺畅流转(单一窗口理念)以及在国家和国际层面上,共享风险情报。在这种机制下,贸易商只需以电子形式向一个指定机构(最好是海关)一次性递交进出口所需信息。在这种模式下,海关应当与全球供应链中的商业运作及信息流转紧密结合,例如,使用发票、购货订单等商业单据作为进出口申报时提交的电子单据。

1.4 经认证的供应链

1.4.1 经认证的经营者

经认证的经营者在向海关递交符合最低要求的信息以后，应当被授予享受简化、快速通关便利的权利。海关安全标准的内容包括：企业在遵守海关规定方面良好的纪律；企业通过参加"海关-商界"伙伴关系项目，在保护供应链安全方面有可供证明的承诺；令人满意的商业账册管理系统。海关与海关之间应当互相认可企业获得的经对方认证的经营者地位。

1.4.2 经认证的供应链

经认证的供应链是指这样一种供应链：经海关认证，国际贸易各环节的所有参与者在货物及有关信息的处理过程中，都遵守有关指定的要求。在该供应链内，货物从产地到目的地的整个流程，都将享受一体化的进出口简化流程，在简化申报中只需提供最小限度的进出口信息。

> **标准2：货物查验权力**
> 海关应有权对启运地货物、出境货物、通运货物（包括仍在船上的货物）以及转运货物进行查验。

> **标准3：现代化技术在查验设备的运用**
> 海关在条件允许的情况下，根据风险评估的结果，应尽量使用非侵入式查验设备和放射性探测仪进行查验。这类设备对于快速查验高风险集装箱或货物，便利合法贸易的流动是十分必要的。

现代技术：为帮助各成员，世界海关组织维护着一个关于先进技术的资料库，并在《海关纲要》中提供了关于集装箱检测设备购买和操作的详细指南。

> **标准4：风险管理系统**
> 海关应当建立一套自动化的风险管理系统来识别潜在的高风险货物。该系统应包含风险评估、风险布控和最佳做法选择机制。

4.1 自动选择系统

海关应当在国际最佳做法的基础上建立计算机系统，运用风险管理手段，依靠提前获取的信息和战略情报，识别具有潜在安全威胁的货物和集装箱。海运集装箱货物应在装船前统一使用该系统。

4.2 风险管理

风险管理是指"通过系统地执行有关管理程序及具体操作，使海关掌握必要的信息，处理有风险的货物及物流"。

4.3 《世界海关组织全球信息和情报战略》

有效的风险管理体系把信息收集、处理和发布作为其重要组成部分，以支持海关监管和业务运行。《世界海关组织全球信息和情报战略》包含了此项情报功能,它和标准化风险评估为海关对货物和运输工具的布控和筛选提供了风险指标。

4.4 参考资料

《世界海关组织风险管理指南》《世界海关组织全球信息和情报战略》《世界海关组织标准化风险评估》《通用高风险指标》是海关领域关于风险管理(和评估)的实用参考资料。

> 标准5:高风险货物或集装箱
> 高风险的货物或集装箱是指:没有充分的信息可以将货物确认为低风险,同时,战术情报显示为高风险,或运用安全等级评估方法确认为高风险的货物或集装箱。

选择、分析和布控:海关应当运用成熟可靠的方法识别和确定潜在的高风险货物,包括但不仅限于:在货物离境或到达之前的提前电子信息、战略情报、自动化贸易数据、异常情况分析以及贸易商供应链的安全性。例如,海关-商界支柱中对启运地安全性的审批和核实,可以降低货物风险以及布控的程度。

> 标准6:提前的电子信息
> 海关应要求提前申报货物和集装箱的电子信息,以便及时开展恰当的风险评估。

6.1 计算机化的必要性

要实现向海关提前提交电子信息传输就要使用计算机化的海关系统,包括进出口信息的电子交换。

6.2 《〈京都公约〉信息通讯技术指南》

修订后的《京都公约》总附约要求海关在海关业务中使用信息通讯技术,包括电子商务技术。为此,世界海关组织为海关应用自动化技术准备了详尽的指南。海关应参照《〈京都公约〉信息通讯技术指南》,开发新系统或完善现有的海关信息通讯技术系统。此外,还推荐海关参考《世界海关组织海关计算机化纲要》。

6.3 经营者系统的运用

《信息通讯技术指南》也建议尽可能使用经营者的商务系统,并对其进行审计以达到海关的要求。尤其是在经认证的供应链中,由于海关有可能在线进入相关各方的商务系统,一旦保密或法律问题得到解决,海关就拥有了获取更真实信息的渠道,并可能进一步简化手续。另一例子是在货运服务系统中,运输链中相关方在港口或机场建立了一套电子系统,通过此系统交换所有相关货物和运输数据。只要这些系统包括海关需要的信息,海关应考虑加入,并可按其目的提取所需数据。

6.4 电子数据交换标准

《〈京都公约〉信息通讯技术指南》建议海关提供多种电子信息交换方案。尽管运用国际标准的 UN/EDIFACT 电子数据交换仍是最佳的方案之一,海关仍应寻求其他选择,比如可扩展标记语言(XML)。根据风险的大小,电子邮件和传真都是可行的办法。

6.5 世界海关组织数据模型

企业向海关申报货物时,须以世界海关组织数据模型的数据元为基础,遵守世界海关组织关于数据模型的电子信息规定。

6.6 信息通讯技术的安全

信息通讯技术的一般运用和在开放性网络中进行电子信息交换尤其需要一个详细的信息通讯技术安全战略。因此,信息通讯技术安全应被视为任何海关供应链安全战略中必不可少的一部分。为确保信息技术安全战略的效率和有效性,海关应进行风险评估。《〈京都公约〉信息通讯技术指南》全面概括了信息通讯技术安全战略,确保信息和信息技术系统及信息处理的可用性、完整性和机密性,例如,如何避免启运或收货信息的互斥。《〈京都公约〉信息通讯技术指南》还为实施该战略提出了多种可供参考的方式。

6.7 数字签名

供应链安全战略中信息通讯技术安全的重要因素之一与数字签名有关。数字签名,或公钥基础设施安排,可在保护电子信息交换方面发挥重要作用。一体化海关监管链使得贸易商可以提前向出口地和进口地海关提交货物申报。如果企业也能实施数字证书的互认,则对各方都十分有益,这意味着企业可以向接受并认可该证书的海关提交数字签名的电子信息。数字化证书的互认能够在提高安全性的同时为贸易商提供贸易便利,简化通关手续。为此,应鼓励海关尽量实施世界海关组织关于电子传输以及海关和其他相关管理信息认定的建议书。

6.8 能力建设

如果海关在开发或建立必要的自动化系统过程中需要援助,则必须具有实施《标准框架》的政治意愿。

6.9 数据保密和数据保护

只有政府间就必要的数据保密和保护问题进行协商之后,才能开展海关之间或海关要求企业进行的数据交换。为了保护个人隐私权和商业机密,以及允许个人核实本人数据的准确性,许多国家已制定了数据保密和保护的相关法律。

在此方面,国家立法必须制定相应条款,以充分保护海关收集和传输数据的机密性和安全性,且应规定数据所属的自然人或法人的合法权益。

同样,现行的世界海关组织文件,如《约翰内斯堡公约》和《双边协定范本》都包含了数据保护和保密的内容。

> **标准7:布控和交流**
> 海关应进行联合风险布控和筛选,采用统一的风险参数和可兼容的通讯和(或)信息交换机制,这些将有助于未来建立相互承认监管结果制度。

7.1 《世界海关组织全球信息和情报战略》

《世界海关组织全球信息和情报战略》第四章对标准化风险评估作了规定。标准化风险评估是情报工作的一个重要部分,为海关关员对货物和运输工具的布控和筛选提供了风险指标。

7.2《世界海关组织标准化风险评估》文件

《标准化风险评估》文件为海关引入 5 个风险指标的集合,分别是运输方式、关税保护、毒品和化学前体、安全和其他禁限物品,它们形成了规范化布控的标准。这些集合又进一步被划分为若干风险指标组,并定期更新。

7.3《世界海关组织通用高风险指标》文件

《世界海关组织通用高风险指标》文件中包含了一系列风险指标,在总体上制定了海关查处违法货物的规范化布控标准体系。文件的标题如下:承运人舱单明细,高风险国家的识别,潜在的高风险的货物和运输因素,已知的被藏匿的高风险货物,可能用于恐怖袭击的危险货物清单,可能意味着高风险的因素(如集装箱、进口商/出口商、托运人)。这些指标体系也会定期加以更新。

7.4《世界海关组织风险指标海关关员专用手册》——侵犯知识产权的要素

该手册包含了一系列盗版和侵权的高风险因素。其中 17 项风险指标将成为规范化的布控标准,并将有助于一线的海关关员确定存在潜在侵权风险的货物。

7.5 法律问题

海关可采取联合布控和筛选等措施,增强保障货物安全和打击跨境有组织犯罪的有效性。实施此类联合措施的规则和条件通常由双方海关制定。世界海关组织的文件,如《约翰内斯堡公约》和《双边协定范本》包含了支持上述形式的国际或双边合作的条款。

> **标准 8:绩效评估**
>
> 海关应对各项措施的实施情况做出统计报告,内容包括但不限于:审查货物的数量、高风险部分的货物数量、对高风险货物的查验情况、利用非侵入式查验技术对高风险货物进行查验的情况、利用非侵入式查验技术与人工查验相结合对高风险货物进行查验的情况、利用人工查验方式对高风险货物进行查验的情况、通关时间以及各项措施取得的成效和带来的负面影响。世界海关组织应负责整理这些报告。

数据收集:各海关应当收集数据并且将其运用到绩效评估中去,以评估实施《标准框架》的效果。为此,世界海关组织的《货物放行时间研究》是进行评估的适当工具。

> **标准 9:安全评估**
>
> 海关应与其他职能部门一道对国际供应链中货物的流动进行安全评估,并尽快解决发现的问题。

> **标准 10:工作人员的廉政**
>
> 海关和其他职能机构应开展反腐倡廉的活动,并同时查处腐败行为。

10.1 《修订后的世界海关组织阿鲁沙宣言》

《修订后的世界海关组织阿鲁沙宣言》是海关建立反腐败体制的重要行动指南。

10.2 培训

出于对全球供应链安全和便利的考虑,要求海关和供应链上其他相关方需拥有受到良好培训和高度积极的员工。海关应当保证各级别的关员都能定期接受必要的培训,培养必要的技能,以实施高效的海关监管并使其胜任在信息化环境下的工作。

> **标准11:出口安全查验**
> 应进口国的合理要求,出口国海关应对出口的高风险集装箱和货物实施查验。

11.1 应要求查验

若进口地海关在运用风险评估手段后认为抵达该国任何港口的集装箱或货物可能存在高风险,可请求出口国海关对集装箱或货物实施查验,且最好在装船前实施(参见4.1)。

11.2 法律问题

在其他的行政安排中,世界海关组织文件,如《约翰内斯堡公约》和《双边协定范本》,为一方海关请求另一方海关实施上述查验提供了可能。

支柱二:海关与商界的伙伴关系

各海关都应该与企业建立伙伴关系,使其参与到保证国际贸易供应链安全的工作中。本支柱的核心在于建立一个国际统一的认证制度,对那些能够在供应链不同环节上提供高度安全保障的企业进行识别认证。这些企业应通过建立上述伙伴关系获得切实的好处,如快捷通关或其他便利措施等。

《以提高供应链安全和便利国际贸易流动为目标的世界海关组织成员与企业合作高级指南》中概括说明了海关与企业在进一步加强国际贸易安全方面的关系至关重要:"海关可以依靠商业伙伴对贸易环节中存在的风险因素进行评估和识别,从这一程度上讲,海关面临的风险降低了。因此,那些愿意加强供应链安全的企业将自身受益。最大限度地降低风险可以帮助海关在行使安全职能的同时便利合法贸易。"

通过企业的参与及要求他们在货物启运地就提高安全标准,使得货物和集装箱安全措施在供应链中大大前移,例如,从外国制造商在码头填装集装箱,到该集装箱在供应链中运送的每个环节。

《标准框架》规定了供应链中的企业成为安全伙伴必须达到的标准。它包括风险评估、一个应对被评估的风险的安全计划、通信计划、阻止非正常的或没有文件记录的货物进入国际供应链的程序性措施、装卸或仓储场所建筑及其周边环境的安全措施、集装箱和货物以及运输工具的安全以及人员审查和信息保护系统。

海关在对伙伴关系参与方进行认证或授权时首先考虑的因素包括进口量、与安全有关的异常现象、特定地区所特有的战略威胁或者其他与风险有关的信息。海关根据不同的环境来确定上述要素的优先顺序。

对商界伙伴在其获得安全认证资质后可以取得的最基本的好处达成共识也是非常重要的。这些好处包括低风险货物的快速通关、安全级别的提高、通过提高安全效率优化供应链成本、企业信誉的提升、更多的商业机会、对海关规章制度更深刻的理解及建立其与海关间更好的沟通联系。

目前，处于国际供应链各环节的诸多企业已经达到现行的国际安全要求和(或)已经有内部供应链安全计划，这些都可以解决海关关注的安全问题。《标准框架》的支柱二中一系列制度必须建立在海关资质认证基础上，利用信息技术来为跨境贸易提供便利通关手续和对符合安全标准企业提供特别优惠。这些企业包括进口商、出口商、报关人、货运代理人、承运人和其他合格的服务供应商。

从大量的革新项目中的经验来看，海关与国际贸易企业加入WCO《框架标准》应执行支柱二的六项标准。

> **标准1：伙伴关系**
> 国际贸易供应链中的经认证的经营者应当采用自我评估体系，以预先确定的安全标准和最佳做法为参照，以确保其内部政策及操作程序可以保障货物和集装箱在运至海关监管目的地验放前是安全的。

经认证的经营者指国际物流中，经海关或其授权部门批准为符合世界海关组织制定的或同等效力的供应链安全标准的企业，无论这一企业在供应链中处于何种位置、履行何种职能。这些企业包括：生产商、进口商、出口商、报关行、承运人、货代、贸易中间商、港口、机场、码头经营者，综合经营者，仓库、分销商等。

海关-商界伙伴关系项目应在经认证的经营者的商业模式基础上，允许企业根据自身特点灵活制定其安全计划。

海关应当与经认证的经营者共同明确并制定对应的安全合作措施，该措施应当由经认证的经营者贯彻实施。

共同制定的海关-商界伙伴关系文件，应根据经认证的经营者的商业模式，以书面的形式和可验证的程序，尽可能保证经认证的经营者的商业伙伴，包括制造商、供货商和销售商，均表达遵守《标准框架》中设定的安全标准的意愿。在风险分析基础上，应当按照与经认证的经营者的相关安全协议中规定的安全程序，对其商业流程和安全措施进行定期检查。

> **标准2：安全**
> 经认证的经营者应将预先确定的保障安全的最佳做法纳入其现行的商业操作中。

经认证的经营者应采取安全措施，保证建筑物以及监管场所的内外及周边的安全，实施准入管理，防止未经授权的人员接近企业设施、干扰运输、进入装船码头和货物堆场。

安全供应链中对于设施的准入管理应结合雇员、来访者、销售商等身份识别卡的发放和管理、内墙及外围监控装置，以及对可以接触到公司财产的钥匙、门卡和其他物品的管理。

安全供应链中对于设施的准入管理还应及时将到期员工原有的公司身份卡、进入公司及信息系统的授权迅速收回并注销。

应通过采取必要的自动备份手段，保护商业敏感数据。包括设置个人账户密码并定期更换，接收必要的信息系统安全培训，防止未经授权取得并违法使用信息。

人员安全项目应当在本国法律允许的情况下，与对雇员的筛查和评估相结合。包括定期对安全敏感职位雇员背景的检查，以及留意雇员的社会和经济情况明显的异常变化。

根据经认证的经营者的商业模式，开发必要的安全项目并采取相应措施，提高企业的商业伙伴在供应链上与运输、货物处理、仓储相关业务的诚信度。

应采取措施，保证货物信息（包括电子和纸质方式）易读、及时、准确，并防止数据被篡改、丢失或错误。经认证的经营者和海关将确保商业和安全敏感数据的保密性。提供的信息应仅用于所提供之用途。

经认证的经营者运输或接收货物应确保货物与货运单证相符。经认证的经营者应及时、准确地提供从商业伙伴处收到的货物相关信息。在收发货物之前，必须对发货人和收货人进行确认。

经认证的经营者应举行专门培训，为雇员在保持货物完整，识别潜在的安全威胁方面提供协助。经认证的经营者应使雇员熟悉公司已有的规章，能及时发现并报告可疑情况。

> 标准3：资质认证
> 海关应和商界共同制定一套完整的认证程序或者资质鉴定程序，为经认证的经营者提供鼓励机制。这将确保企业在安全系统中的投入和实践得到切实的利益，包括：降低货物风险布控率和查验率及加速货物通关等。

海关应（以各种方式）与商业伙伴合作，确定在安全供应链中共同取得的收益。

海关应对经认证的经营者及其授权代表所关注的事宜作出积极回应，通过磋商确定正式交流途径，以保证问题得以妥善的传达、处理和解决。

海关应当向全力参与供应链安全的商界伙伴提供其权限范围内所能给予的便利措施。这些便利措施需经评估并对外公布，且应与其相关义务相一致。

各海关应对经认证的经营者地位予以互相认可。

海关在适当情况下，可以制定或修改有关规定，加速低风险货物的消费或出口的流程。

国际供应链中货物安全不断提高，海关也将从中获益，包括提高情报分析、风险评估的能力，和更准确地布控高风险货物，所有这些都将使资源利用得到优化。

海关和经认证的经营者都将从自我评估与确认中获益。

> 标准4：技术
> 各方均为使用现代化技术提供便利条件，从而确保货物和集装箱的完整。

经认证的经营者应至少遵守不同国际公约中的现行要求，包括但不限于1972年的《海关集装箱公约》和《TIR 证国际公路运输海关公约》(简称 TIR 公约,1975)。

各海关应当通过适当增加奖励机制,进一步推动经认证的经营者自愿使用比机械封志更为先进的技术,来确立和监控集装箱和货物的完整,以及报告集装箱和货物所受的非法介入。

经认证的经营者应就货物和集装箱使用高度安全封志和/或其他装置的事宜制定相关内部规定,防止货物受到破坏。

海关应制定相应的程序,规定封志的验证方法,以及封志不一致时的操作流程。

海关和经认证的经营者应就共同关注的领域进行开放式对话,进而从提高产业标准和集装箱完整技术,以及建立共同的应对集装箱封识破坏预案中获益。

> 标准5:交流
> 海关应经常提供海关-商界伙伴关系项目的最新信息,以推行最低安全标准和供应链安全的最佳做法。

海关应与经认证的经营者或其代表协商,制定发生质询或涉嫌海关违规后的沟通程序,包括为经认证的经营者或其代理人提供电话号码,使其在紧急情况下可以联络到海关关员。

海关应致力于在国家和地区层面开展与国际供应链各方的常规咨询,以讨论共同关心的事务,包括海关关于企业设施及货物安全的法规、程序和需求。

经认证的经营者应配合海关在上述方面的努力,与海关开展富有意义与识见的对话,确保有关安全项目在维持有益于双方的最低安全标准方面进展顺利。

> 标准6:便利
> 海关应与经认证的经营者加强合作,最大限度地提供便利,保障源于或通过其关境的国际贸易供应链的安全。

海关应制定和修改相关规定,并采取措施,整合、简化与海关有关的通关所需信息的申报过程,以便于进一步便利贸易和识别高风险货物,并为此采取适当行动。

海关应当建立机制,允许商业伙伴对其在保护供应链安全中有重大影响的条款变更,提出不同意见。

支柱三:海关与其他政府和政府内部机构间的合作

2005 年制定《标准框架》以来,海关与其他参与国际贸易与供应链安全的政府和政府内部机构间的合作显得愈发重要。世界海关组织已经认识到这一点并且引进了若干重要的工具和措施,尤其是《边境协调管理》和《单一窗口纲要》,这些措施对于指导海关与其他政府之间及政府内部机构之间的合作有着重要意义。此类合作的主要目标是通过避免重复的要求和查验,简化流程,努力向国际标准靠拢,以保证政府快速有效地应对供应链安全方面的挑战。很多政府机构与海关在供应链安全领域展开了合作,这些机构包括但不限于:运输安全部门、政务部门(如警察)、边境作业部门(如农业部门)和发证机关(如两用物项的进出口批准许可部门)。潜在的合作方式有很多:机构间可以共享设施、装备、数据库、信息,也可以进行联合布控/风险评估,程序性验证或查验,也可以包括不同机构的安全项目和管控措施的协调和相互衔接。国家层面上各机构之间的合作是必不可少的。鉴于全球供应链的性质,此类有效的合作应该以双边和多边的形式在不同的部门和监管领域间予以推进,以培养和建立国际协调,并减少贸易商和政府的负担。为了协助这一"支柱"的实施,世界海关组织向各成员提供了各种有价值的工具和建议措施。包括但不限于《京都议定书》(修订版)、《边境协调管理纲要》《单一窗口纲要》《AEO 纲要》和《风险管理纲要》。

支柱三的标准包括政府内部的合作(含标准 1 至标准 5)、政府间的合作(含标准 6 至标准 9)、跨国合作(标准 10 和标准 11)。

> 标准 1:相互合作
> 政府应该促进海关与其他政府主管机构之间的合作。

1.1 鼓励海关与其他政府主管机构之间的合作,以规范不同运输方式(包括多式联运)下货物的流通。

1.2 海关与空运管制部门之间的合作

海关和民航应该在安全认证项目方面建立双边合作。例如"经认证经营者项目(AEO)"以及基于不同成员具体情况所实施的"规范化代理(RA)/信得过发货人(KC)"项目。海关应该让航空安全部门意识到对航运货物进行海关安全分析的重要性。海关可以在正常的航空安全规则外,对货物偶尔实施额外的再次扫描检查。

1.3 海关与海事和港口安全部门之间的合作

海关应当与海事(包括内陆水域)和港口安全部门建立合作。合作内容包括统一"经认证经营者(AEO)"项目及"国际船舶和港口设施保安规则"(ISPS Code),涉及的领域有:初始安全评估流程、适当的信息交换,以及在可能的情况下,开展合规控制和后续管理方面的协调。

1.4 海关与陆路运输部门之间的合作

在陆路运输方面(包括铁路运输),海关应当与陆路运输部门建立合作。合作可能包括初始安全评估流程、适当的信息交换,以及在可能的情况下,开展合规控制和后续管理方面的协调。

1.5 海关与邮政运营商之间的合作

海关应当与邮政运营商中负责安全的部门展开合作。合作可能包括初始安全评估流程,适当的信息交换,以及在可能的情况下,开展合规控制和后续管理方面的协调。

> 标准 2:合作安排/程序
> 政府应当和维积极推进、维护参与国际贸易与安全事务相关行政机构之间的合作事项。

为了提高供应链安全措施和运营的有效性,应当建立多种机制以保证机构间的协调。

这些机制应当协调不同部门的职责,以保证高效的运营、最优的数据质量、有效的风险管理,避免不同政府机构在促进贸易安全与便利化方面的重复性工作。

> 标准3:安全措施的协调
> 政府应当尽力协调各类国际供应链安全方案/制度中的要求。

3.1 关系到各自的安全措施时,海关应当与其他政府部门建立合作。作为协调流程的一部分,政府应当促使海关和其他政府部门对安全经营者的评估和验证流程趋于统一(如AEO、RA/KC、ISPS Code,以及内部合规项目)。

3.2 在航空运输安全领域,各机构应该致力于协调各自的安全措施,如 AEO 项目和 RA/KC 项目。在被授予执法地位和职权之后,机构间的合作可以涵盖诸如申请和初始评估流程、适当可用信息交换,以及合规控制的调整以及后续管理方面的各种工作(包括状态撤销与废止的信息共享)。

> 标准4:国家管理措施的协调
> 政府应当协调各部门间的供应链安全控制措施,包括风险管理与风险缓解,以降低这些措施给合法贸易和货物在国际流通带来的负面影响。

海关应与所有伙伴机构合作协调他们的控制流程,监管措施或策略,以保证安全和经济竞争力。此类合作可能包括联合检查(物理查验和/或行政检查),协调风险管理和互认管理。

> 标准5:贸易的再启动和延续措施
> 海关应该与其他政府部门和私营企业合作,确认相关方在贸易延续性和再启动措施中所扮演的角色和承担的责任,以保证出现阻隔中断时,贸易活动能得到及时的恢复和延续。

为了保证贸易活动在受阻中断情况下尽快得到恢复和延续,相关机构依据各自角色以及所承担的责任预先建立应对机制并根据实际情况不断更新至关重要。

> 标准6:相互合作
> 在跨关境或关税同盟内,政府应当推动海关与其他主管供应链安全的政府部门之间的合作。

合作内容包括交换信息、培训、技术援助、能力建设、协调业务时间、共享设备等。

> 标准7:合作安排或协议的形成
> 各国政府应该对处在共同边界或关税同盟内的机构间制定合作安排或协议。

为了实现协调的跨境管理功能,此类合作可能需要签订谅解备忘录、《海关互助协议(CMAA)》或其他协议。

> 标准8:安全项目的协调
> 政府应该适当地协调各种国际供应链安全项目的不同要求。

涉及供应链安全的部门应该相互合作以落实安全项目的实施。此类合作可通过协调要求、保证成员利益以及减少不必要的繁复工作来实现。

> 标准9:跨境管理措施的协调
> 各国政府应努力协调跨境管理措施。

合作包括监管措施和合规项目的互认、资源和技术的共享以及接受另一方货物的清关。

> 标准10:建立互相合作
> 各国政府应当促进国际供应链安全机构间的合作。

世界海关组织各政府成员应与参与国际贸易和供应链安全的所有合作伙伴机构紧密合作,以发展、维护和促进统一的国际标准。

> 标准11:合作安排或协议的形成
> 代表其成员利益的世界海关组织应当与其他涉及供应链安全的国际政府机构[如国际民航组织(ICAO)、国际海事组织(IMO)和万国邮政联盟(UPU)]建立并维护合作协议。

合作的目的是为了辅助成员的工作,以便解决诸如国家间合作和协调、国际标准的实施和协调等问题。

三、实施《标准框架》的益处

《标准框架》为促进世界贸易提供了一个崭新、统一的平台,保护贸易不受恐怖活动的威胁,并加大海关和商界对国家经济和社会繁荣的贡献。它将提高海关甄别和处置高风险货物的能力,提高货物监管的效率,从而加快货物的清关和放行。《标准框架》将给国家、政府、海关和商界都带来益处。

(一)对国家和政府的益处

《标准框架》的主要目的之一就是保护和便利全球贸易,使国际贸易成为推动经济发展和增长的重要动力。这将有助于保护贸易不受恐怖主义的威胁,同时,便利合法贸易,推动海关业务的改革和现代化,加强国家税收征管,加强国内法律法规的准确适用。《标准框架》

为保障经济和社会发展的安全,吸引外商直接投资提供了有力支持。

《标准框架》鼓励海关与其他相关政府部门之间建立合作关系,并认可其他现有的国际标准。它将帮助政府实施统一的边境管理和控制,通过采取必要措施,使政府能够扩大海关在这个领域的权限和职责。

（二）海关的受益

《标准框架》的要点之一是建立海关之间的合作网络,促进货物在安全的国际贸易供应链中的顺畅流动。合作网络将使相关信息准确、及时地在海关之间进行交换,使海关更加有效地开展风险管理。这些措施不仅能够提高海关识别高风险货物的能力,而且能够帮助海关加强对国际贸易供应链各环节的监管及更加合理高效地配置海关资源。合作网络将使海关之间的合作更加顺畅,让海关更早地介入对供应链的监管,如根据进口国海关的请求,出口国海关可在出口地代为执行查验。《标准框架》同时也规定在一定条件下,海关之间互认监管结果。《标准框架》使海关能对国际贸易供应链有一个更广泛更全面的认识,同时还可以减少重复和复杂的申报要求。

综上所述,《标准框架》为海关改革和现代化提供了工具,使海关能够应对新的国际贸易环境所带来的挑战。同时,《标准框架》比较灵活,使各海关能够根据各自的发展水平、具体条件和要求,以不同的速度实施《标准框架》。

（三）商界的受益

在众多的益处中,《标准框架》不但为保障国际贸易的安全创造了条件,而且便利了国际贸易,促进了其发展。《标准框架》考虑到现代国际贸易生产和配送模式,并以此作为制定各项条款的基础。

经认证的经营者(AEO)将会从中受益,比如由于查验率降低而使货物通关速度加快,从而节省时间和成本。《标准框架》的一个重要原则就是建立一套国际通行的标准,以增强统一性和可预测性,同时还可以减少重复和复杂的申报要求。

以上措施将保证经认证的经营者在他们为建立完善的安全系统和做法的投资中获得回报,包括减少对其货物的风险目标评估和查验,加快货物通关。

美国 C-TPAT 制度简介

"9·11"事件发生后,美国将海关纳入国土安全部,成立了美国国土安全部海关边境保护局(US Customs and Border Protection,简称CBP)。为了强化贸易安全,堵塞供应链上的安全漏洞,美国国土安全部海关边境保护局制定了 C-TPAT(Customs-Trade Partnership Against Terrorism)。C-TPAT 是一项自愿性计划,于 2002 年 4 月 16 日正式实行。通过

C-TPAT,CBP 希望能与相关业界合作建立供应链安全管理系统,以确保供应链从起点到终点的运输安全、安全讯息和货物的流通,从而阻止恐怖分子的渗入。C-TPAT 最大的特点就是海关放弃了公权力的强制作用,采用利益交换的模式,这也成为 C-TPAT 成功的关键因素。

(一) C-TPAT 中商界成员的范围

美国进口商、运载商、报关行、货物承揽/货运代理商/无船舶公共承运商、美国本地港口管理当局/码头经营商、墨西哥制造商及 CBP 直接邀请参加的一批亚洲及欧洲制造商均可申请成为 C-TPAT 成员。

(二) C-TPAT 的安全标准

C-TPAT 的安全标准有八项,包括商业伙伴要求、集装箱安全、物理进入控制、人员安全、程序安全、安全培训及警觉意识、物理安全、信息技术安全。各标准的具体要求如下:

(1) 商业伙伴要求:要求进口商确保商业伙伴推行的安全程序符合 C-TPAT 标准,并应定期对这些商业伙伴进行评估。C-TPAT 安全标准采用了一种逐层推进的模式进行推广,即由组织向供应商提出要求并把相关项目加入审核验厂的检点目录里,促使供应商实施该标准。

(2) 集装箱安全:要求在货品装柜及货运过程中维持货柜的完整,防止非授权物料、人员进入。并且在装柜室应有适当的程序或者管理规定进行封柜和维持出货货柜的完整。

(3) 物理进入控制:对人员、车辆的进出进行控制,并采取措施对人员和车辆进行有效识别、控制。

(4) 人员安全:确保进入公司的人员是安全的,不会引起安全上的问题。应该注意的是,这里的人员安全不是指对人员进行保护,而是确保这个人是安全的人员,而不是一个恐怖分子。

(5) 程序安全:必须实施安全措施,以确保供应链中货物的运输、搬运和储存相关过程的完整和安全。要确保程序规定的内容得到完全有效实施。

(6) 安全培训及警觉意识:应该对员工进行安全和警觉意识的培训和宣传,使员工明白遇到恐吓时如何报告和处理,并对积极参与的员工进行奖励。

(7) 物理安全:要求对货物搬运和存储设施设置有实质的障碍和威慑物,以防止非法进入,如围墙、照明设施、摄像监视设施等。

(8) 信息技术安全:对电脑、电脑软件和网络的使用应设置权限,防止电脑被非法入侵。实施电脑安全政策,必须给员工培训程序和标准。

(三) C-TPAT 安全标准的应对措施

根据 C-TPAT 安全标准的框架结构,企业可以采取逐块应对的方法来进行 C-TPAT 的设计和建设。

1. 商业伙伴要求

针对货物的来源进行控制,主要在自己的供应商身上着手。要求供应商按 C-TPAT 标准建设安全系统并把相关的内容增加到供应商评审和验厂的检点项目中。具体操作可以包括：更改供应商管理程序,增加 C-TPAT 条款;修改或增加安全相关的作业指导书和检查表格;定期对供应商的 C-TPAT 系统进行检查等。

2. 集装箱安全

集装箱安全主要针对货品的装柜过程和下一站的吻合性核对。可包括：建立货品装柜规范和货柜封条管理办法,根据规范的要求设置相应的管理表格以交接和记录。程序应至少就以下四个方面进行规定：

(1) 在装载前对集装箱进行检查。

(2) 只允许经过授权的人员进入集装箱。

(3) 由专门的安全人员监督集装箱的装载和离开。

(4) 集装箱离开前需贴上高安全性封条,原则上保证两点,即离开时封条的完整性和到达下一站时核对封条的吻合性应无任何差别。对于上述提到的高安全性封条的要求,可参照 ISO17797 标准的要求来使用。

3. 物理进入控制

主要内容是识别和管理进出的车辆和人员。应对方法是建立门岗制度规定：

(1) 员工、访客、搬运人员等须佩戴相应的牌证方可出入;

(2) 所有人员的进出有记录档案;

(3) 规定程序对车辆和司机的身份进行确认。

应该注意的是,对所有的进出都进行登记管控有时是不现实的,应尽可能多地使用可明显分辨的牌证。例如,为经常出入的车辆发放一个很明显的牌子并贴在车前窗上,以便保安识别;给经常出入的人员配以身份识别卡且使用刷卡出入等方式。

4. 人员安全

这部分要求对进入公司的员工进行背景调查和定期检查。应对方法可采用：规定雇佣人员的程序;面试人员由保安进行指引进入面试区域;对前来面试者进行面试和额外的检查以便查证其身份和之前的被雇佣记录;通过当地的服务机构或政府资源查核其背景(如地址、曾用名、犯罪历史等)。考虑到对每一个人进行背景调查是完全不现实的,但可采用分阶段的查核计划,逐批完成对人员的身份查核和背景调查。

5. 程序安全

必须实施安全措施,以确保供应链中货物的运输、搬运和储存相关过程的完整和安全。程序安全的要求总结起来主要是有两点：第一,保证在程序规定的适当的安全措施并完全得到实施;第二,保证这些活动在实施过程中和实施后没有被外来的异常因素破坏。这就要求在生产、装配和包装过程有相应的监控手段,采取适当的安全措施,同时防止受限制的物质进入。包装是工厂里的敏感过程,应特别引起重视,对进入包装区域的人员要进行限制和控制。

6. 安全培训和警觉意识

这里有四点要求：

(1) 建立和维持一个警觉意识;

(2) 员工必须明白遇到恐吓时如何报告；

(3) 对在出货区工作的员工及收发货物的员工提供额外的培训；

(4) 对积极参与的员工给予奖励。

为满足上面的要求，企业应建立培训机制增强员工的反恐意识，以及建立适当的激励机制鼓励员工反恐的警觉性和积极性。应制订针对各个层次的经理和员工的保安意识的培训计划并实施落实，并保存这些培训的所有记录。应设置相关的激励方案并加入企业的奖励制度里。还可通过设置意见箱、安全热线等方式提高员工的积极性。

7. 物理安全

物理安全是 C-TPAT 体系里最直观的要求，应设置障碍或威慑物以防止非法进入。所谓实体，就是能看见的那些东西。具有安全性质的实体，包括建筑、围墙、照明设备、监视设备、区域划分等。实体安全也是围绕上述的实体来展开管理。

(1) 应保证围墙、建筑的设施结构完整并能抵御外来入侵。例如，围墙的破损应及时修复，围墙内外应清理，不可留下方便攀爬的杂物等。

(2) 应保证各处照明设备完好无损。

(3) 保证监视设备能正常工作。

(4) 员工和访客的车辆应该分开不同的区域停放。

(5) 访客的车辆应和收发货的车辆分开不同区域停放等。

这些措施都应该得到具体的规定和落实。

8. 信息技术安全

电脑安全比较好理解，就是防止电脑系统被非法侵入和利用。

(1) 个人电脑应使用用户名和密码才可以进入系统，有使用权限的员工才可以使用，密码要定期更改；

(2) 加强网络安全，安装防火墙或者网络入侵告警系统，或者对网络进行隔离；

(3) 特别的船务文件、安全封条、船务表格等应进行保护，最好形成控制程序；

(4) 形成书面的电脑安全规定，并对涉及的员工进行培训。

(四) C-TPAT 制度对全球贸易链的影响

1. 供货商面对更严格的监察

本地厂商/供货商作为美国进口商的商业伙伴，将会面对进口商更高的安全程序要求及更严谨的监察。自 2005 年 3 月 25 日起，CBP 不断收紧对其美国进口商成员的安全要求，其中包括规定进口商须订立书面和可核实的程序以挑选商业伙伴，包括制造商、产品供货商和卖家；进口商亦须具备文件证明整个供应链内的商业伙伴均达到 C-TPAT 的安全标准（或外国海关当局实施的同等供应链保安计划的标准）。

2. 竞争优势将促使更多企业遵守 C-TPAT 安全标准

作为 C-TPAT 成员，不论是进口商或运载商等，都能因此令它们的货物和服务在竞争中脱颖而出。对于非 C-TPAT 成员来说（例如，外地制造厂商、货仓经营者等），也因面临一定的市场压力而考虑邀请第三方认证机构审查他们的保安程序、发出类似 1SO9001 的证书,向外界显示他们已遵循相关的供应链安全指引。

3. 供应链安全成为全球采购要求的重要部分

C-TPAT 的示范效应持续发酵,使得进口商/国家(不限于美国,亦不论是否 C-TPAT)对供应链安全的关切将会令安全考虑成为采购要求中的重要部分。进口商会通过订单、证书、行为守则、经销商手册等,将安全责任加于制造厂商身上。

4. 加大高科技投入成为必然趋势

以 CBP 推出的 C-TPAT 升级计划(即 C-TPAT Plus)为例,符合安全建议的货柜抵美时或无须经海关检验即可过关,又或至少保证货柜最快放行。要符合建议,便要确保货柜在出发之前门栓已经装有可以侦察并记录所有意图开柜动作的科技设备 RFID 电子卷标便是其中之一。这就使得在供应链安全及管理上,高科技的运用(不论是条形码、RFID、蜂窝或卫星定位等)已成趋势。

虽然供应商要满足 C-TPAT 标准需要大量投入,但长远来说,可以大大增强企业出口美国市场的竞争力并节约大量成本。

资料来源:严玉康、陈文珊:《AEO 制度概论》,立信会计出版社,2018 年,第 64—70 页。

第二节　AEO 制度的产生及实施条件

一、《标准框架》对缔约方的要求

近年来,无论是多边海关国际公约还是双边海关国际条约,所涉及的领域越来越多,已经开始超越海关传统业务的范围。海关国际条约影响到国内法的范围相应地也随之拓展。

《标准框架》明确规定,"制订全球范围供应链安全与便利的标准,促进稳定性和预见性"以及"形成对所有运输方式适用的整合供应链管理"是其追求的重要目标。

"全球范围内供应链的安全与便利"以及"整合供应链管理"已经涉及运输、港口仓储、经纪及销售等诸多领域,而不再局限于海关边境执法的范围。

在中国,识别、查验及密封高风险集装箱的行为不仅仅涉及海关业务领域,还需要包括港口、检验检疫及边防等在内的其他口岸管理机构的协助。

《标准框架》协调了对进口、出口和转运货物提前递交的电子货物信息的要求,规定成员海关要向满足供应链安全的最低标准并参照最佳做法的商界提供相应的便利。同时,加入国都应针对安全威胁采用一致的风险管理手段,而应进口国的合理要求,出口国海关基于可比的风险布控手段,应对出口的高风险集装箱和货物进行查验,最好使用非侵入式查验设备,如大型 X 光机和放射性探测仪。可见,尽管《标准框架》试图在贸易便利与安全之间取得一个平衡,但相比之下,贸易安全是首要考虑的因素。

《标准框架》支柱二"海关与商界的伙伴关系"要求:"各海关都应该与企业建立伙伴关

系,使其参与到保证国际贸易供应链安全的工作中。本支柱的核心在于建立一个国际统一的认证制度,对那些能够在供应链不同环节上提供高度安全保障的企业进行识别认证。这些企业应通过建立上述伙伴关系获得切实的好处。"

《标准框架》对商界伙伴在其获得安全认证资质后可以取得的最基本的好处也达成共识,这些好处包括低风险货物的快速通关、安全级别的提高、通过提高安全效率优化供应链成本、企业信誉的提升、更多的商业机会、对海关规章制度更深刻的理解及建立其与海关之间良好的沟通联系。

二、AEO 的实施条件

《标准框架》承认国际贸易供应链的复杂性,对应用和实施基于风险分析的安全措施予以认可。因此,《标准框架》允许基于 AEO 的商业模式,制订具有灵活性和个性化的安全计划。以下将讨论某些经海关确认的最佳安全标准和做法。若想获得 AEO 身份,商界企业应在风险评估和 AEO 运营模式的基础上,将这些标准、做法和程序融入日常经营行为中。同时,对海关当局和商界双方均提出了实施要求,分别归在相应的子标题下。

《标准框架》中将 AEO 定义为:"……以任何一种方式参与货物的国际流通并被海关认定符合世界海关组织或相应供应链安全标准的一方。AEO 包括生产商、进口商、出口商、报关行、承运商、理货人、中间商、港口、机场、货站经营者、综合经营者、仓储业经营者和分销商。"

这意味着任何从事与国际贸易相关的企业,只要愿意且符合相应的国际供应链安全标准和要求,就可以被海关认证为 AEO 企业,从而获得作为 AEO 企业的一些便利。

AEO 制度的基本内涵是,海关以企业为基本合作对象,通过海关为守法、安全的企业提供最大化的通关便利,建立合作伙伴关系,达到互利双赢的目的。AEO 制度的构建,从本质上改变了海关与企业之间在传统意义上的管理与被管理的关系,以适应现代化海关制度建设及大监管体系建设改革需要,符合政府职能转变的要求。

《标准框架》为在全球层面实施 AEO 项目,提供基本技术指南,《标准框架》中有关 AEO 的条件和要求及海关实施要求如下所示。

(一) 遵守海关法规的证明

当企业申请 AEO 身份时,海关应充分考虑其遵守法规情况的历史记录。

要求 AEO 企业:

(1) 在国家层面 AEO 项目规定的时间段内,申请企业无违反海关法规和犯罪情事,否则不能获得 AEO 身份;

(2) 如申请企业成立时间不足 1 中所规定时间的,将基于其所有可获得的记录和信息进行鉴定;

(3) 申请企业法定代表人或投资人应在(1)中所规定同一时期内,具有良好的海关守法记录。

（二）具有符合要求的贸易记录管理系统

AEO 应及时维护与进出口活动相关的数据，并确保数据是准确、完整、有效的。维护有效的贸易记录是国际贸易供应链安全的基本要素。

要求 AEO 企业：

（1）应当对货物进出口活动记录系统进行维护，以使海关能够实施任何必要的稽查；

（2）应当根据国家有关法规规定，向海关提供所有必要的贸易记录；

（3）应当具备符合海关管理要求的内部记录和控制机制；

（4）应当适当维护并保证任何与进出口贸易相关的海关认证、代理权和许可的有效性；

（5）应当按照国家有关规定，妥善保存近期生产记录档案供海关核查；

（6）应当充分应用信息安全技术措施，以防止未经授权者的侵入。

（三）财务偿付能力

AEO 的财务偿付能力是其在维持和改进供应链安全能力方面的一项重要指标。

要求 AEO 企业：

具有良好而稳定的财务状况，以能够在相应的各项商业经营活动中承担相关义务。

（四）磋商、合作和交流

在所有层面，即国际、国内、地方的层面，海关、其他主管机构和 AEO 应定期对涉及共同利益的事务进行磋商，包括供应链安全与便利措施。磋商方式应为非强制性的行为。磋商结果应当有助于促进海关风险管理战略的发展和维护。

要求 AEO 企业：

（1）应提供能清楚识别和随时可联络到的当地联络点或联络法人，以便在确定发生任何与海关守法和影响海关执法相关情事时，能够迅速予以协调处置（货物预订，货物跟踪，人员信息等）；

（2）应个别地或适当地通过行业协会，与海关进行公开、持续的信息交换，有关执法敏感性的、法规或其他惯例规定的不能发布的信息除外；

（3）通过在国家 AEO 项目中规定的特别机制，对任何异常或可疑货物单证以及异常装船信息请求，应向相应海关通报；

（4）通过在国家 AEO 项目中规定的特别机制，及时将发现的非法、可疑或无法解释清楚的货物通知海关或其他管理机构，并适当对上述货物实施保护。

要求海关：

（1）在与 AEO 或其代理人磋商后，海关应建立如发生质询或涉嫌海关违规情事后的处置程序；

（2）应当在适当时机及可行的情况下，在国家和本地层面致力于与国际供应链各方的常规磋商，以讨论共同关心的事务，包括涉及企业场所和货物安全的海关规定程序和要求；

（3）如 AEO 提出请求，则应对其执行与国际供应链相关的安全事务的情况做出专门反馈；

（4）应向 AEO 或其代理提供相应的海关官员的电话联系方式。

（五）教育、培训和提高认知

海关和 AEO 应当建立对人员进行安全政策教育和培训的机制，以识别违反安全政策的行为，并采取必要的措施应对在安全方面的失误。

要求 AEO 企业：

（1）应基于其商业模式，尽力对其雇员及其贸易伙伴，进行国际贸易供应链中涉及货物流通相关风险的教育；

（2）应对所有与相关贸易链有关的人员，如安全人员、货物处理人员、货物单证制作人员以及在 AEO 控制范围内的货物装运、收货区域的雇员，提供必要的识别潜在可疑货物的教育材料、专家指导和培训；

（3）应对教育的方式、提供的指导和开展的培训进行适当地记录，以便为类似项目提供文件资料；

（4）应使雇员了解 AEO 设置的有关可疑情况识别和报告的程序制度；

（5）应实施特别的培训，以帮助雇员提高保持货物完整、识别内部潜在的安全威胁以及采取保护控制措施的能力；

（6）如有需要或可行，应让海关熟悉相关内部信息、安全系统和程序，并提供适当培训以帮助海关获得在 AEO 控制的货站、运输工具和商业运作等方面的调查方法。

要求海关：

（1）应与 AEO 合作，采取措施对海关关员进行国际贸易供应链中涉及货物流通相关风险的教育；

（2）应为所有从事与安全相关业务的海关关员提供关于识别潜在可疑货物的培训材料和专家指导；

（3）应当将海关管理程序中识别和处理可疑事件的指定联系人通知 AEO；

（4）应实施特别的培训，以帮助海关关员提高保持货物完整、识别对于安全潜在威胁和采取保护控制措施的能力；

（5）如有需要或可行，应让 AEO 熟悉相关的海关信息和程序，以帮助海关进行适当的培训和研究；

（6）如有需要或可行，帮助 AEO 发展和实施自愿的公司指南、安全标准、最佳做法、培训、认证方案和有关材料的行动计划，以适当提高安全意识并采取措施将安全方面的风险减少到最小；

（7）如有需要或可行，应为 AEO 所有相关安全、货物处理和货物单证制作人员提供必要的识别潜在可疑货物的培训材料和专家指导，此类材料和指导应包括对 WCO 风险管理指南文件中所规定的风险要素的认知；

(8) 如有需要或可行,应帮助 AEO 从海关的角度识别潜在的安全威胁。

(六) 信息交换、准入和保密

作为保护信息安全总体战略的一部分,海关和 AEO 必须制订并加强相应的安全保护措施,以保证信息不被用于非法用途以及避免非授权的修改。

要求 AEO 企业和海关:

(1) 将保证商业和安全敏感数据的保密性,提供的信息应仅用于所提供之用途;

(2) 依据相关数据保密法规,致力于及时、完全地实施所有相关各方间有关货物放行信息的电子数据交换,不应继续依赖单证和手工签名;

(3) 执行国际标准规定的相关电子数据格式、提交期限和数据内容,由于安全原因所必需的数据元,应与 AEO 现有的商业运行模式要求和限制相一致,并且所要求的与安全相关的数据元不能超过《标准框架》的规定;

(4) 海关与 AEO 应合作,实现货物电子信息的提前申报,以进行风险评估。

特别要求 AEO 企业:

(1) AEO 进口商,应采取相应的制度确保货物通关信息清楚、完整和准确,并避免信息的错位、缺失和错误信息的录入。同样,AEO 承运人要采取相应的制度确保舱单所记载的内容能够准确地反映发货人及其代理所提供的信息,并及时向海关申报。

(2) 应具备书面的信息安全政策、程序和相关制度,如防火墙、密码等,以保护 AEO 的电子系统不发生非授权侵入情事;

(3) 建立防止信息丢失的制度和备份系统。

特别要求海关:

(1) 在适当的情况下,海关应让 AEO 的相关人员了解海关电子信息系统的要求,并建立最后一刻发货和信息修正的特殊报告系统;

(2) 应尽可能地推动政府采用单一窗口制度和程序,以使国际供应链参与者将所有相关运输和货物信息只向某一指定政府机构一次性申报,针对所有官方监管和放行,仅向指定政府机构一次性申报,也意味着发布一次性的放行指令;

(3) 尽可能不再要求 AEO 在电子申报后,额外提供纸质单据和手工签名,或用纸制单据和手工签名代替电子申报,没有条件接受电子数据申报的海关,可接受 AEO 申报的"数字单据",即根据电子数据标准格式,代替原始纸质单据;

(4) 海关应始终掌握对所有 AEO 申报的电子数据的维护控制和管辖权,制订有效的数据保存制度和销毁制度,并建立安全制度和备份系统,以免数据丢失或被非法侵入。

(七) 货物安全

货物安全包括防止未经授权获取或处置货物的措施,以及防止未经授权获取内容。货物安全措施包括防止未授权人员接近或处置货物和限制非法进出,例如使用封志或集装箱安全进出监控措施。

海关和AEO应建立或支持保障货物安全以及较高级别的进入控制措施,制订保障货物安全的日常制度。

要求AEO企业：

(1) WCO制订的与安全相关的各种指南包含了保障供应链各环节货物安全的具体措施,企业可参考上述指南制订安全政策手册或其他切实可行的指南。

(2) 有施加封志责任的AEO及其供应链中的贸易伙伴,应通过制订书面制度而保证适时施加封志并保持运输工具的完整。

(3) 确保AEO及其贸易伙伴施加的封志符合或超过现有的ISO标准。

(4) 确保将如何对已装货的集装箱施加封志和检查形成书面制度并执行规定,包括发现损坏的封志和集装箱后如何向海关及外国相关机构报告的程序。

(5) 考虑安全因素,应有专人负责集装箱封志的发放并确保其安全、合法使用。

(6) 应建立检查运输工具结构的制度,包括对其"门领"装置的可靠性进行检查。"七点运输工具检查程序"包括：正面、左侧、右侧、地面、顶层、内/外门；

(7) 通过在国家AEO项目中规定特殊机制,定期对安全和控制制度进行测评,以防止非授权人员轻易接近货物,对货物进行不正当的操作、移动或装卸；

(8) 应将货物和运输工具存放在安全监管区域内,并建立相应报告制度,以便在发现未经许可进入货物和运输工具存储区情形时及时向负责的执法官员报告；

(9) 在现有商业运作程序允许的情况下,应核实在收货和发货的承运人的身份,如无授权,应迅速采取措施尽快取得相关授权；

(10) 如可行,应对实物与其单据或电子信息进行核对,以便在向海关申报时单货相符；

(11) 制订在货物储存场所理货和管理的制度；

(12) 制订在货物移出储存场所时全面监控货物的管理制度；

(13) 制订管理、保护、监控货物运输过程以及货物移入和移出装运工具过程的制度。

要求海关：可以在国家层面AEO制度中进行规定,在适当并合法的情况下,如海关认为有必要进行径行查验货物时,应邀请AEO的一名代表见证实物查验或为查验而移动货物的整个过程。无论AEO以何种原因不能到场的,海关在径行查验后应立刻通知有责任保护货物安全的AEO,以防止发生索赔责任。

（八）运输工具安全

如其他国内和国际规章未能予以规定,海关和AEO必须共同制订监管制度以确保运输工具被有效维护和保护。

要求AEO企业：

(1) 在其权力和职责范围内,应确保所有运输货物的运输工具在其供应链中得到有效的保护；

(2) 在其权力和职责范围内,应在无人看管的情况下保护运输工具安全,并于运输工具返回后进行安全检查；

(3) 在其权力和职责范围内,应确保运输工具操作人受过专业培训,以保护运输工具和货物在整个运输过程中的安全;

(4) 可在国内 AEO 项目中予以详细规定,要求运输工具操作人对出现的真实或可疑事故进行报告,以便 AEO 和海关安全部门人员进行深入调查,并将报告记录在案,以便海关查考;

(5) 应定期对运输工具上可能藏匿非法货物的区域进行查验,保护运输工具内外舱和夹层的安全,应对所查验的区域做出记录,并保留相关查验记录;

(6) 向海关或其他机关报告一切有嫌疑的、异常的以及确实侵害运输工具安全的行为和事件。

要求海关:

(1) 在适当和合法的情况下,基于海关观点和经验,指导运输工具的操作人员可能隐藏非法货物的部位;

(2) 对企业报告的任何可疑、异常和确实侵害运输工具安全的行为和事件开展调查。

(九) 经营场所安全

在充分考虑 AEO 意见及其遵守其他强制性国际标准的前提下,海关应根据海关安全管理要求,制订安全保障协议,要求企业保护建筑物安全,并对其内外部及周边的安全环境进行监控和管理。

要求 AEO 企业:

(1) 根据企业经营模式和风险分析,应采取安全措施保证建筑物安全,并对建筑物内外部及周边环境进行监控、管理,实施准入管理,禁止未经授权的人员接近企业设施、运输工具、装载码头和货物堆场,以保证其负责的供应链环节的安全。如果无法实施准入管理,应增强其他安全方面的防范措施。

货站安全应包括以下内容:建筑物应当由能抵抗非法入侵的材料建造而成;应当通过定期的检测和维修维护结构的完整;所有的内外门窗、围栏必须安装锁或安装进出监控设施加以保护;管理或保安人员必须严格控制锁具和钥匙的发放;出入口、货物处置和存储区域、围栏和停车区等区域的设施内外必须有足够的照明设备;在车辆和人员进出口必须有人值守,进行监控或采取其他措施防止非法进入,AEO 应当确保需要进入限制区域的车辆应在专门地点停放,并能够记录车牌号码,以便海关查询;经识别和经授权的人员、车辆和货物才能获准接近设备;适当的外围设备和周边隔离设施;单据或货物的存储区域应设限进入,并有足够措施阻止非授权或未识别人员的进入;应装备适当的电子安全系统,包括盗窃警报和进出控制系统;受限区域应能清楚地识别。

(2) 根据需要或请求,向海关提供查询用于保证场站安全的监控系统的途径。

要求海关:

(1) 除了法律规定的对特定位置和信息的调查途径外,还应与 AEO 建立伙伴关系,以便能够在执法时进入其安全监控系统和信息系统;

（2）由于特殊的商业模式致使 AEO 不能够实施某些特定安全要求时，可允许 AEO 实施具有相同安全效果的其他安全措施。

（十）人员安全

海关和 AEO 应基于各自授权和能力，对拟录用的雇员进行合法的背景审查。此外应禁止未经授权的人员接近设备、运输工具、装载码头、货物堆场，以保证所负责的供应链环节的安全。

要求 AEO 企业：

（1）应在国家法律允许范围内，采取一切合理的预防措施，核实新聘用人员没有涉及安全犯罪、违反海关法行为和其他犯罪行为；

（2）应定期考察安全敏感岗位人员的背景；

（3）应制订雇员身份识别制度，要求所有雇员随身携带公司发放的身份证明，用以唯一识别单个雇员和机构；

（4）应制订识别、记录和处理未经授权或未经确认人员的制度，如在所有入口应要求来访者或货主提供带照片的身份证明和签字登记；

（5）应制订相应制度，对终止雇佣关系的人员，迅速解除其身份证明以及进入经营场所和信息系统的权限。

要求海关：

（1）应制订人员身份识别制度，要求所有海关关员随身携带身份证明，用以唯一识别单个关员及其所代表的部门；

（2）作为必要条件，应保证实施准入管理的操作人员能够独立地验核海关关员出示的身份证明；

（3）应制订相应制度，对终止雇佣关系的关员、人员，迅速解除其身份证明以及进入经营场所和信息系统的权限；

（4）在国家法律规定范围内，应征求 AEO 的同意，以便能够查询特定人员的信息，如转包商、超时使用 AEO 设备的人员等。

（十一）商业伙伴安全

海关可在国家补充标准中加以规定，要求 AEO 通过与贸易伙伴约定自愿增加安全措施，而支持全球供应链的安全。

要求 AEO 企业：

（1）如有必要，当与贸易伙伴进行合约谈判时，应鼓励其合约方评估和增强供应链安全，将其纳入商业运作模式实践中，并在合约中予以说明。此外，AEO 应保留相关文件，用以证明为其贸易伙伴满足相关要求而做的努力，供海关核查相关信息。

（2）在履行合约关系之前，AEO 应对相关合约方的商业信息进行审核。

（十二）危机管理和灾难防御制度

为将灾难和恐怖事件的影响最小化,危机管理和灾难防御制度应包括提前规划制订在特别情况下运作的程序。

要求 AEO 企业和海关:

(1) 应与相应机构协作,在可取或必要情况下,制订在紧急安全情况下和用于灾难或恐怖事件防御的应急计划;

(2) 应包括定期进行人员培训和测试应急计划。

（十三）衡量、分析和改进制度

AEO 和海关应制订计划并实施监督、测量、分析和改进程序,以便评估项目与指南的一致性;确保安全管理系统的完整性和准确性;为加强供应链安全,识别可改进安全管理系统的潜在领域。

要求 AEO 企业:

(1) 应在国家级 AEO 项目中进行明确,AEO 应定期对其运营过程中的安全风险进行评估,并采取适当措施降低上述风险;

(2) 应定期对其安全管理系统进行自我评估;

(3) 应将自我评估制度和有关责任方形成书面文件;

(4) 检查评估结果应包括从指定方得到反馈意见和有关改进今后工作计划的建议,以确保今后一段时期内安全管理系统的持续稳定。

三、AEO 实施的便利措施

《标准框架》第四个核心要素提出"成员海关要向满足供应链安全的最低标准并采纳最佳做法的企业提供相应的便利"。

《标准框架》的有效执行最终将很好地平衡贸易安全和便利的问题,为 AEO 企业提供有形的收益,是达到平衡的一项举措。

由于国家立法的限制,任何有关海关监管的便利必须由各成员海关单独提出,并进行必要的详细说明。《标准框架》支柱二标准三规定了相关便利必须切实可行,并以文件记载。便利措施应超过 AEO 的常规监管程序,同时,不会导致丧失适用现有常规程序。

《标准框架》的最终目标是实施 WCO 国际核心标准。这些标准可根据各国实际要求进行补充。《标准框架》参与者分阶段引入 AEO 项目时,应努力保持便利措施与相关要求同步。在实施期间允许便利措施逐步发展十分重要。为成员提供能力建设应着重于提供便利措施的能力,如对低风险货物简化程序,增加全球贸易供应链的安全。

便利措施应是有意义的、可测量和可报告的。《标准框架》包含的便利措施示例划分为几类,供各海关参考。这些便利措施并不是强制规定,所有海关必须提供,而是有待特定海关予以考虑、提供和认可。便利措施示例来源于几个方面,包括世界海关组织的相关研究、公约、某些成员海关运作的项目,欧盟法规以及商界信息等。

便利措施的示范可以从以下四个方面体现。

（一）加速货物放行、降低运输和存储成本的措施
(1) 减少有关货物放行的数据；
(2) 加速处置、放行货物；
(3) 最少数量的货物安全查验；
(4) 当有必要进行查验时，优先使用非侵入式检查技术；
(5) 对资质良好的 AEO 减少一定费用；
(6) 切实需要且经证实后，海关办公场所对其持续开放。

（二）为 AEO 参与者提供有价值的信息
(1) 经 AEO 参与者同意，可将其名称和联络信息告知其他 AEO；
(2) 已经实施 SAFE 的国家名单；
(3) 经认可的安全标准和最佳做法目录。

（三）在贸易中断或提高贸易安全威胁等级期间的相关特别措施
(1) 在威胁等级提高期间，海关予以优先处理；
(2) 在发生要求关闭口岸或边境的突发事件后，重新开放口岸或边境时，予以优先处理；
(3) 在发生突发事件后，可优先出口到受影响国家。

（四）在海关实施新的货物监管模式时予以优先考虑
(1) 基于账户的报关程序，而不是逐票申报；
(2) 简化结关后的相关手续；
(3) 适用自我内部审计，减少稽查程序；
(4) 加速处理结关后的质询事件；
(5) 在海关估定规定的违约偿金时予以适当减免，以及减轻对违规行为（非犯罪且瞒骗行为除外）的行政处罚；
(6) 增加进出口货物的无纸通关程序；
(7) 对海关法规咨询优先反馈；
(8) 适用海关远程通关程序；
(9) 如发生违规行为（非犯罪，且瞒骗行为除外），在海关启动行政处罚程序之前，可申请采取纠正措施；
(10) 无须支付滞纳金，除非产生了利息。

应当承认，实现 AEO 全球互认系统还需要一段时间。在这一方面，WCO 成员和秘书处建议以"分阶段"渐进的方式实施标准框架，将来实施海关系统间 AEO 项目的相互认可也同样如此。

倘若海关和商界伙伴抓住《标准框架》的要素，一旦可行便采取积极的行动实施相关规

定,那么,一定会在国际供应链的安全与便利方面获得额外的效果。

练 习 题

一、不定项选择题

1. 2015 年 6 月,世界海关合作理事年会通过了( )。
   A. 《世界海关组织全球贸易安全与便利标准框架》
   B. 《一体化供应链管理指南》
   C. 《世界海关组织全球信息和情报战略》
   D. 《海关集装箱公约》

2. 《世界海关组织全球贸易安全与便利标准框架》的支柱是( )。
   A. 能力建设   B. 海关之间的合作
   C. 采纳企业最佳做法   D. 海关与商界的伙伴关系

3. 支柱一:海关之间的合作的标准有( )。
   A. 一体化供应链管理   B. 货物查验权力
   C. 现代化技术在查验设备的运用   D. 风险管理系统

4. 支柱二:海关与商界的伙伴关系的核心在于建立一个( )。
   A. 风险防控制度   B. 反腐倡廉制度
   C. 简化申报制度   D. 国际统一的认证制度

5. 实施《世界海关组织全球贸易安全与便利标准框架》的受益对象有( )。
   A. 国家和政府   B. 海关
   C. 非经认证的经营者   D. 经认证的经营者

二、判断题

1. 《世界海关组织全球贸易安全与便利标准框架》中 AEO 的实施条件包括对 AEO 企业和海关的 13 项条件和要求。( )

2. 《世界海关组织全球贸易安全与便利标准框架》中"遵守海关法规的证明"要求,申请企业法定代表人或投资人或一般雇员应在国家层面 AEO 项目规定的时间段内,具有良好的海关守法记录。( )

3. 《世界海关组织全球贸易安全与便利标准框架》中"信息交换、准入和保密"要求 AEO 企业而不是海关应始终掌握对所有 AEO 申报的电子数据的维护控制和管辖权。( )

4. 《世界海关组织全球贸易安全与便利标准框架》中"危机管理和灾难防御制度"对于海关和 AEO 企业均提出了严格要求。( )

5. 《世界海关组织全球贸易安全与便利标准框架》中"衡量、分析和改进制度"要求,AEO 企业和海关应制订计划并实施监督、测量、分析和改进程序,以便评估项目与指南的一致性。( )

扩展阅读

欧盟海关 AEO 制度

欧盟 AEO 制度自 2008 年 1 月 1 日起正式实施,在立法上主要体现在《欧盟海关法安全修正案》上,其配套的规定和措施主要有欧盟海关安全法实施细则、AEO 指南、企业自我评估工具及 AEO 共享数据库。由于欧盟海关是 WCO《标准框架》的主要起草者之一,欧盟 AEO 制度基本沿用了 WCO 的标准。但与其他国家地区相比,欧盟 AEO 制度有自己的特点。

一、AEO 申请范围和认证种类

任何在欧盟境内从事国际供应链运作且与海关活动相关的经营者均可申请 AEO 资格,包括生产商、出口商、货运代理人、仓库经营者、报关代理人、承运人、进口商。凡在欧盟内任一国获得 AEO 资格,其认证即得到欧盟所有 26 个成员国的承认。

欧盟的 AEO 分为三类:一是 AEOC,即享受海关简化手续的 AEO;二是 AEOS,即享受相关安全便利措施的 AEO;三是 AEOF,即同时享受海关简化手续和相关安全便利措施的"二合一"AEO。但只有 AEOS 和 AEOF 才能适用于国际互认。

二、AEO 认证实施程序

在执行 AEO 制度过程中,欧盟各国在遵守欧盟海关安全法实施细则的同时会根据本国实际情况制定不同的认证程序。但综合来看,欧盟的认证程序大体分为五个步骤。

(一)申请

欧盟海关制定了统一的 AEO 申请表和自我评估表,企业提出申请时,均须按要求填写这两个表格。各成员国可根据各自的实际情况,要求企业将申请表提交给本国的 AEO 总部或主管海关。提交方式包括网上申请和书面申请,各国在这方面的要求亦不相同,例如,英国和意大利采用的是纸面申请方式,西班牙和比利时则采用认证体系网上申请方式。欧盟海关规定,各成员国海关必须在企业提出申请后的 5 天内做出接受与否的决定。

(二)初审

成员国海关在接受企业申请后会进行初审,审核的内容主要包括申请表的完整性、申报的准确性,以及有无足以导致申请被拒的重大缺陷(例如,与现行法规明显不符)。若申请满足所有条件,则海关会向企业发出接受申请通知书,并在其中注明相应时间;若申请被拒,则海关会签发拒绝申请的函件;若申请中出现错误,需要修正或完善,则海关会联系申请人,请其修改后再行提交。

在初审阶段,欧盟海关还要求成员国海关在接受申请之后,经指定的交流系统征求其他 2 个成员国海关的意见,被征询的海关须在 3 天内给予反馈。通过初审的企业,一般会被录入各成员国海关的 AEO 管理系统,之后的 AEO 认证程序管理将通过该系统进行。

初审工作一般由海关的 AEO 协调员负责,该协调员负责与申请者沟通。在欧洲某些国家,协调员还会收集申请人的大量资料,供验证稽查关员的风险分析环节参考。例如,除收集与申请者相关的海关信息外,比利时海关还会在初审阶段收集与之相关的银行、公司注册机构等大量信息。

（三）验证稽查

企业申请通过初审后,一般会被送到验证稽查部门。验证稽查工作通常会在企业所在地的海关进行,其程序主要是：

首先,收集来自外部和内部的信息。外部信息包括企业申请信息和商会、法院、地方税务机构、银行、公司注册机构关于企业的重要信息；内部信息主要是海关数据库内的相关信息。

其次,对收集的信息进行综合评估分析。分析过程包括：检查相关信息的真实性和可靠性,确认申请者可能存在的风险,提出需在验证稽查期间检查的文件清单等。

再次,开展实地验证稽查。海关根据事先的风险分析结果,到企业所在地进行实地验证稽查,期间采用问话、参观、测试和查阅文件等方式,对需要查验的信息进行逐一验证。

最后,起草稽查报告。在所有验证完成后,稽查人员会起草一份最终的验证稽查报告。报告须做出明确建议,同意或拒绝授予证书。若验证稽查因发现问题而需提前结束且做出拒绝结论,则海关须就所发现的问题与被稽查人进行沟通,并给予其30天的整改时间。

（四）授予AEO资格

企业申请通过验证稽查后,会被提交到成员国海关的AEO总部,后者将对验证稽查报告进行复核,然后做出授予AEO资格的最终决定,并给相关申请人颁发AEO证书。欧盟海关规定,海关的AEO认证程序应在企业提出申请之日起的90天内完成。

（五）后续监控

在向企业授予AEO资格的同时,海关对AFO资格的后续监控随即启动。后续监控一般由AEO总部和企业所在地海关共同负责,包括三种方式：一是日常监控。由地方海关的主管关员根据相关要求和标准监控AEO日常行为。一旦发现违规行为,就及时通知该地区的AEO联系人。此外,海关也会要求AEO公司结构或经营活动在发生重大变动时立即通知海关,主管地海关会将影响AFO资格存续的信息及时报送AEO总部。二是定期检查。海关每年要到企业所在地走访至少一次,若在走访时发现企业违规,则会组织更深入的调查。三是重新验证。通常情况下,启动此种验证须有明显证据证明企业未按AEO规定经营,但部分国家设有常规性的重新验证期限,如西班牙和比利时海关就规定,每3年都要针对所有标准进行一次重新验证。

三、欧盟AEO制度的特点

为了扩大AEO制度的影响和规模,欧盟及各成员国海关均积极宣传AEO制度,并努力通过便捷有效的方式和优质完善的服务吸引企业加入AEO。如欧盟海关开发了AEO指南、企业自我评估工具,并在网站上提供下载服务；意大利海关则通过网络发布专为商界制定的指南,内容包括实施AEO的目的、便利措施、申请条件、申请方法和海关处理程序等。由于宣传到位、措施到位、服务到位,AEO制度在欧盟内部推广迅速反响良好,企业加入非常踊跃。相比于其他国家（地区），欧盟 AEO 制度在风险管理、科技应用、人才培养、内部整合等方面极具特色。

（一）风险管理

欧盟海关为各成员国海关开发了一套名为"企业守法分析模型"的风险分析方法，用以有效控制 AEO 风险。该方法的主要功能有：指导海关充分收集 AEO 申请信息，通过深入的风险分析确定验证稽查的重点；通过与申请者交流，应对和化解相关风险；在企业通过 AEO 认证后，仍对其可能存在的风险进行监控，确保 AEO 认证前后的风险始终处于海关的有效监控之下。各成员国海关基本都按照此法进行 AEO 认证和监控。有的成员国海关还进行了进一步优化，如比利时海关通过开发系统分析工具、制作分析图表、设置量化指标等一系列手段，发挥了"企业守法分析模型"的最佳应用效果。

（二）科技应用

欧盟海关高度重视高科技手段在 AEO 认证和验证稽查工作中的运用，并为此开发了 AEO 网上申请系统供各成员国使用，大大提高了认证效率。此外，还开发了 AEO 共享数据库，将各国海关的 AEO 认证和验证稽查数据集中到统一的系统平台，在验证稽查过程中，各成员国可以充分利用这些数据信息，确定并调整稽查的重点。欧盟还开发了一套管理系统将 AEO 数据和通关系统结合起来，在通关过程中自动识别 AEO 状态，降低 AEO 的风险值并把 AEO 政策的便利落到实处。欧盟海关通过运用科技手段不仅有效提高了自身的工作效率和管理效能，同时也使 AEO 认证企业更多的享受到了便利措施。

（三）人才培养

欧盟海关十分重视人才培养，打造了一支专家型人才队伍。从事 AEO 认证和验证稽查的人员岗位相对固定，一般不会变动，这就使得相关从业人员能加强业务钻研提高业务能力，最终成为岗位专家。同时，欧盟各成员国海关经常开展从业人员学习交流及业务专家互访互换活动，并定期进行工作研讨和总结，编写相关经验教材供关员学习。各成员国海关还会邀请电脑专家、税务专家等参与验证稽查等关键环节，以带动提高海关验证稽查团队的专业水平。

（四）内部整合

欧盟海关由各成员国海关构成，加强内部配合至关重要。为了增进各成员国在 AEO 认证和验证稽查方面的交流合作，欧盟海关制定了一套联动配合办法，包括各种具体规定。例如，在 AEO 初审阶段，若海关发现该企业在其他成员国设有分支机构，则需征求后者的意见。在验证稽查阶段，若海关发现该企业在其他成员国设有分支机构或有重要商业伙伴，亦需征求后者的意见或是请其配合开展验证稽查并在 60 天内反馈结果。在后续监控方面，对各成员国之间配合及实现也都做了具体规定。为了方便各成员国之间交流配合，联动办法将每个作业步骤编制代码，使用代码的方式进行工作交流。

美国海关 AEO 制度

一、制度背景

"9·11"事件后，美国为了保障贸易安全填补供应链上的安全漏洞，其国土安全部海关和边境保护局(CBP)制定了"海关-商界反恐伙伴计划"(Customs-Trade Partnership Against Terrorism, C-TPAT)制度,于2001年11月正式建立。CBP通过C-TPAT与国际贸易相关方合作建立国际供应链安全管理系统。

二、主管当局

CBP。

三、适用范围

C-TPAT中商界成员范围:美国登记进口商;美国/加拿大公路承运人;美国/墨西哥公路承运人;铁路承运人;空运承运人;美国海事港务当局/码头经营者;空运货物承揽人;海运运输代理人与无船公共承运人;墨西哥和加拿大制造商;邀请的特定外国制造商;经许可的美国报关代理人;第三方物流供应商;墨西哥长途公路承运人。

认证C-TPAT的申请流程十分便捷,可在线上完成。企业联系人在C-TPAT网站注册,完成公司及安全资料的填报后提交申请。CBP安排一位供应链安全专员来审阅资料。审阅合格后,该企业即成为C-TPAT一级成员,拥有少量通关优势,如风险标记降低等。之后,供应链安全专员会与公司取得联系,并进行实地检查。检查通过后,公司升为C-TPAT二级成员,拥有风险标记降低、货物查验率减少、清关优先等C-TPAT计划中的全部优惠。

四、便利措施

加入C-TPAT可享受以下便利:查验次数更少,C-TPAT进口商查验率低于正常水平的四到六倍;允许进入"自由与安全贸易"计划通道;分层查验便利,帮助C-TPAT成员节约成本的救济手段;前线特权,给予接受查验的C-TPAT成员集装箱的特权;业务重续,即一旦国际贸易的运转发生崩溃,能够及时采取行动进行协调;市场竞争力,作为国际供应链中的一员,获得C-TPAT成员资格,有助于企业快速提升竞争力、助力品牌资产全球化;互相承认,得到与美国海关签署互相承认协议的国家的承认。

五、其他特点

(一)主动管理的思想理念

不断加强海关与商界的合作,是美国信用管理体系建设中一大亮点。在传统的管理观念上,海关与企业是管理与被管理的关系,而美国海关与商界是"合作伙伴"关系,其中最突出的特点是,海关放弃了公权的强制力作用,采用互利、自愿的合作方式,确保供应链各环节的运输安全、信息安全和货物流通。C-TPAT明确要求商界必须自愿提出加入申请,通过自我评估安全体系,提交安全调查问卷,协助制定安全计划,并加强其公信力等。美国海关采取利益交换的方式促使企业自觉守法,比如,不再派海关常驻官员进驻对外贸易区,监管方式由"现场每单查验"转变为"不定期审计稽查"。在风险防范中,这种互信关系促使CBP与企业能够更好地发挥各自优势。

(二)详细的标准要求

C-TPAT的最低安全标准在具体细则上,针对12种不同类型的成员稍有不同。总体而言,成员需要符合12项标准:承担安全愿景与责任、具有风险评估能力、了解合作商的供应链、保证网络安全、防止走私、保证货物合规封装、保证进出口管理合规、货物符合农业安全标准、保证货物存储的物理隔离、控制厂房出入、了解员工背景、拥有有效的安全教育培训机制。针对这12项标准,CBP官网附有详细的实施指南,帮助企业增强其合规性。

完善的信用修复机制。在申请程序中,若企业未能满足 C-TPAT 的最低安全标准,其认证地位及相关利益将被免除或中止。当企业按照规定修正不足之后,海关将恢复给予该企业优惠。对于违反 C-TPAT 规定的成员,如未能遵守最低安全标准、违反海关法律法规,CBP 会根据企业违反规定的具体情况,向 C-TPAT 成员下发资格中止/取消通知,并列明原因,中止/取消资格的时长依情况而定。企业在收到通知后,可积极改进安全措施,申请恢复资格,或者向 CBP 申诉要求重新审定。

韩国海关 AEO 制度

韩国海关根据世界海关组织《标准框架》,通过国内立法和初期试点工作,于2009年4月正式实施 AEO 制度,从事进出口、报关、国际仓储、海陆空国际运输等9类业务的企业可申请 AEO 资格认证。

一、AEO 认证要求及认证流程

在 AEO 认证条件方面,韩国海关基本沿用了《标准框架》设定的标准,分别为:良好的诚信守法记录;严格有效的内部管理制度;在财务方面,有着清晰完整的账簿记录及合理负债率,且无不良拖欠;在安全控制上,生意合作伙伴、车辆运输、门卫安保、员工管理、员工安全培训、公司信息系统、设施及装备管理等方面符合要求。同时,与中国海关 AEO 制度较为类似的是,韩国海关也对认证标准实行打分制,分别将上述四个方面逐项分解、设定分值,并根据企业的合格程度逐项打分。韩国 AEO 认证制度根据计分将企业分为三类:80—89 分为 A 类企业;90—94 分为 AA 类企业;95 分及以上者为 AAA 类企业。

韩国海关 AEO 认证流程主要有以下六个步骤:

(1) 自我评分。企业根据 AEO 申请标准进行自我打分。

(2) 提交材料。符合条件的企业可以通过韩国海关网(UNIPASS)提交《AEO 认证申请表》及其相关材料。

(3) 资料审核。韩国海关对企业文件、单据和资料进行审核。

(4) 实地稽查。韩国海关对符合条件的企业进行实地稽查。

(5) 认证核定。韩国海关将稽查情况递交韩国 AEO 认证委员会认证核定。

(6) 最终裁决。韩国 AEO 认证委员会做出最终裁定。

二、韩国 AEO 制度的特点

在 AEO 制度方面,韩国结合本国实际情况进行了创新和优化体来看,主要有以下四点:

(1) 所有企业在申请 AEO 资格前,必须确定至少 1 名 AEO 专职管理人员(需提前接受不少于 16 个小时的 AEO 专业培训),以协助海关进行单据资料审核和现场稽查工作。

(2) 一旦认证合规,企业必须承诺严格有效的后续管理,必须任命 1 名 AEO 总监和 1 名以上的 AEO 经理(两者需每年接受不少于 8 个小时的 AEO 后续培训),以负责本企业的 AEO 后续管理工作。

(3) 在企业所有人权益及组织架构、办公场地、重大经营活动、财务情况发生变化时,必须及时主动地向海关报告;认证企业必须每年主动向海关提交自查报告,如实反映企业合规以及 AEO 标准遵守情况。

(4) AEO 企业资格一经认证,有效期为 3 年,到第 3 年上半年,由企业和海关进行复审,根据达标状态分别进行升级、维持、降级和撤销处理。

此外,韩国 AEO 制度中,两个组织分别发挥着至关重要的作用。一是韩国 AEO 认证委员会,其主要职能为审核决定企业认证申请,以及已经获得 AEO 认证企业的认证维持、取消等事项;二是韩国 AEO 协会,它是由获得 AEO 认证资格的企业组成的非政府组织,宗旨是为企业争取 AEO 认证提供指导和帮助。

日本海关 AEO 制度

日本是实施 AEO 制度时间比较早、程度比较高的国家。早在美国"9·11"事件发生以前的 2001 年 3 月,日本就开始自主自发的实行简易申报制度,这是 AEO 制度的雏形。但由于日本海关没有美国海关的国际影响力和辐射力,所以当时在世界上没有引起足够的重视和较大的反响。

一、日本 AEO 制度的演变

WCO 通过《标准框架》后,日本接受了其 AEO 建议并进行了合并转化,形成了特定出口申报制度并从 2006 年 3 月开始正式实施,这成为日本版 AEO 制度的开端。

日本的简易申报制度并入 AEO 制度体系后,于 2007 年 4 月演变成针对 AEO 进口者的简易申报制度,2008 年扩大到 AEO 通关业者,实行认定通关业者制度。而 2007 年 10 月开始实施的 AEO 仓储保管业者的特定保税认可制度,2008 年 4 月扩大到 AEO 运输业者,实施特定保税运输制度。最后于 2009 年扩大到 AEO 制造业者,实行特定制造业者制度。而特定制造业者制度是日本 AEO 制度深化的标志。

经过一系列的演变,目前,日本特例通关制度(AEO 制度)主要由特定出口申报制度、特例进口申报制度、特定保税承认制度、认定通关业者制度、特定保税运输制度和认定制造者制度等构成,对于不同的类别实施不同的认定标准和实施方法。特例通关制度主要是为了解决如何在兼顾贸易安全的前提下实现贸易通关便利化的问题。这种制度是渐进式推广的。从 2005 年起首先在贸易业者中开始推广。一开始其范围是进口业者,然后逐步扩大到仓储保管业者、通关业者、运输业者和生产制造企业,最后覆盖到相关物流链条的全体。

二、日本 AEO 制度的简介

日本 AEO 制度的主管当局是财务省关税局,认证流程如下:企业自评判断与标准的差距—向海关咨询—递交申请和企业 AEO 检查评估表—海关验证—发证—后续稽核。日本海关在全国设有九个区域性海关和一个东京海关 AEO 认证中心,各个区域海关主管区域内 AEO 认证事宜。

日本 AEO 制度的最大特点是由六部分组成,不同的制度适用于不同类型的企业,并且给予不同的便利化措施。

特定出口申报制度于 2006 年 3 月开始实施，可以为从事出口贸易的企业及出口商提供便利。按照日本《关税法》的要求，要出口的货物在海关申报前需先送到保税地域，方可进行。而当遵守法律规定的出口企业在对货物的安全管理达到标准时，可以申请使用该制度通关。特定出口申报制度，为达标的出口商提供便利，即完成出口申报时，可去除将出口商品从存放地点向保税区域搬运的步骤。

该制度既可以减少海关对出口商品的多次检验，使装运过程更快速、便捷，还可以通过减少搬运次数、降低商品出口中的运输成本和装运时间，进而帮助企业抓住商机，提高日本商品在国际市场的竞争力。特别是在同贸易伙伴国进行 AEO 相互认证后，特定出口申报制度就可以更好地实现贸易便利化。

特例进口申报制度于 2007 年 4 月开始施行，可以为从事进口贸易的企业提供以下便利：

第一，获得特例进口申报资格的进口商，可在关税纳税申报前开始商品交易，而且能在商品运到日本前，进行进口报关，获得进口许可；

第二，削减了进口报关时所需的项目数量；

第三，免除了检查进口申报的关税交付问题；

第四，可以在交易完成后进行纳税申报，大部分情况下，还可以免除海关担保手续。

特例进口申报制度能够提高进口商品的买卖及接收速度，同时，获得特例进口申报权的公司，通常信用度和通关的成功率都较高，因此，进口商可以更好地对通关时间作出精确判断，可以帮助他们更好地对存储的商品进行管理。该制度不但为进口贸易提供了便利，而且帮助进口商降低了时间及管理成本。

特定保税承认制度于 2007 年 10 月开始实施，可以为保税场所从事进出口贸易的仓储企业提供便利。日本的保税地域共有五种，其中，在海关监管下的民营企业一保税放置场，可以存放进出口商品及外国经由日本转口第三方的商品等。当守法仓储企业经营的保税场所货物安全管理达标时，可以申请使用该制度获得开设保税场所的权利。

同时，符合规定的保税仓储企业，得到海关关长给予的特定保税权后，即能向海关关长申请开设保税场所，且不缴纳开场所需要的审批费用。特定保税承认制能够减少申请开设保税场所的流程，还能省去申请该区域所需的审批费用，降低了进出口仓储企业的经营成本，以及进出口商品所需成本，推动了贸易便利化。

认定通关业者制度于 2008 年 4 月开始实施，可以为负责进出口贸易的报关员提供便利。货物安全管理达标，且获得许可的情况下，从事报关业务 3 年以上且 3 年内没有违反《关税法》及其他法规，并使用电子化通关系统办理通关手续的报关员，可以在报关时申请使用该制度。

在日本贸易相关活动中，通关业者根据进出口贸易商的委托，代理进出口报关、关税申报与缴纳税款等业务。认定通关业者制度，能够减少通关中的繁杂手续，从而降低商品通关所用的时间。获得该制度资格的报关员，在申报货物通关中能够得到以下三项优势。

第一，在进口企业的委托下，通关业者推进进口商品通关流程时，可以通过特例进口申报制度,处理纳税申报,可以在商品完成交易后执行。通常,进口申报要在货物入港后进行纳税申报,纳税后取得进口许可,再进行交易。而根据特例进口申报制度,可以在商品入港前申报,在货物交易结束后缴税。

第二,在出口企业的委托下,特定保税运输业者负责的商品,在出口通关过程中,能够借助特定出口申报制度,对未进入保税区域的、待出口商品实施报关申请。认定的报关员在确认申报货物的同时,还必须与运送该商品的特定保税运输企业建立联系机制。

第三,认定的报关员由于获取了该制度资质,将具备相当大的通关便利优势,能够助力其发展大量客户。无法获取该资质的贸易商,便可以借助认定报关员代理其进出口业务,从而实现贸易便利化。此外,认定通关业者制度的实施还可以帮助进口商周转资金。

特定保税运输制度于2008年4月开始实施,符合规定的货物运输企业,可以向海关关长申请使用该制度。认定的通关企业需从事保税区贸易活动3年以上,且在3年内未违反《关税法》规定,同时,使用电子化信息处理系统办理特定保税运输。特定保税运输制度也能够减少通关手续,降低进出口贸易成本,提高贸易的便利化。特定保税运输制度的优势有三点。

首先,保税运输不需要多次单独进行批准,因此,可以减少通关流程以及海关的工作量,从而降低管理成本和时间成本。

其次,在出口商品的运输过程中,特定运输企业在得到出口企业的委托后,获认定的报关员只需在保税区域外完成商品的报关申请,便可将该商品直接运至港口,进而完成装船任务,不需要再进入保税场所,这可以明显节约贸易所需时间。

最后,特定保税运输企业因该制度带来的便利通关优势,能够促进其发展大量客户,而不能获取特例通关制度资格的贸易商便可以借助于保税运输公司的服务,便利自己的进出口业务。

认定制造者制度于2009年7月开始实施。使日本AEO实施范围扩大到生产制造企业,从而进一步推动贸易便利化的发展。提出认定制造者申请的制造业厂商,应当确保过去3年未违反《关税法》,而且进行特定制造货物出口申报、提出制作货物申报书、向出口企业交付该项出口申报的其他内容,并且在装船前能够对该申报的相关商品进行管理,满足以上条件,厂商即可向管辖该企业的所在地海关,申请认定资格。通过审批,即可得到该资质。

认定制造者所生产的货物在完成出口通关的过程中,出口申报可以在商品抵达保税区前开始,不必经过中间企业。各贸易相关企业,在进出口已认证厂商制造的产品时,都可按该制度而获得AEO所带来的贸易便利。因此,认定制造者制度的推广可以极大地促进AEO制度在日本的发展实施,进而显著提升日本贸易便利化水平。

三、特例通关制度(AEO制度)认证的益处

特例通关制度就是日本版的AEO制度,是日本对符合条件的贸易业者进行分类,对一些规范守法和诚信度高的企业给予特殊待遇的通关制度,目的是让这些贸易业者与海关建立起一种合作伙伴关系,并赋予特殊的通关便利化措施,促使这些诚信企业的快速发展。所谓"特例"就是特别授予的资格,由于是"特例",所以一般企业只能使用普通的通关待遇,而那些遵守海关法令、诚信,并经过认证的企业就可以享受便利的通关待遇。

特例通关制度对于贸易业者来说有非常多的好处。如果从事进口业务,获得特例进口申报资格的企业就可以在进口之前完成通关手续,在进口之时关税纳税的审查和查验,在收货之后再进行进口关税的申报。如果从事出口业务,获得特例出口申报资格的企业不必将货物运至口岸保税地域,在企业自己的仓库就可以进行出口申报,并且海关审查和查验也可以得到反映,使得出口货物可以得到迅速便利的装运。如果是从事进出口仓储保管业务的,获得特定保税资格的企业只要向海关关长提出请求就可以设置保税场所,该保税场所的相关手续费也可以免除。如果从事通关业务,受到通关业者资格认定的通关员或报关企业可以就其接受的进口业者委托在取货之后进行关税纳税申报处置,还可以接受出口业者委托对于保税地域之外的场所货物进行出口申报。如果从事运输业务,获得特定保税运输资格的运输企业除了免除每项保税业务单独申请的批准,还可享受多项特别优惠。

阿联酋海关AEO制度

一、整体介绍

为实现社会经济安全发展、促进贸易便利化的国家目标,阿联酋海关当局与各下属酋长国海关和贸易界开展合作,制定了阿联酋经认证的经营者(UAEO)制度。根据世界海关组织(WCO)通过的《全球贸易安全与便利标准框架》(SAFE)和世界贸易组织(WTO)通过的《贸易便利化协定》(TFA),UAEO制度旨在向供应链安全、贸易合规的企业提供便利措施,降低企业时间和经营成本。

UAEO是一个全国性的制度,阿联酋计划下一步将通过与主要的国际安全贸易伙伴实现AEO互认,实现UAEO的进一步拓展。

二、主管当局

阿联酋海关当局与各下属酋长国海关。

三、资质条件

阿联酋海关授予企业AEO资质的标准包括:

(1)可证实并可展示的符合阿联酋海关有关规定和贸易安全法律法规的合规记录;

(2)符合要求的、可审核的行政、会计和财务管理系统,系统应涵盖海关查验通关和运输记录;

(3)经证实的财务生存能力和偿付能力;

(4)在国际供应链中实施相应的安全标准。

四、认证流程

(1)企业使用规定的表格向海关递交申请及相关所需材料。

(2)申请方必须同意在申请过程中提供所有需要的信息和文件,包括风险评估和认证过程中的合规情况。除安全和司法部门外,在未经企业认可的情况下,海关将对企业提供的信息保密并不透露给任何其他实体。

(3)收到企业申请后,海关将根据认证流程审核企业是否具备成为其AEO制度成员的条件。

(4) 海关将在一个月内告知企业通过或未通过初步申请的结果。

(5) 通过初步申请后将开展全面的认证过程，包括两个阶段：填写自我评估问卷，并提供海关实施认证和风险评估所需的商业制度文件和会计记录；企业授权海关进入其经营场所、查看有关记录，以保障认证和审查的开展。

(6) 成功完成认证和风险评估之后，企业将收到成为阿联酋 AEO 的通知。未通过认证的企业将收到进一步成为 AEO 的改进措施。

(7) 企业可在 30 天内补充缺失材料或采取改进措施。如在规定时间内无法达到海关要求，企业将在 1 年内无法再提交申请。完整的认证和风险评估阶段将不超过 120 天。

五、授予资质

顺利通过认证后，各酋长国海关将给企业颁发 AEO 资质证书，并将企业的详细信息报送至阿联酋海关当局，经认可后，企业将出现在阿联酋的 AEO 全国名单上。

六、便利措施

阿联酋 AEO 制度提供以下方面的便利措施：流程相关；安全和管控相关；行政相关；财务相关；其他。

全国层面：企业一旦被各酋长国海关授予 AEO 资质，阿联酋海关当局将给予最终认定，并将其加入阿联酋 AEO 全国名单，从而根据不同贸易领域的特殊需求，设计企业可享受的便利措施。

地方层面：经阿联酋海关国家委员会批准和行政长官的签发，各海关可给予 AEO 企业额外的地方便利措施和激励措施，来推进企业所在酋长国的 AEO 制度实施。

互认层面：各酋长国海关负责提供适用于国际互认的便利措施，联邦海关负责进行互认安排的磋商和签订。

资料来源：《海关总署文告》2021 年第 12 期，第 54—63 页。

第二章　中国 AEO 制度和中国海关信用管理体系

本章概要

本章的主题是中国 AEO 制度的发展历程和中国 AEO 国际互认情况及中国 AEO 管理制度办法，分为四节。第一节主要介绍 AEO 认证在中国的进程；第二节主要介绍 AEO 认证制度在中国实施的重要节点；第三节主要中国 AEO 国际互认情况；第四节主要介绍中国海关企业信用管理办法。

学习目标

了解 AEO 认证在中国的进程；了解 AEO 认证制度在中国实施的重要节点；了解 170 号令、197 号令、225 号令、237 号令、251 号令的实施内容及变化情况；熟悉中国 AEO 国际互认情况；熟悉 AEO 企业通关便利措施；掌握 AEO 企业在报关单上的填制要求；掌握中国海关企业信用管理体系；掌握海关企业信用管理的原则和范围；掌握海关企业信用信息采集和公示；掌握高级认证企业的认证标准和程序；掌握失信企业的认定标准、程序和信用修复；掌握海关企业信用状况的管理措施。

在掌握、熟悉和了解我国 AEO 制度发展、互认和管理的基础上，使海关企业对中国海关信用管理体系获得整体上的认识，了解中国海关信用管理的发展脉络，特别是对于中国 AEO 国际互认情况的深入了解，一方面让海关企业看到了贸易安全与贸易便利的广阔前景，促使他们积极主动申请海关高级认证企业；另一方面，使海关高级认证企业掌握在互认通关方面的操作技能。

2018 年 8 月，世界海关组织（WCO）公布了两份重要文件：《海关 AEO 认证者指南》（*Customs AEO Validator Guide*）、《AEO 互认协议》。

这两份文件将为 AEO 认证程序以及相互承认安排/协定提供详细指导和进一步的支持。

中国海关近年来大力推进 AEO 国际互认，对中国的高信用企业在国际海关间实施联合激励，给予最优惠的贸易便利，助推企业更好地走出去。

截至 2023 年 11 月,中国海关已经与新加坡、欧盟、南非等 27 个经济体签署 AEO 互认协议,覆盖 52 个国家(地区),互认国家(地区)数量稳居世界首位。其中,包括 35 个共建"一带一路"国家或地区、5 个《区域全面经济伙伴关系协定》(RCEP)成员国和 15 个中东欧国家。中国 AEO 企业(高级认证企业)对 AEO 互认国家或地区进出口额占到其进出口总额的约 60%。

此外,我国正在与马来西亚、土耳其、约旦、塞尔维亚和泰国这些正在推进"一带一路"重要节点的国家和地区以及墨西哥、智利、挪威和冰岛这些正在推进重要贸易的国家和地区的海关进行 AEO 互认磋商。

目前,中国与其他国家和地区 AEO 互认安排仅适用中国 AEO 高级认证企业。"经认证的经营者"(AEO)制度是世界海关组织(WCO)倡导的,为实现《全球贸易安全与便利标准框架》目标,旨在通过加强海关与海关、海关与商界以及海关与其他政府部门的合作,从而促进全球供应链安全与贸易便利化,实现关企互利共赢、贸易畅通的一项制度。2005 年 6 月,中国海关签署了实施《标准框架》的意向书。2008 年,中国海关正式开始推进国际 AEO 互认合作。10 多年来,中国海关不断学习和总结发达国家(地区)海关 AEO 制度和经验,持续完善自身 AEO 制度,AEO 互认工作已从最初的被动跟随转变为当下的主动引领,取得了积极成果。

一是持续推进完善 AEO 制度。中国海关与时俱进地对 AEO 制度进行数次修订完善,现行的 AEO 制度为 2018 年 5 月 1 日实施的《海关企业信用管理办法》(以下简称《信用办法》)。根据《信用办法》,中国海关已从最初单一的制度规定,发展形成了将国家信用体系建设要求与 WCO 的 AEO 制度有机结合,独具中国特色的海关信用管理制度体系。在 2021 年 9 月 13 日,海关总署发布了第 251 号令《关于公布〈中华人民共和国海关注册登记和备案企业信用管理办法〉的令》,进一步完善了 AEO 制度,取消了一般认证等级,保留了 AEO 高级认证等级,更符合 WCO 下的 AEO 管理要求。

二是充分落实 AEO 便利措施。根据《中华人民共和国海关注册登记和备案企业信用管理办法》(以下简称《信用管理办法》),高级认证 AEO 企业可享受免除担保、适用较低查验率、优先通关、专享企业协调员服务、出口提前申报等多项通关便利。以查验为例,高级认证 AEO 企业 2018 年进出口平均查验率为 0.56%,比其他注册登记及备案企业低 81.21%;2019 年 1—9 月进出口平均查验率为 0.62%,比其他注册登记及备案企业低 76.4%。

三是积极输出中国经验和中国智慧。自 2017 年以来,中国海关先后将 AEO 2.0 版倡议、企业协调员制度、与其他政府部门合作开展联合激励、应用大数据开展 AEO 企业信用评估、海关企业信用管理系统等多个独具中国特色的 AEO 项目向国际海关进行宣介,受到广泛关注。

下一步,中国海关将按照国家"一带一路"倡议和支持企业"走出去"战略总体部署,加快推进 AEO 互认进程,帮助中国 AEO 企业在越来越多的国家和地区享受互认便利。继续加快推进与"一带一路"沿线国家和重要贸易国家 AEO 互认合作,力争完成与"一带一路"沿线有制度且有意愿国家的 AEO 互认合作;探索"一对多"区域 AEO 互认模式,研究探索中国海关与东非6国、南美4国、欧亚经济联盟等区域AEO互认主体,开展"一对多"区域AEO互认的可行性,从而大幅加快AEO互认步伐。

以世界海关组织建设AEO 2.0为契机,打造中国海关AEO互认合作的升级版,实施"四个扩大":一是进一步扩大AEO互认国家(地区)范围;二是进一步扩大AEO互认便利措施;三是进一步扩大AEO互认便利措施落实成效;四是进一步扩大中国海关的国际影响力和话语权。

海关注册登记和备案企业信用管理办法解读

一、海关AEO认证制度的演进

2008年,《中华人民共和国海关企业分类管理办法》(海关总署令第170号)。

2010年,《中华人民共和国海关企业分类管理办法》(海关总署令第197号)。

2014年,《中华人民共和国海关企业信用管理暂行办法》(海关总署令第225号)。

2018年,《中华人民共和国海关企业信用管理办法》(海关总署令第237号)。

2021年,《中华人民共和国海关注册登记和备案企业信用管理办法》(海关总署令第251号)。

二、修订背景及目的

一是落实国家社会信用体系建设要求,进一步提升海关企业信用管理的法治化、规范化水平。

《中华人民共和国海关企业信用管理办法》(以下简称《信用管理办法》)于2018年发布,对规范海关信用管理发挥了重要作用。2019年、2020年,国务院办公厅连续印发《关于加快推进社会信用体系建设构建以信用为基础的新型监管机制的指导意见》(国办发〔2019〕35号)、《关于进一步完善失信约束制度构建诚信建设长效机制的指导意见》(国办发〔2020〕49号,以下简称《指导意见》),对进一步发挥信用在创新监管机制、依法依规实施失信惩戒、完善失信主体信用修复机制等方面提出更高要求,有必要通过修订《信用管理办法》落实相关要求。

二是更好践行"以人民为中心"的发展思想,回应企业合理诉求。

伴随国家信用体系建设不断深入推进,企业对信用管理的重视程度与日俱增,普遍反映"一般认证企业"标准偏高、便利措施不多、获得感不强。海关总署党委积极回应企业合理诉求,审议决定将信用等级由四级优化为三级,有必要修订《信用管理办法》对改革成果予以固化。

三、新的信用管理办法的亮点

亮点一:优化企业信用等级分类

这可以形成"简单管用"的信用制度安排,避免企业信用等级层级多、辨识度不高等问题。由此前的"高级认证企业""一般认证企业""一般信用企业""失信企业"四级优化为三级,保留了"高级认证企业"和"失信企业",分别实施便利或者严格的措施,对其他企业统一实施常规的海关管理措施。

亮点二:新增海关提供信用培育服务的规定

为海关加大对注册登记和备案企业的信用培育力度、使更多符合认证标准的企业成为"经认证的经营者"(AEO)奠定了坚实基础,体现了海关服务意识和建设信用中国的担当作为。

在《信用管理办法》第五条明确规定"海关向企业提供信用培育服务,帮助企业强化诚信守法意识,提高诚信经营水平"。

亮点三:建立信用修复机制

落实国家"十四五规划"关于"完善失信主体信用修复机制"以及国务院有关文件的要求。

除法律、行政法规和党中央、国务院政策文件明确规定不可修复的,海关不予信用修复外,建立起较为完备的海关注册登记和备案企业信用修复体系:在总则中开宗明义地规定"海关建立企业信用修复机制,依法对企业予以信用修复";未被列入严重失信主体名单的失信企业纠正失信行为,消除不良影响,并且符合相应条件的,可以向海关书面申请信用修复并提交相关证明材料。海关经审核认为符合信用修复条件的,应当自收到企业信用修复申请之日起20日内作出准予信用修复决定;失信企业连续2年未发生相关失信情事的,海关应当对失信企业作出信用修复决定。同时,失信企业已被列入严重失信主体名单的,应当将其移出严重失信主体名单并通报相关部门。

亮点四:丰富高级认证企业优惠措施

提升措施的含金量和企业的获得感,鼓励高级认证企业继续"领跑",真正体现守信激励原则。

新版《信用管理办法》在原规定高级认证企业可享有的九项优惠措施的基础上,增加了"优先办理进出口货物通关手续及相关业务手续""优先向其他国家(地区)推荐农产品、食品等出口企业的注册""出口货物原产地调查平均抽查比例在企业平均抽查比例的20%以下"等三项优惠措施。

亮点五:延长高级认证企业复核期间

在保障海关监管不放松的同时一定程度上减轻了企业负担,促进企业自觉形成积极向上、优质发展的良好态势。

新版《信用管理办法》将海关对高级认证企业复核的期间由3年调整至5年,且规定在企业信用状况发生异常的情况下,海关可以不定期开展复核。

亮点六:细化了暂停适用高级认证企业管理措施的情形

在一定情形下,海关应当暂停或者可以暂停适用高级认证企业管理措施,如高级认证企业涉嫌违反与海关管理职能相关的法律法规被刑事立案的,海关应当暂停适用高级认证企业管理措施;高级认证企业涉嫌违反海关的监管规定被立案调查的,海关可以暂停适用高级认证企业管理措施;高级认证企业存在财务风险,或者有明显的转移、藏匿其应税货物以及其他财产迹象的,或者存在其他无法足额保障税款缴纳风险的,海关可以暂停适用"免除担保"的管理措施。

亮点七：优化失信企业认定标准

一是进一步细化了原有标准，更具可操作性。如将原规定的"有走私犯罪或者走私行为的"细化为"被海关侦查走私犯罪公安机构立案侦查并由司法机关依法追究刑事责任的"及"构成走私行为被海关行政处罚的"，将"拖欠应缴税款或者拖欠应缴罚没款项的"细化为"自缴纳期限届满之日起超过3个月仍未缴纳税款的"及"自缴纳期限届满之日起超过6个月仍未缴纳罚款、没收的违法所得和追缴的走私货物、物品等值价款，并且超过1万元的"。

二是进一步完善了失信的情形，使失信企业的认定更加精准。将原规定的兜底性条款"海关总署规定的其他情形"修改为"法律、行政法规、海关规章规定的其他情形"。

三是删除了原规定的"被海关列入信用信息异常企业名录超过90日的""假借海关或者其他企业名义获取不当利益的""向海关隐瞒真实情况或者提供虚假信息"等情形。

亮点八：建立严重失信主体名单制度

贯彻落实习近平总书记关于"把人民生命安全和身体健康放在第一位"的重要指示要求，增加了对涉及人民群众生命健康的严重失信行为的惩戒规定。对失信企业存在"违反进出口食品安全管理规定、进出口化妆品监督管理规定或者走私固体废物被依法追究刑事责任的"以及"非法进口固体废物被海关行政处罚金额超过250万元的"情形的，海关依照法律、行政法规等有关规定实施联合惩戒，将其列入严重失信主体名单。

亮点九：明确企业的救济方式

明确海关在作出认定失信企业决定前需履行告知义务，即书面告知企业拟作出决定的事由、依据和依法享有的陈述、申辩权利。拟将企业列入严重失信主体名单的，还应当告知企业列入的惩戒措施提示、移出条件、移出程序及救济措施。企业在收到海关拟认定失信企业决定或者列入严重失信主体名单决定书面告知之日起5个工作日内可以向海关书面提出陈述、申辩，更好体现了公开公正原则，保护企业合法权益。

亮点十：明确社会中介机构专业结论的相关内容

新版《信用管理办法》进一步明确了社会中介机构专业结论的相关内容，规定海关可以将企业委托社会中介机构就高级认证企业认证、复核相关问题出具的专业结论作为认证、复核工作的参考依据。

第一节 AEO认证在中国的进程

我国自2008年开始实施《海关企业分类管理办法》，将WCO倡导的AEO制度转化为国内立法（见图2-1）。

2014年12月1日，我国海关制订实施《海关企业信用管理暂行办法》。

2016年10月，国家发展改革委、人民银行、海关总署等40个部门联合签署了《关于对海关高级认证企业实施联合激励的合作备忘录》，向海关高级认证企业释放了大量改革政策红利。

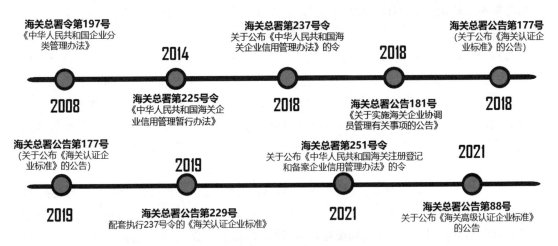

图 2-1　海关信用管理办法的推出进程

2017年3月,国家发改委、人民银行、海关总署等推出联合惩戒新政,明确了19类共49项守信激励措施,进出口企业一旦被列入联合惩戒黑名单,不仅法人不能出境,企业的融资、贷款等也将受到严格限制。

2018年5月1日,《中华人民共和国海关企业信用管理办法》(海关总署令第237号)取代了《海关企业信用管理暂行办法》,加大了守信激励和失信惩戒力度,进一步完善了AEO国际互认合作内容,适用我国与其他国家(地区)海关赋予的通关便利措施。

2018年11月,海关总署对外发布了《关于实施海关企业协调员管理有关事项的公告》(海关总署公告2018年181号),自2019年1月1日起实施。在全国海关实施海关企业协调员制度,为诚信守法企业提供更优质的服务。对海关高级认证企业,海关将为企业提供政策法规咨询、协调解决海关业务疑难等多项专业服务。

2018年11月28日,海关总署公告2018年第177号(关于公布《海关认证企业标准》的公告),自2019年1月1日起正式施行《海关认证企业标准》。新的海关信用管理制度,不仅融合了检验检疫业务要求,还大幅增加了差别化信用管理措施。诚信守法企业将获得更多便利,失信违法企业将会处处受限,对进出口企业申请AEO认证提出了更高标准的要求。

2019年3月19日,海关总署公告2019年第46号(关于公布《海关认证企业标准》财务状况类指标认定标准的公告),正式公布了新标准中财务状况类指标的认定标准。

2019年11月1日,海关总署企管司权威发布《海关认证企业标准指南》,帮助进出口企业充分理解并掌握海关认证企业标准,引导认证企业持续规范守法。

2019年12月31日,海关总署发布2019年第229号公告,将《中华人民共和国海关企业信用管理办法》(海关总署令第237号)配套执行的《海关认证企业标准》(跨境电子商务平台企业、进出境快件运营人单项标准)予以发布。

2020年12月30日,海关总署发布了《关于公布〈海关认证企业标准〉的公告》,新增了3种经营类别认证标准,即"水运物流运输企业、航空物流运输企业、公路物流运输企业"。

2021年9月13日,海关总署发布了第251号令《关于公布〈中华人民共和国海关注册登记和备案企业信用管理办法〉的令》,取消了 AEO 一般认证等级,保留了 AEO 高级认证等级。

2021 年 11 月 1 日,海关总署发布了公告 2021 年第 88 号《关于公布〈海关高级认证企业标准〉的公告》,配套执行的《高级认证企业标准》(含通用标准和进出口货物收发货人、报关企业、外贸综合服务企业、跨境电子商务平台企业、进出境快件运营人、水运物流运输企业、公路物流运输企业、航空物流运输企业单项标准)予以发布,自 2021 年 11 月 1 日起施行。海关总署公告 2018 年第 177 号、2019 年第 46 号、2019 年第 229 号、2020 年第 137 号同时废止。

至此,《海关认证企业标准》按照"1+N"的模式设置,已达 8 种经营类别认证标准:进出口收发货人认证标准、报关企业认证标准、外综服企业认证标准、跨境电商企业认证标准、进出境快件运营人认证标准、水运物流运输企业认证标准、公路物流运输企业认证标准、航空物流运输企业认证标准;每类标准均包括通用认证标准和根据企业经营类别不同而制定的单项认证标准,使认证标准更加科学、合理并符合企业实际情况。

2022 年 10 月 28 日,海关总署发布了公告 2022 年第 106 号《关于公布〈海关高级认证企业标准〉的公告》,为深入贯彻落实党中央、国务院关于推进社会信用体系建设的决策部署,进一步深化"放管服"改革,推动外贸保稳提质,根据《中华人民共和国海关注册登记和备案企业信用管理办法》(海关总署令第 251 号),总署对《海关高级认证企业标准》(海关总署公告 2021 年第 88 号发布)进行了修订。海关总署公告 2021 年第 88 号同时废止。

2022 年第 106 号公告(以下简称《新标准》)的要求和条件保持不降,延续了海关认证执法的刚性。一是新《标准》保持了模式和框架两不变,即:"通用标准+单项标准"模式不变,通用标准内部控制、财务状况、守法规范、贸易安全四大部分的基本框架不变;虽标准项目数量减少,但"硬性标准"均予以保留,因此,有关条件和要求未降低,对现有高级认证企业不会产生大的标准落差,亦不会减损现有高级认证企业的权益。二是新《标准》将通用和单项标准中重复内容进行整合优化,将原八个单项标准统一为一个单项标准,在加工贸易及保税、卫生检疫、动植物检疫、食品业务、商品检验等方面制定了能够鲜明体现海关业务管理要求的条件和要求。三是新《标准》坚持"人民至上、生命至上",紧密围绕国门安全等监管重点,新增"危险品伪瞒报、夹藏夹带被查发"等条件和要求,引导进出口企业坚持安全发展理念,筑牢国门安全第一道防线。四是新《标准》对企业守法的处罚金额未予降低,正是"坚持标准"的体现,高级认证企业必须在守法合规这一"刚性要求"方面当好诚信守法典范。

新《标准》认证程序更优化,进一步为企业减负增效。新《标准》聚焦市场主体反映较为集中的"程序烦琐、标准繁复"等问题,在制度设计上更加突出实用、管用、好用。一是整合优化了认证项目。新《标准》对原《标准》中重复表述、缺乏对应便利化措施、与企业经营实际不匹配的项目进行了较大幅度的优化整合。二是改革了认证判别方式。在企业通过认证条件中取消"赋分制"。企业没有"不达标"项目通用标准和单项标准的"基本达标"项分别不超过 3 项的,即可通过认证,通过认证的判断标准更加简单直接。

新《标准》实施后,海关根据通用标准和企业经营涉及的海关业务类型相应单项标准进行认证。单项标准目前包括加工贸易以及保税进出口业务、卫生检疫业务、动植物检疫业务、进出口食品业务、进出口商品检验业务、代理报关业务、快件运营业务、物流运输业务、跨境电子商务平台业务和外贸综合服务业务10项海关不同类型的业务。

第二节　AEO认证制度在中国实施的重要节点

中国于2005年6月在世界海关组织第105/106届理事会年会上签署实施《标准框架》意向书。此后的几年时间里,中国海关积极进行AEO制度的研究和实践,逐步建立起中国海关的AEO制度。

一、170号令将AEO制度转化为国内立法

2008年4月1日施行的《中华人民共和国海关企业分类管理办法》(海关总署令第170号)将AEO制度关于守法、安全和海关与商界的合作伙伴关系等实体要求及贸易便利措施、认证程序纳入其中,将AEO制度具体转化为国内制度。

依照《中华人民共和国海关企业分类管理办法》,中国海关将进出口收发货人和报关企业分成AA、A、B、C、D五个类别,其中AA类企业的标准和条件与WCO的AEO相关要求一致,是中国海关的AEO企业。

《中华人民共和国海关企业分类管理办法》的颁布及配套法规的施行,标志着中国海关AEO制度已进入正式实施阶段。

二、197号令细化了海关对企业评估和分类体系

2010年11月15日,《中华人民共和国海关企业分类管理办法》(海关总署令第197号)颁布,并于2011年1月1日实施。170号令同时废止。在170号令的基础上,197号令细化了海关对企业评估、分类体系。

(一) 放宽了AA类进出口货物收发货人的准入门槛

170号令规定,进出口货物收发货人申请适用AA类的,必须符合上一年度进出口总值3000万美元(中西部1000万美元)以上的条件。

197号令取消了上述条件限制,只要符合相应的A类企业适用条件(上一年度进出口总值50万美元以上)就可以申请,放宽了AA类进出口货物收发货人的准入门槛。

(二) 降低了A类企业报关差错率标准

197号令将A类进出口货物收发货人(报关企业)的上一年度进出口(代理申报)报关差错率标准由原来的"3%以下"修改为"5%以下",降低了适用A类企业的报关差错率标准。

(三)放宽了不作为企业分类管理评定记录的违规行为范围

197号令将不作为企业分类管理评定记录的违反海关监管规定行为的范围由"罚款额在人民币1万元以下"修改为"罚款额在人民币3万元以下",对相应的评定标准有所放宽。这主要是因为一些企业反映,上述1万元作为企业分类管理评定记录的罚款额标准偏低,一些企业往往由于轻微违反而被降低管理类别。

(四)增加了C类企业的"容错率"标准

170号令规定,进出口货物收发货人1年内有3次以上违反海关监管规定行为的应当适用C类管理。

197号令补充规定,发生上述情事并且违规次数超过上一年度报关单及进出境备案清单总票数千分之一的,才适用C类管理,为C类进出口货物收发货人增加了"容错率"标准。

(五)明确了报关企业代理报关货物侵犯知识产权的认定方式

170号令规定,报关企业代理报关的货物因侵犯知识产权而被海关没收的,将不能适用A类以上管理类别,而应该调整适用C、D类管理类别。

197号令补充规定,报关企业代理报关的货物因侵犯知识产权而被海关没收,但对该货物的知识产权状况履行了合理审查义务的,不影响其管理类别的评定。明确了此类情事的处理方式,解决了长期困扰海关企业分类工作的一个难题。

(六)调整了部分类别企业的评审程序

170号令规定,在企业申请适用AA类管理的评审中,征求相关职能部门意见与稽查验证同步进行,可能产生验证稽查通过但因其他职能部门提出反对意见而不能通过评审的情况。

197号令将征求相关职能部门意见程序前置,防止了上述状况发生,节省了人力物力。此外,197号令对AA类的评审时限作出了更为科学、细化的规定,便于具体操作。

(七)完善了向上调整管理类别的评定程序

企业申请向上调整管理类别主要经过以下七个程序:

(1)企业通过注册地海关向直属海关提出书面申请。

(2)注册地海关收到企业递交的申请后,按照相关要求进行审核,对于符合法定形式的,制发《企业分类管理申请受理决定书》。

(3)注册地海关将已受理的申请报送直属海关企业管理部门。

(4)直属海关企业管理部门收到申请后,对照分类标准进行全面审核,对于符合条件的,送请海关相关业务部门提供信息及证据材料;对申请适用AA、A类管理的,还要向人民银行、工商、税务、质检、外汇、监察等行政管理部门和机构征求有无不良记录的意见。

(5)对申请适用A类管理的,直属海关企业管理部门在稽查部门组织对申请企业实施验证式稽查，企业稽查部门在对企业验证稽查后向企业管理部门反馈验证稽查结果。

（6）直属海关企业管理部门提出审核意见，报主管领导关长或者经授权的企业管理部门负责人审批并作出相应的决定。

（7）对申请适用 AA 类管理的，直属海关还要将拟适用 AA 类管理的意见正式行文报请海关总署核准，并在收到海关总署批复后作出适用或者不予适用 AA 类管理的决定，并制发相关法律文书。

三、225 号令将 AEO 认证提升到信用管理的高度

2014 年 6 月，国务院对外公布了《社会信用体系建设规划纲要（2014—2020）》，要求各级各部门要按照"守信激励，失信惩戒"的原则，大力推进社会信用体系建设。

随着海关业务改革的不断深化，197 号令已不能很好适应形势发展要求和执法实践需要，特别是在简政放权、转变职能方面，与国务院加强社会信用体系建设、促进市场公平竞争的要求存在一定差距，同时与国际海关接轨的要求也日益迫切，因此非常有必要对 197 号令重新调整，赋予新的内涵。

融合 AEO 制度要求，中国海关注重进出口信用体系的顶层设计和制度建设。在 197 号令《分类办法》的基础上，相继出台了《中华人民共和国海关企业信用管理暂行办法》（海关总署令第 225 号）、《关于公布〈中华人民共和国海关企业信用管理暂行办法〉所涉及法律文书格式的公告》（海关总署公告 2014 年第 75 号）、《中华人民共和国海关企业信用管理暂行办法实施相关事项》（海关总署公告 2014 年第 81 号）、《海关认证企业标准》（海关总署公告 2014 年第 82 号）等 10 项标准规范，将原来的海关企业分类管理办法提升为海关企业信用管理办法，初步构建起了较为完备的进出口信用管理制度体系。

《中华人民共和国海关企业信用管理暂行办法实施相关事项》（海关总署公告 2014 年第 81 号）就《海关企业信用管理暂行办法》与海关企业分类管理办法的衔接方式进行了规定：

（1）分类管理办法的 AA 类企业将直接过渡为高级认证企业，海关每 3 年对高级认证企业进行一次重新认证；

（2）A 类企业将直接过渡为一般认证企业，海关将通过系统对企业的信用状况进行动态监控和评估，并实行不定期重新认证；

（3）B 类企业将直接过渡到一般信用企业；

（4）C 类和 D 类企业将由海关按照《信用管理暂行办法》重新审核并确定信用等级。

四、237 号令完善确定海关企业信用管理办法

2018 年，中国海关根据国家社会信用体系建设的最新发展及国际合作的要求对信用管理制度进行了修订。2018 年 5 月 1 日，《中华人民共和国海关企业信用管理办法》（海关总署令第 237 号）正式实施。同时，中国海关还上线运行了与海关信用管理制度相匹配的"海关企业进出口信用管理系统"，建立了"中国海关企业进出口信用信息公示平台"和"中国海关关企合作平台"。

237号令主要在以下方面进行了改进和完善:

(1) 企业信用认定标准更加全面、科学、客观,符合企业实际情况。尤其是提高了对失信企业的认定"门槛",避免了企业因"无心之过"被认定为失信的情形。

(2) 加大了守信激励和失信惩戒的力度。按照"诚信守法便利、失信违法惩戒"的原则,对诚信守法的进出口企业给予更多便利。比如对高级认证企业的优惠措施由4项扩展至8项,便利措施数量更多、更实,内容更加具体,使诚信守法企业更具"获得感"。同时,对失信企业的惩戒措施由原来的3项增加至7项,如将失信企业查验率提高到80%以上,惩戒力度明显加大。

(3) 落实国家信用管理要求,推进实施了联合激励与联合惩戒。《信用管理办法》明确了联合奖惩信息的采集、公示和管理措施的实施,使进出口领域联合奖惩有法可依,将有助于推动海关签署的多个跨部门信用联合奖惩合作备忘录的实施,进而推动各部门信息共享,实现协同监管,真正使诚信企业"一路绿灯",失信企业"寸步难行"。

(4) 进一步完善了AEO国际互认合作的内容。在《信用管理办法》中明确依据有关国际条约、协定开展与其他国家或者地区海关的AEO互认合作。新办法实现了与世界贸易组织(WTO)《贸易便利化协定》以及世界海关组织(WCO)AEO制度的进一步融合与接轨,为积极推进"一带一路"建设,扩大中国的影响力奠定更为坚实的基础。

在出台《信用管理办法》的同时,海关也修订了AEO企业的认证标准,新的认证标准将会在保留企业内部控制、财务状况、守法规范、贸易安全的总体框架下,针对不类型的企业制定更加细化的认证标准。

截至2023年8月,中国海关共有高级认证企业5 342家,虽然高级认证企业数量仅为海关注册企业总数的大约0.26%,但其进出口值已经超过我国进出口总值的三分之一。

五、251号令调整了海关企业信用管理办法

2021年9月13日海关总署发布《中华人民共和国海关注册登记和备案企业信用管理办法》(海关总署第251号令),自2021年11月1日起实施。

取消一般认证企业,保留高级认证企业、失信企业、其他常规管理企业;高级认证复审时间由3年调整为5年;明确允许第三方AEO认证辅导机构为海关及企业提供服务,且采信其专业认证结论作为参考依据。建立了信用修复机制,明确了救济措施,增加了"严重失信主体",强化了食品、化妆品等企业合规经营的措施要求。

以战略眼光认识AEO稳步推进互认合作

开展企业信用管理,是海关融入和落实社会信用体系建设要求的关键内容,通过对不同信用等级的企业实施差别化管理,有利于加快推进海关职能改革,缓解监管压力,实现更为

高效快捷的通关便利,也将助力企业有效提升自觉诚信守法意识,营造更为公平有序的市场环境。

面对贸易全球化、国际恐怖主义犯罪等多种挑战,国际海关强调贸易供应链的安全管理,加强海关与商界、海关与海关及海关与其他政府部门之间的合作。由此,中国海关经认证的经营者(AEO)制度应运而生,经过不断的探索尝试,中国海关 AEO 工作不断完善,日臻成熟,成效显著。

一、中国海关 AEO 制度出台背景

进入 21 世纪,全球贸易活动十分活跃,港口吞吐量持续攀升。用过去只针对货物本身的监管方式,贸易安全风险和查验成本变得越来越高。"9·11"事件后,为了防止受到潜在的、严重的供应链恐怖袭击,为了防止盗窃货物及其他相关犯罪行为所带来的损失,保护国土安全,美国国土安全部海关与边境保护局(CBP)发起一套供应链安全计划——海关-商界反恐伙伴计划(C-TPAT)认证,由企业提出较高水平的供应链安全保障计划,海关兑现减少查验流程、提供安全便利的承诺,于 2002 年 4 月 16 日实施。世界海关组织(WCO)针对贸易安全问题,在增强风险管理、应用高科技和国际合作方面提出建议。2004 年 12 月,AEO 政策委员会初步形成了世界海关组织《全球贸易安全和便利标准框架》(以下简称《标准框架》),该《标准框架》于 2005 年 6 月在 WCO 第 105/106 届理事会年会上通过。

《标准框架》旨在保护和便利全球贸易,推动经济增长和发展,在保护全球贸易免受恐怖主义袭击的同时,使海关能够推动合法贸易流动,并加快海关业务的现代化进程,有利于征收税款和正确实施国家法律法规,在保护经济和社会安全、促进外商投资方面起到重要作用。

AEO 制度是世界海关组织为了实现《标准框架》,构建海关与商界之间的伙伴关系,实现贸易安全与便利目标而引入的一项制度。AEO 制度是在企业守法程度、信用状况和贸易安全水平较高的情况下,由海关对其进行认证,从而给予企业切实便利和优惠措施的制度。AEO 在《标准框架》中的定义为:货物在国际流通中,其职能已由海关确认,符合世界海关组织或相应供应链安全标准的相关各方,包括生产商、进口商、出口商、报关行、承运商、理货人、中间商、口岸和机场各方、货站经营者、综合经营者、仓储业经营者和分销商等。

二、中国海关 AEO 工作发展历程

随着改革开放的深入,外贸发展步伐的加快,社会信用体系建设的深入推进,现代海关制度逐步健全完善,为对接国际海关通行规则,中国海关 AEO 工作经历了较长一段时间的认知和发展过程。从"以货物为单元"到"以企为本、由企及物",海关对企业的关系定位、管理模式都发生了深刻的变化。

中国海关 AEO 工作大致经过了五个发展阶段。

第一阶段:中国海关 AEO 制度的探索尝试(2005—2008 年)

2005 年 6 月,中国海关响应 WCO 倡议,签署了实施《标准框架》的意向书。在随后的 3

年多里,积极进行 AEO 制度的研究和实践。2006 年 9 月,开展"中欧安全智能贸易航线计划"项下的企业选取和中欧 AEO 互认合作研讨。

"中欧安全智能贸易航线计划"是全球范围内第一个全面实施 WCO《标准框架》的国际合作项目,旨在通过建立安全便捷的智能化国际贸易运输链,实现对物流的全程监控,在确保贸易链安全的基础上,实现贸易便利。2007 年 11 月起,我国海关开展 AEO 制度实践,对企业进行验证稽查,初步建立起中国海关的 AEO 制度。

海关企业信用管理体系的萌芽可追溯到 20 世纪 90 年代。当时,为了保障进出口贸易的安全与便利,在现有监管资源的条件下优化配置、促进企业诚信守法、有效实施海关管理,海关总署联合商务部等有关部门制定出台了《中华人民共和国海关对企业实施分类管理办法》,并以海关总署令第 71 号对外公布。由于 AEO 概念的引入,我国海关在分类管理的基础上,通过"规范企业行为"、建立"红名单""黑名单"企业等方式初步摸索出企业信用管理道路。这一阶段,海关 AEO 工作的对象是与进出口活动直接有关的企业、单位。根据企业的经营管理状况,海关法律、行政法规、规章制度的遵守情况,海关通关监管记录、保税监管记录、统计数据和稽查验证结论等,对企业进行评估,并按照守法便利的原则,实施对应的管理措施。随着海关对企业分类管理制度的广泛应用,关企合作关系和信用管理内涵得到进一步强化。

第二阶段:中国海关 AEO 制度国内立法并实施(2008—2014 年)

由于国内经济形势持续向好,对外贸易规模不断扩大,国家信用体系建设的步伐加快,国内 AEO 制度的立法转化工作受到重视。在此背景下,《中华人民共和国海关对企业实施分类管理办法》已不符合客观形势的需要,有必要对其中的部分内容进行修订和补充,以提高该办法的科学性和有效性。2008 年 4 月 1 日施行的《中华人民共和国海关企业分类管理办法》(以下简称《分类办法》)和相关配套公告(《企业经营状况报告》),将 AEO 制度中关于守法、安全和海关与商界的合作伙伴关系等实体要求及贸易便利措施、认证程序纳入其中,将 AEO 制度具体转化为国内制度。《分类办法》将进出口货物收发货人和报关企业分成 AA、A、B、C、D 五个类别,其中 AA 类企业的标准和条件与 WCO 的 AEO 相关要求一致,是中国海关的 AEO 企业。《分类办法》及配套法规的施行,标志着中国海关 AEO 制度已进入正式实施阶段。

随着新的海关企业分类管理办法正式实施,海关对企业评估方式更为科学,加上 WCO 不断引入先进理念,我国海关由行政管理旧模式向以企业为导向的新型管理模式转变,对新时期的海关工作来说,既是机遇又是挑战。

海关总署于 2010 年 6 月举行了《分类办法》修订立法听证会,广泛征求意见建议。修订后的《中华人民共和国海关企业分类管理办法》(海关总署令第 197 号)(以下简称《办法》)于 2011 年 1 月 1 日起正式施行。新《分类办法》将 AA 类进出口货物收发货人的进出口规模要求降低为 50 万美元,保障中小企业能够获得平等竞争机会;调整了 A 类企业报关差错率设置,使之与 AA 类企业的标准有所差别;提高了对报关企业的要求,将知识产权侵权案件中报关企业是否履行了"合理审查义务"作为评判依据,确定此类案件是否影响报关企业的管理类别。这一阶段,我国市场经济的发展促进了国家贸易不断向国外扩展,信用体系建设的步伐也在逐渐加快。《分类办法》明确了信用体系的基本要求,对 AEO 制度的中国化起到了一定的推动作用。这个时期,海关的管理理念已经逐渐由以监管货物为重心,转入以监管企业为重心,这是我国海关改革和创新方面的重大突破。

第三阶段:中国海关 AEO 制度开创全新局面(2014—2018 年)

《分类办法》在当时的环境下取得明显成效,但已经不能满足简政放权、职能转变、信用建设,以及国际接轨等形势发展的需要。2014 年 10 月 8 日,海关总署公布《中华人民共和国海关企业信用管理暂行办法》(海关总署令第 225 号),首次明确认证企业为中国的 AEO,平移原 AA 类企业为高级认证企业,A 类企业为一般认证企业。2014 年 11 月,公布了《海关认证企业标准》(海关总署公告 2014 年第 82 号),下发了《中华人民共和国海关企业信用管理操作规程》(署稽发〔2014〕252 号)、《海关认证企业标准操作规范》(稽查函〔2015〕26 号)等一系列企业认证文件和规则。中国海关根据企业的信用状况将企业认定为认证企业、一般信用企业和失信企业,分别适用不同的管理措施和同一评价体系。也就是说,信用状况好、符合认证标准的企业能享受更多的通关便利措施。相对于一般信用、失信企业可优先办理通关手续、享受较低的货物查验率、简化申报单证等;高级认证企业在适用一般认证企业管理措施的基础上,还享受海关设立的协调员、不实行保证金台账制度及 AEO 互认的优惠措施。

这一阶段,我国海关 AEO 工作与国际海关接轨的步伐加快,体现了海关执法理念的重大改革,这是中国海关对《社会信用体系建设规划纲要(2014—2020 年)》的积极响应,也是顺应国际贸易发展趋势的一项重要举措。

第四阶段:中国海关 AEO 制度更为完善和成熟(2018—2021 年 10 月)

经过 3 年多的实践,通过中国海关 AEO 认证的企业,获得了世界上越来越多国家(地区)的认可,中国海关 AEO 资质成为开展国内、国际合作和贸易往来的一块"金字招牌"。我国的 AEO 管理制度已形成体系,随着海关管理理念和国际、国内经济形势的发展变化,以及对认证企业提出的更高要求,2018 年 3 月,海关总署公布了《中华人民共和国海关企业信用管理办法》(海关总署令第 237 号,以下简称《企业信用管理办法》),对原有的《中华人民共和国海关企业信用管理暂行办法》(海关总署令第 225 号)在企业类型、联合惩戒、异常名录、失信认定等方面进行修订和完善。

《企业信用管理办法》实施以来,我国海关主要倡导依照守法便利原则,实施差别化管理,实现关企合作,有效保障贸易安全。经过长时间经验的积累和工作实践,该办法已受到社会各界的广泛关注,得到广大进出口企业的普遍认可,促使海关和企业提升自觉守法意识。

这一时期的信用管理办法是时代的产物:

一是体现了海关对工作作风的改革。信用管理旨在建立新的海关和企业合作关系,以合作共赢为目标,海关在贸易安全的基础上,为进出口企业制定了认证标准。与此同时,海关将对有意向参与国际贸易,并愿意通过整改达到海关认证标准的企业,提供一系列便利通关和管理的措施,包括减少检查频率,简化单据鉴定,优化审核流程,以及建立协调员制度等。

二是体现了整个社会信用体系建设的需求。海关根据不同的企业信用等级,制定不同的差别化管理措施,以达到守法便利、违法惩戒的目的。

三是我国企业走出国门、走向世界的重要方式。我国同其他国家(地区)实施AEO互认过程中,企业通关享受一定程度的优惠措施,同时AEO企业的竞争力和影响力均有所提升。

第五阶段:中国海关AEO制度再次全新升级(2021年11月开始)

2021年9月13日,海关总署发布第251号令,公布了新修订的《中华人民共和国海关注册登记和备案企业信用管理办法》,并于2021年11月1日起实施,《中华人民共和国海关企业信用管理办法》(海关总署令第237号)同时废止。"十四五"开局之年,我国社会信用体系建设迈向高质量发展的新阶段。海关总署准确把握新发展阶段,深入贯彻新发展理念,从服务构建新发展格局出发,审时度势,为更好适应形势和稳外贸、促发展的需要,对标国家信用体系建设最新要求,针对海关信用管理实践中显现出的监管链条不够完整、手段不够丰富、层次繁复且不够清晰等短板,聚焦市场主体和社会关切,积极主动开展企业信用管理制度改革。《中华人民共和国海关注册登记和备案企业信用管理办法》的出台是海关总署全面贯彻落实党中央、国务院关于深化"放管服"改革、转变政府职能、激发市场活力工作部署的具体体现和重要举措。

《中华人民共和国海关注册登记和备案企业信用管理办法》由"总则""信用信息采集和公示""高级认证企业的认证标准和程序""失信企业的认定标准、程序和信用修复""管理措施"和"附则"6章40条组成,程序更完善,内容更全面,监管更优化,手段更丰富,呈现出顺应新发展格局的鲜明特征。

综上可以看出,海关AEO工作是海关对守法合规自觉、内控制度健全、内部管理严密的企业,在监管中赋予企业信任、减少海关控制、给企业相应程度的自由,降低海关管理成本和企业运营成本,使海关与企业的关系从管理者和被管理者的关系,转变为合作伙伴关系,达到既有利于海关监管,又有利于企业在通关中获得便利的双赢目的。

资料来源:《海关总署文告》2021年第12号,第12—17页。

第三节　中国AEO国际互认情况

2005年6月,世界海关组织(WCO)第105/106次理事会年会通过了《全球贸易安全与便利标准框架》(以下简称《标准框架》),中国海关签署了《标准框架》实施意向书。《标准框架》确立了三大支柱,即海关与海关的合作、海关与商界的合作以及海关与其他政府部门的合作(第三大支柱为修订增加),旨在通过建立一套统一的国际海关标准,以保护全球贸易安全,提升贸易便利。而经认证的经营者(AEO)制度正是《标准框架》中依靠"三大支柱"所建立的核心制度,对促进全球供应链安全与贸易便利,实现关企互利共赢、贸易畅通起到了极大的促进作用。经过10多年的发展,AEO制度在各国家(地区)海关和商界备受瞩目,AEO资质也成为全球贸易的一张"绿色通行证"。截至2021年10月,WCO182个成员中,已经有169个成员签署了《标准框架》意向书,97个成员建立了较为完善的AEO制度,成员间相互签署的AEO互认安排已达91个。

AEO互认是指在建立起AEO制度的海关之间,对各自认证的AEO企业予以相互认可并给予相应的通关便利措施的一种制度安排,是减少重复认证并促进国际供应链安全与便利的有效途径。通过AEO制度互认,企业可以享受互认国家双方海关的通关便利,提高国际竞争力;消除不同国家海关的重复现场查验,减少执法成本;有利于在世界范围内建立一个有效并且基本相同的供应链安全标准和程序;有利于提升透明度,建立相似的安全监管平台和信息、情报的交换共享平台;有利于促进国际贸易的安全与便利。

中国是世界第一大出口国,货物进出口贸易往来全世界100多个国家(地区)。作为世界最大的供应商,波及全球的供应链安全问题,给我国货物进出口贸易带来了巨大影响:一是美欧等主要进口国通过对国际立法标准施加影响,推动本国的安全验证制度转化为国际规则,并将高安全成本和各类责任转嫁给我国企业;二是在贸易保护主义抬头的背景下,供应链安全风险和美欧强加的验证标准,可能成为阻碍我国企业商品顺利"走出去"的关卡;三是发达国家利用向发展中国家提供供应链安全能力建设援助之机,抢先与这些国家建立互认合作,使得我国商品在新兴市场竞争压力加剧。由此,中国海关参与国际AEO事务非常必要。

海关企业信用管理工作作为我国供应链安全管理的重要环节,必须高度关注AEO事务新的发展趋势,在学习和借鉴西方经验的基础上,顾全我国贸易发展大局,进一步完善海关企业信用管理制度,主动应对全球化背景下供应链安全风险带来的挑战。

2008年,中国海关开始实施AEO制度并大力推进国际AEO互认合作。10多年来,中国海关AEO制度经过不断创新完善,已经由最初的"被动跟随"发展到目前的"主动引领",国际影响力在不断提升。目前,海关总署正在遵照习近平主席在第二届"一带一路"国际合作高峰论坛开幕式致辞中关于"加快推广'经认证的经营者'国际互认合作"重要指示精神,以共建"一带一路"国家和重要贸易国家(地区)为重点,不断加大AEO互认磋商力度,扩大AEO互认范围。

截至2023年11月,中国已经与新加坡、韩国、欧盟等27个经济体53个国家(地区)签署AEO互认协议,其中共建"一带一路"国家增加至35个,互认协议签署数量和互认国家(地区)数量居全球"双第一"。

下一步,海关总署将深入贯彻习近平主席重要指示精神,认真落实党中央国务院有关决策部署,扎实做好"六稳"工作,全面落实"六保"任务,进一步加大AEO国际互认合作力度。继续以共建"一带一路"国家和重要贸易国家(地区)为重点扩大AEO国际互认范围,同时,进一步提高AEO互认便利措施的含金量和实施成效,与已经实施AEO互认的国家(地区)开展通关效益评估,及时解决存在的问题,确保相关便利措施落实到位;进一步增强进出口企业的获得感,为广大进出口企业争取更多便利,提升我国企业境内外通关便利化水平。

中国海关积极参与WCO关于AEO的相关工作,组织撰写互认实施指南、信用培育指南、实施与认证指南等。以WCO建设AEO 2.0为契机,中国海关帮助其他国家建立AEO制度,打造AEO国际互认合作升级版。设想建立多边AEO互认的数据库,分享各国AEO互认的制度信息。第五届全球AEO大会于2021年5月在阿联酋召开,第六届于2023年由中国承办。

随着中国海关对内不断推行企业信用管理体系建设,对外积极促成新的互认安排,AEO企业的含金量在不断提高,AEO企业可以享受到的政策红利日益凸显。

近年来,海关大力推进企业信用管理改革,在加强企业日常管理、全力履行监管职责的同时,落实对诚信守法企业差别化的监管措施,努力实现"诚信守法便利、失信违法惩戒"。AEO制度就是海关对信用状况、守法程度和安全措施较好的企业进行认证,对通过认证的企业提供相应的通关便利。成为AEO认证的企业,意味着可享受到海关信用管理所释放的红利:减少进口货物海关查验率,简化进出口货物单证审核,加快货物的放行,提高通关效率,降低通关及物流成本;减少对企业稽查、核查频次;海关统一设置协调员,提供便捷通关服务;实施新的监管模式时对货物予以优先考虑;可以向海关申请免除担保;在贸易中断或提高贸易安全等级期间的相关特别措施;享受AEO互认国家(地区)海关的优惠措施;国内其他部门提供的联合激励措施。

中国海关自2008年实施AEO制度以来,一直大力推进AEO国际互认,着力提升我国企业境内外通关便利化水平,降低企业通关成本,增强企业在国际市场的竞争力。根据海关总署官方消息称,截至2021年8月底,全国海关备案报关单位为159.87万家,同比增加5.70%。其中进出口货物收发货人157.71万家,同比增加5.58%;报关企业2.16万家,同比增加15.89%。截至2023年8月,根据中国海关企业进出口信用信息公示平台及相关官方渠道数据,全国有约200万家左右进出口注册登记企业,其中AEO高级认证企业有5 342家,失信企业545家,全国AEO高级认证企业占全国海关注册登记和备案企业约0.25%。

出口时:中国AEO企业向互认国家(地区)出口货物时,需要将AEO编码(AEOCN+在中国海关注册登记和备案的10位企业编码,例如AEOCN1234567890)告知该国家(地区)进口商,该国家(地区)进口商按照当地海关规定申报,互认国家(地区)海关确认中国海关AEO企业身份并给予相关便利措施。

进口时:中国企业自互认国家(地区)AEO企业进口货物时,需要分别在进口报关单"境外发货人"栏目中的"境外发货人编码"一栏和水、空运货运舱单中的"发货人AEO编码"一栏填写该境外发货人的AEO企业编码。中国海关确认互认国家(地区)AEO企业身份并给予相关便利措施。

截至2023年11月,AEO国际互认国家(地区)名单如下:新加坡、韩国、中国香港、欧盟(27个成员)、中国台湾、英国、瑞士、新西兰、以色列、日本、白俄罗斯、智利、澳大利亚、哈萨克斯坦、蒙古、乌拉圭、阿联酋、塞尔维亚、乌干达、南非、巴西、伊朗、俄罗斯、乌兹别克斯坦、菲律宾、中国澳门、哥斯达黎加。相关互认措施和优惠环节如表2-1所示。

第二章 中国 AEO 制度和中国海关信用管理体系

表 2-1 中国海关 AEO 国际互认成果（截至 2023 年 11 月）①

序号	互认成员（代码）	互认协定签署日期	互认安排实施日期	互认公告	互认企业	互认措施	优惠环节
1	新加坡（SG）②	2012 年 6 月	2013 年 3 月 15 日	2013 年第 13 号	新加坡关税局认证的 STP-Plus 认证的经营者企业；中国海关认证企业为中国高级认证企业为 AEO 企业。	1. 实施较低比例查验、通关；2. 对需要进行查验的货物优先予以查验；3. 在通关过程中给予优先处理待遇；4. 如果国际贸易发生中断，尽力提供快速通关。	中国 AEO 企业直接出口到新加坡/新加坡 STP-Plus 企业直接出口到中国。
2	韩国（KR）	2013 年 6 月	2014 年 4 月 1 日	2014 年第 20 号	中国海关接受韩国海关管理认证的进出口安全优秀经营者企业；韩国海关接受中国海关认证的高级认证企业为中国 AEO 企业。	1. 降低进口货物查验率；2. 简化进口货物单证审核；3. 进口货物优先通关；4. 设立海关联络员，协调解决企业中的问题；5. 非常时期优先处置。	中国 AEO 企业直接出口到韩国/韩国 AEO 企业直接出口到中国。
3	中国香港（HK）	2013 年 10 月	2014 年 9 月 1 日	2014 年第 64 号	内地海关认证的海关认可经营者商为中国香港 AEO 企业；中国香港海关接受内地海关认证的高级认证企业进出口企业为内地 AEO 企业。	1. 降低进口货物查验率；2. 简化进口货物单证审核；3. 进口货物优先通关；4. 设立海关联络员，协调解决企业中的问题；5. 非常时期优先处置。	内地 AEO 企业直接出口到中国香港/香港 AEO 企业直接出口到内地。

① 需要说明的是，蒙古、哈萨克斯坦、伊朗分别于 2019 年 4 月和 2021 年 5 月与我国签署了互认协定。这三个国家及澳大利亚、英国、乌兹别克斯坦、菲律宾的互认协定都没有具体实施，即海关总署尚未发布实施的公告。

② 这是中国海关对外签署并实施的第一个 AEO 互认安排。

续表

序号	互认成员（代码）	互认协定签署日期	互认安排实施日期	互认公告	互认企业	互认措施	优惠环节
4	欧盟（FR）	2014年5月	2015年11月1日	2015年第52号	欧盟海关接受中国海关认证的经营者、中国海关接受欧盟海关认证的安全AEO认证企业(AEOS)和简化海关手续及安全AEO认证(AEOC/AEOS)的AEO企业。	1. 减少查验或与监管有关的风险评估等手续； 2. 安全贸易伙伴身份的承认； 3. 货物优先通关； 4. 贸易连续运行保障机制。	中国AEO企业直接出口到欧盟或者欧盟AEO企业直接出口到中国或者直接从中国进口。
5	中国台湾（TW）	2016年10月1日	2016年10月1日	2016年第49号	大陆海关接受中国台湾海关认证的安全认证优质企业为中国台湾经认证的经营者企业，中国台湾海关接受大陆海关认证的高级认证企业为大陆的AEO企业。	1. 减少进口货物单证审核； 2. 适用较低进口货物查验率； 3. 进口货物优先办理通关手续； 4. 没立海关AEO联络员； 5. 非常时期优先处置。	从大陆所有出口口岸至高雄、基隆运货物（不限于厦门、福州运）所涉及的高级认证企业。从中国台湾直接出口至南京、福州、厦门直运（不限于厦门运）货物（不限于启运口岸）所涉及的安全认证优质企业。
6	新西兰（NZ）	2017年5月	2017年7月1日	2017年第23号	新西兰海关认可中国海关认证的高级认证企业为中国AEO企业；中国海关认可新西兰海关安全出口计划成员为新西兰的AEO企业。	1. 减少单证审核和查验； 2. 对需要查验货物给予优先查验； 3. 指定海关联络员，负责沟通解决AEO企业在通关中遇到的问题； 4. 在中断的国际贸易恢复时提供快速通关。	中国AEO企业出口到新西兰/中国AEO企业从新西兰AEO企业进口。

续 表

序号	互认成员（代码）	互认协定签署日期	互认安排实施日期	互认公告	互认企业	互认措施	优惠环节
7	瑞士（CHE）	2017年1月	2017年9月1日	2017年第40号	瑞士海关认可中国海关认证的高级AEO企业；中国海关认可瑞士海关经认证的经营者为瑞士的AEO企业。	1. 对于AEO企业的货物，将其资质作为有利因素纳入减少查验或监管的安全管理措施中予以考虑，并在其他相关安全管理措施中予以考虑；2. 在对AEO企业的商业伙伴进行评估时，将已获AEO企业资质的商业伙伴视为安全的贸易伙伴；3. 对AEO企业的货物给予优先对待，加速处理、快速放行；4. 指定海关联络员，负责沟通解决AEO企业在通关中遇到的问题；5. 对因安全警报级别提高、紧急情况或其他不可抗力因素关闭、自然灾害、事故导致贸易中断，在贸易恢复后海关将给予AEO企业货物优先和快速通关的便利待遇。	中国AEO企业出口到瑞士/中国企业从瑞士AEO企业进口。
8	澳大利亚（AU）	2017年11月	2023年12月14日	2023年第177号	澳大利亚海关认可中国海关认证的高级AEO企业；中国海关认可澳大利亚海关诚信贸易商计划的企业为澳大利亚AEO企业。	1. 通过减少单证审核和实货检查加快通关；2. 对需实货检查的货物给予优先查验；3. 开展风险评估时，对AEO企业资格予以考虑；4. 指定海关联络员，负责沟通处理AEO企业在通关中遇到的问题；5. 致力于在国际贸易中断并恢复后提供快速通关。	中国AEO企业向澳大利亚出口货物/中国AEO企业自澳大利亚AEO企业进口货物。

续表

序号	互认成员（代码）	互认协定签署日期	互认安排实施日期	互认公告	互认企业	互认措施	优惠环节
9	以色列（IL）①	2017年11月	2018年10月1日	2018年第116号	以色列海关认可中国海关高级认证的AEO企业；中国海关认可以色列海关认证的经营者为以色列的AEO企业。	1. 降低进口查验率；2. 进口货物优先通关；3. 在各自项目成下，指定海关关员处理与通关相关的事宜；4. 贸易中断恢复后优先办理手续。	中国AEO企业出口到以色列/中国AEO企业从以色列AEO企业进口。
10	日本（JP）	2018年10月	2019年6月1日	2019年第71号	日本海关认可中国海关高级认证的AEO企业；中国海关认可日本海关认证的经营者为日本的AEO企业。	1. 在开展风险评估以减少查验和监管时，充分考虑对方AEO企业的资质；2. 对需要查验的货物，在最大限度上进行快速处置；3. 指定海关联络员为AEO企业通关过程中遇到的问题；4. 主要基础设施没遇到AEO企业中断贸易从最大程度上为的货物提供快速通关。	中国AEO企业出口到日本/中国AEO企业从日本AEO企业进口。
11	白俄罗斯（BY）	2019年4月	2019年7月24日	2019年第101号	白俄罗斯海关认可中国海关高级认证的AEO企业；中国海关认可白俄罗斯海关认证的经营者为白俄罗斯的AEO企业。	1. 减少单证审核；2. 适用较低的查验率；3. 对需要查验的货物给予优先查验；4. 指定海关联络员负责即时沟通，以解决AEO企业通关中遇到的问题；5. 实施快速通关，包括在国际贸易中断并恢复后优先通关。	中国AEO企业直接出口到白俄罗斯或者直接自白俄罗斯进口/中国AEO企业出口到白俄罗斯或者自白俄罗斯AEO企业进口。

① 这标志着"一带一路"贸易便利化又迈出一步。

第二章 中国AEO制度和中国海关信用管理体系

续 表

序号	互认成员（代码）	互认协定签署日期	互认安排实施日期	互认公告	互认企业	互认措施	优惠环节
12	乌拉圭（UY）	2019年4月	2022年1月26日	2022年第6号	乌拉圭海关认可中国海关高级认证企业为中国AEO企业；中国海关认可经乌拉圭海关认证的企业为乌拉圭AEO企业。	1. 适用较低的单证审核率；2. 降低进出口货物的查验率；对需要实货检查的货物给予优先查验；3. 指定海关联络员，负责沟通解决AEO企业在通关中遇到的问题；4. 由于安全警戒级别提高、边境关闭、自然灾害、危险大事件或是其他重大事故造成国际贸易中断，在贸易恢复后优先通关。	中国AEO企业直接出口到乌拉圭或者中国企业自乌拉圭直接进口/中国AEO企业直接出口到乌拉圭AEO企业或者自乌拉圭AEO企业进口。
13	阿联酋（AE）①	2019年7月	2022年2月14日		阿联酋海关认证企业为中国AEO企业；中国海关认可经阿联酋海关认证企业为阿联酋AEO企业。	1. 适用较低的单证审核率；2. 适用较低的进口货物查验率；3. 对需要实货检查的货物给予优先查验；4. 指定海关联络员，负责沟通处理AEO企业在通关中遇到的问题；5. 在国际贸易中断并恢复后优先通关。	中国AEO企业出口到阿联酋/中国AEO企业从阿联酋AEO企业进口。

① 阿联酋是中国在中东地区的重要贸易伙伴，也是中国在中东地区首个实现AEO互认的国家。

续表

序号	互认成员（代码）	互认协定签署日期	互认安排实施日期	互认公告	互认企业	互认措施	优惠环节
14	巴西(BR)	2019年10月	2022年1月1日		巴西海关认可中国海关的高级认证企业，中国海关认可巴西海关经认证的经营者为互认的AEO企业。	1. 适用较低的单证审核率；2. 降低进出口货物的查验率；3. 对需要实货查检的货物给予优先查验；4. 指定海关联络员，负责沟通解决AEO企业在通关中遇到的问题；5. 由于安全警戒级别提高、边境关闭、自然灾害、危险突发事件或是其他重大事故造成国际贸易中断，在贸易恢复后优先通关。	中国AEO企业出口到巴西/中国企业从巴西AEO企业进口。
15	英国①(GB)	2020年12月				1. 减少查验或监管有关的风险评估与监管手续；2. 安全贸易伙伴身份的承认；3. 货物优先通关；4. 贸易连续运行保障机制。	
16	塞尔维亚②(RS)	2021年2月	2023年10月1日	2023年第102号	塞尔维亚海关认可中国海关认可的AEO企业、中国海关认可塞尔维亚海关经认证的经营者为互认的AEO企业。	1. 适用较低的单证审核率；2. 对需要实货查检的货物给予优先查验；3. 指定海关联络员，负责沟通解决AEO企业在通关中遇到的问题；4. 在国际贸易中断并恢复后优先通关。	中国AEO企业出口到塞尔维亚/中国AEO企业从塞尔维亚AEO企业进口。

① 英国脱欧后，中英重新签订AEO互认安排。
② 中东欧17国中，有12个欧盟成员国已在2014年签署的中欧AEO互认决定框架下开展AEO合作。中塞AEO互认协议是中国与其他5个非欧盟成员国鉴署的第一份AEO合作文件，既有利于提升中塞双边贸易安全与便利化水平，也为推进中东欧17国实现AEO合作覆盖打下基础。

续表

序号	互认成员（代码）	互认协定签署日期	互认安排实施日期	互认公告	互认企业	互认措施	优惠环节
17	智利（CL）	2021年3月	2021年10月8日	2021年第74号	智利海关认可中国海关高级认证企业，中国海关可智利海关经认证者为互认的AEO企业。	1. 按照相关海关规定，通过减少单证审核和对进出口货物适用较低的查验率要求加快通关速度；2. 对需要实货检查的货物给予优先查验；3. 指定海关联络员，负责沟通解决AEO企业在通关中遇到的问题；4. 在国际贸易中断恢复后优先快速通关。	中国AEO企业出口到智利/中国企业从智利AEO企业进口。
18	伊朗（IR）	2021年5月				1. 按照相关海关规定，通过减少单证审核和对进出口货物适用较低的查验率要求加快通关速度；2. 对需要实货检查的货物给予优先查验；3. 指定海关联络员，负责沟通解决AEO企业在通关中遇到的问题；4. 在国际贸易中断恢复后优先快速通关。	
19	乌干达（UG）①	2021年5月	2023年6月1日	2023年第45号	乌干达海关认证企业为互认的AEO企业，中国海关可乌干达AEO制度认证处的AEO企业为互认企业。	1. 适用较低的单证审核率；2. 对需要实货检查的给予优先查验；3. 指定海关联络员，负责沟通处理AEO企业在通关中遇到的问题；4. 在国际贸易中断并恢复后优先通关。	中国AEO企业出口到乌干达/中国企业从乌干达AEO企业进口。

① 与乌干达签订的AEO互认安排是申请中非首个AEO互认安排。

续 表

序号	互认成员（代码）	互认协定签署日期	互认安排实施日期	互认公告	互认企业	互认措施	优惠环节
20	南非(ZA)	2021年6月	2023年9月1日	2023年第111号	南非税务署认可中国海关认证企业为互认的AEO企业，中国海关认可经南非高级认证经营者制度认证的AEO企业为互认企业。	1. 适用较低的单证审核率；2. 适用较低的进口货物查验率；3. 对布控查验的货物在查验上给予优先；4. 指定海关联络员，负责沟通处理AEO企业在通关中遇到的问题；5. 在国际贸易中断时保障AEO货物优先能够得到最大程度的便利和快速处置。	中国AEO企业出口到南非/中国企业从南非AEO企业进口。
21	哥斯达黎加(CR)	2023年1月	2023年7月1日	2023年第74号	哥斯达黎加海关认可中国海关认证的AEO企业，中国海关认可经哥斯达黎加AEO制度认证的企业为互认企业。	1. 适用较低的查验率；2. 对需要实货检查的货物给予优先查验；3. 指定海关联络员，负责沟通处理AEO企业在通关中遇到的问题；4. 在国际贸易中断并恢复后优先通关。	中国AEO企业出口到哥斯达黎加/中国企业从哥斯达黎加AEO企业进口。
22	菲律宾(PH)	2023年1月				1. 适用较低的进口货物查验率；2. 对需要实货检查的货物给予优先查验；3. 指定海关联络员，负责沟通处理AEO企业在通关中遇到的问题；4. 在进出口贸易中断并恢复后优先通关。	

续 表

序号	互认成员（代码）	互认协定签署日期	互认安排实施日期	互认公告	互认企业	互认措施	优惠环节
23	中国澳门（MO）	2023年2月	2023年6月1日	2023年第49号	内地海关认可澳门海关互认的AEO企业，澳门海关认可内地海关A级认证企业为互认的AEO企业。	1. 适用较低的进口货物查验率； 2. 对需要实货查验的货物给予优先查验； 3. 指定海关联络员，负责沟通处理AEO企业在通关中遇到的问题； 4. 在进出口贸易中断并恢复后优先通关。	内地AEO企业直接出口到澳门/澳门AEO企业直接出口到内地。
24	乌兹别克斯坦（UZ）	2023年5月				1. 适用较低的进口货物查验率； 2. 对需要实货查验的货物给予优先查验； 3. 指定海关联络员，负责沟通处理AEO企业在通关中遇到的问题； 4. 在进出口贸易中断并恢复后优先通关。	

以新加坡为例,2012年6月,海关总署与新加坡关税局正式签署了《中华人民共和国海关总署和新加坡关税局关于〈中华人民共和国海关企业分类管理办法〉和〈新加坡安全贸易伙伴计划〉互认的安排》。经与新加坡关税局协商,海关总署决定从2013年3月15日起全面实施该互认安排。

从2013年3月15日起,我国海关接受新加坡关税局认证的STP-Plus企业为新加坡的"经认证的经营者"(AEO)企业,新加坡关税局接受我国海关认证的AA类企业为我国的AEO企业。

我国海关和新加坡海关互相给予来自对方AEO企业的进口货物如下通关便利措施:实施较低比例查验,予以快速通关;对需要进行查验的货物优先予以查验;在通关过程中给予优先处理待遇;如果国际贸易发生中断,尽力提供快速通关。

我国AA类进出口企业以自己名义直接出口到新加坡的货物,可以享受新加坡海关给予的通关便利措施。AA类企业必须向新加坡进口企业提供自己的企业管理类别和在中国海关的10位注册编码,并由新加坡进口企业在向新加坡海关进口申报时按有关规定将AEO代码录入新加坡海关Trade Net报关系统,新加坡海关在通关过程中才能识别我国的AA类企业为AEO企业并给予相应的通关便利措施。AEO代码由"AEO","CN"和企业在中国海关的10位注册编码组成。

新加坡STP-Plus(新加坡海关的AEO企业是指STP-Plus。新加坡海关STP-Plus企业是新加坡海关评定的安全贸易认证等级最高的企业,"STP"即"Secure Trade Partnership",在新加坡享受贸易优先待遇。)企业以自己的名义直接出口到中国的货物,可以享受到我国海关给予的通关便利措施。我国企业申报从新加坡STP-Plus企业进口货物时,必须在进口报关单"备注栏"处填注统一的新加坡出口企业的AEO编码,我国的报关系统才能识别新加坡的STP-Plus企业为AEO企业并给予相应的通关便利措施。填注方式为:"AEO(英文半角大写)"+"〈"+"SG"+"12位AEO企业编码"+"〉"。例如,新加坡STP-Plus企业的编码为AEOSG123456789012,则填注:"AEO〈SG123456789012〉"。

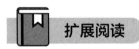

上海海关AEO行动方案

一、总体思路

深入学习贯彻习近平总书记的重要回信和重要指示批示精神,胸怀"国之大者",提高海关监管效能和服务水平,聚焦经营主体关切,深化"放管服"改革,进一步激发经营主体活力,推动外贸稳规模优结构,加快建设贸易强国,切实当好让党放心、让人民满意的国门卫士,助推高质量发展、高水平开放。

二、基本原则

(一)坚持人民至上、海关为民

以企业需求为导向,以企业感受度为衡量标准,着力解决企业群众反映强烈的痛点堵点难点问题,强化监管优化服务,及时优化完善为企政策举措。

(二) 坚持优化升级、智慧应用

按照"智关强国"行动和智慧海关建设部署,结合大数据等智慧应用手段,进一步丰富和完善"经认证的经营者"(AEO)企业便利化管理措施,以智慧手段提升 AEO 企业政策获得感和服务满意度,增强上海海关优化服务的核心竞争力。

(三) 坚持系统集成、协同推进

突出上海口岸优势和功能定位,创新"信用+"监管理念和方式,在海关业务领域框架内,加强政策联动,注重整体协同推进,建立健全贯穿事前、事中、事后全过程以信用为基础的新型海关监管机制。

三、主要目标

持续推进海关进出口信用体系建设,推动海关治理体系和治理能力现代化,实施进出口活动高效精准管理与服务,以企业需求为导向,从 AEO 企业便利措施细化落实、优化和拉长 AEO 企业享惠清单等方面入手,变"企业找政策"为"政策找企业",营造诚信守法便利氛围,持续增强 AEO 企业获得感和发展信心。

四、具体措施

具体措施可分为四类,第一类为优先办理类措施,包括第 1—13 条;第二类为减少监管频次类措施,包括第 14—20 条;第三类为降低通关成本类措施,包括第 21—24 条;第四类为缩短办理时间类措施,包括第 25—27 条;第五类为优化服务类措施,包括第 28—33 条。

(1) 优先为 AEO 企业办理报关单(含备案清单、舱单、转关单等)相关手续。通过摆放"海关认证企业(AEO)优先办理"标识牌或企业申请等方式,对于需现场办理报关单(含备案清单、舱单、转关单等)申报、修改、撤销等手续的 AEO 企业,海关予以优先办理。

(2) 优先安排进出口货物口岸检查和采样。依 AEO 企业申请,口岸现场海关可在不影响口岸正常通关秩序的前提下安排对其货物优先检查;对需要检验检测的优先采样。

(3) 加快 AEO 企业进口危险化学品样品的运输。对 AEO 企业进口危险化学品需取样送检的,增加专用危险品车辆运输频次,保障样品的及时运输。

(4) 优先为 AEO 企业进出口货物样品送检。海关对于 AEO 企业进出口货物样品需送实验室检测的,在实验室管理系统中辅助判断送检企业是否为 AEO 企业并自动标注"加急"。

(5) 优先为 AEO 企业开展实验室检测。海关为 AEO 企业在实验室检测环节,对送检样品优先开展检测,第一时间出具检测报告。

(6) 优先受理办理预裁定申请。海关优化受理和签发流程,对 AEO 企业提交的符合条件的预裁定申请,做好政策辅导,缩短受理和签发时间。

(7) 优先对 AEO 企业实施属地查检。对 AEO 企业属地查检实施"专人对接、专线预约、专窗受理",开辟一站式快速通道,对 AEO 企业预约货物实施优先查检和"5+2"预约查检,实现查检正常作业"当日清",查检异常作业第一时间处置,全力保障 AEO 企业快速通关。

(8) 优先推荐 AEO 企业纳入特殊物品联合监管机制"白名单"。依 AEO 企业申请,海关优先推荐其纳入特殊物品联合监管机制"白名单"。

（9）优先为特定行业 AEO 企业开通减免税快审通道。对于符合集成电路、新型显示器件、维修用航材进口税收政策享惠条件的 AEO 企业，可直接向主管海关申请开通减免税快速审核通道。

（10）优先将 AEO 企业纳入加工贸易和保税监管领域创新举措。优先将 AEO 企业纳入集团保税、加工贸易内销便利化、两仓功能整合等创新举措。

（11）优先将集成电路 AEO 企业纳入相关产业监管创新实施范围。对于 AEO 企业优先纳入集成电路产业监管创新试点企业名单。

（12）优先对外推荐注册。优先推荐获得 AEO 资质的出口食品生产企业向其他国家（地区）主管当局注册。

（13）优先提供统计数据服务。优先为 AEO 进出口货物收发货人企业提供本企业报关单证档案查询服务。

（14）降低 AEO 企业进出口特殊物品检验检疫抽批比例。对 AEO 企业进出口负面清单或者国家部委和海关总署政策性要求外的特殊物品，平均检验检疫抽批比例降低至实施常规管理措施企业平均抽批比例的 5%。

（15）适用较低进出口货物原产地抽查比例。对 AEO 企业原则上以企业提交资料为依据开展出口原产地证书审核签证。确有必要对 AEO 企业实施出口货物原产地调查抽查的，平均抽查比例在实施常规管理措施企业平均抽查比例的 5% 以下。

（16）优化 AEO 企业核查作业。对同一时期、同一 AEO 企业的多个核查指令进行统筹叠加安排，由同一核查组统一实施；对符合条件的核查事项，可依 AEO 企业申请实施自查结果认可模式。

（17）减少 AEO 企业核查频次。对同一家 AEO 企业原则上管理类核查次数每年不超过 1 次。

（18）优化 AEO 企业加工贸易账册监管。对适用加工贸易账册管理的 AEO 企业，海关可结合实际确定是否开展盘库核查及核查时海关抽盘商品价值比例。

（19）优化 AEO 企业出口危险货物包装性能检验周期。对 AEO 企业生产的出口危险货物包装，降低性能检验周期升档的检验次数。

（20）降低 AEO 企业进境的 A、B 级特殊物品实地后续监管比例。对 AEO 企业进境的 A、B 级特殊物品首次实地后续监管合格的，企业可通过海关大数据平台上传货物在库信息和合格保证相关材料，海关实地后续监管的比例从 100% 降至不低于年度进境批次的 10%。

（21）对 AEO 企业进出口货物采用"非侵入"方式查验。对于满足"非侵入"方式查验条件的 AEO 企业进出口货物，一般采用"非侵入"方式查验，提高机检无异常直放比例，减少货物开拆数量和查验时间。

（22）实施商品检验结果采信制度。在海关总署公布的采信商品范围内，海关可依法采信企业提交的信用承诺和检验报告等证明材料，替代对进出口货物（食品除外）的实验室检测。优先为 AEO 企业开展商品检验采信业务提供政策指导、操作指引和疑难解答。

（23）便利 AEO 企业进境动物指定隔离场再次申请使用的考核。对于 AEO 企业进境动物指定隔离场再次申请使用的，依企业申请，海关可通过"线上""线下"相结合的方式实施考核。

(24) 扩大 AEO 企业免除担保范围。综合保税区内 AEO 企业开展分送集报业务的,可向海关申请免除担保。

(25) 压缩特殊物品出入境卫生检疫事项审批时限。除特殊情况外,申请特殊物品出入境卫生检疫审批的,海关可实施预约办理并缩短审批时限,AEO 企业审批时限由 20 日压缩至 5 日以内。

(26) 压缩进境动植物检疫事项审批时限。缩短 AEO 企业进境动植物检疫审批时限。对于 AEO 企业申请进境动植物检疫审批,海关可实施预约办理,对海关总署授权上海海关开展进境动植物及其产品检疫审批终审权限的产品,符合条件的缩短审批时限 50% 以上,高级认证企业审批时限由 20 工作日压缩至 10 工作日以内。

(27) 缩短 AEO 企业"预约通关"申请时间。对于 AEO 企业需要在海关正常办公时间以外,办理进出口货物、进出境快件通关手续的,可通过"互联网+海关"平台向海关提出预约通关,申请的时间由提前 24 小时缩短至提前 8 小时。

(28) 设立专门的 AEO 企业协调平台。海关为 AEO 企业配备协调员,公布协调员联系方式;充分发挥企业协调员作用,统筹使用关区业务部门、现场海关和属地海关企业协调员。

(29) 协调解决 AEO 企业跨关区通关疑难问题。推进 AEO 企业问题"清零"机制,畅通关企沟通渠道,通过"中国海关信用管理"微信平台、"沪关 AEO 企业协调服务群"等平台,及时受理答复企业咨询,协调解决 AEO 企业在进出口过程中遇到的跨关区通关疑难问题。

(30) 对 AEO 企业实施便利化查验。依 AEO 企业申请,口岸现场海关对因易受温度、静电、粉尘等自然因素影响的或口岸现场不具备查验条件的,不宜在海关监管区内实施查验的货物,可开展监管区外或到厂查验等便利化查验方式。

(31) 加大为企业提供 AEO 企业专属信用服务力度。加大对重点行业、重点企业的专属信用服务力度,在上海关区创新试点集团式、产业链供应链式"1+N"组团培育认证模式。

(32) 优先为 AEO 企业提供海关外网应用服务。对于 AEO 企业在数据分中心网站上申请海关外网应用,设立海关外网应用申请快速通道,自动识别快速办理;对于 AEO 企业申请办理电子口岸入网的,提供优先制卡服务。

(33) 为 AEO 企业提供 962116 热线专属服务。对于 AEO 企业拨打 962116 热线的,提供专人对接高质量服务。

资料来源:上海海关官网,http://shanghai.customs.gov.cn/shanghai_customs/423405/qtzhxx1/423461/423463/5484065/index.html。

第四节 中国海关企业信用管理办法

一、海关企业信用管理概述

为推进社会信用体系建设,建立企业进出口信用管理制度,促进贸易安全与便利,根据

《中华人民共和国海关法》《中华人民共和国海关稽查条例》《企业信息公示暂行条例》以及其他有关法律、行政法规的规定，制定了《中华人民共和国海关注册登记和备案企业信用管理办法》（以下简称《企业信用管理办法》）以及《海关高级认证企业标准》。

（一）海关企业信用管理的含义

海关企业信用管理是指海关对注册登记和备案企业采集信用信息，根据其信用状况将企业认定为高级认证企业、注册登记及备案企业和失信企业，海关按照诚信守法便利、失信违法惩戒原则，对上述企业分别适用相应的管理措施。

经认证的经营者（AEO），指以任何一种方式参与货物国际流通，符合海关总署规定标准的企业。

（二）海关企业信用管理的原则和范围

《企业信用管理办法》适用于海关注册登记和备案企业以及企业相关人员信用信息的采集、公示，企业信用状况的认定、管理等海关事务。

(1) 海关按照诚信守法便利、失信违法惩戒、依法依规、公正公开原则，对企业实施信用管理。

(2) 海关根据企业申请，按照规定的标准和程序将企业认证为高级认证企业的，对其实施便利的管理措施；海关根据采集的信用信息，按照规定的标准和程序将违法违规企业认定为失信企业的，对其实施严格的管理措施；海关对高级认证企业和失信企业之外的其他企业实施常规的管理措施。

(3) 海关向企业提供信用培育服务，帮助企业强化诚信守法意识，提高诚信经营水平。

(4) 海关根据社会信用体系建设有关要求，与国家有关部门实施守信联合激励和失信联合惩戒，推进信息互换、监管互认、执法互助。

(5) 海关建立企业信用修复机制，依法对企业予以信用修复。

(6) 中国海关依据有关国际条约、协定以及本办法，开展与其他国家或者地区海关的"经认证的经营者"（AEO）互认合作，并且给予互认企业相关便利措施。

(7) 海关建立企业信用管理系统，运用信息化手段提升海关企业信用管理水平。

二、海关企业信用信息采集和公示

（一）海关可以采集反映企业信用状况的下列信息

(1) 企业注册登记或者备案信息以及企业相关人员基本信息；

(2) 企业进出口以及与进出口相关的经营信息；

(3) 企业行政许可信息；

(4) 企业及其相关人员行政处罚和刑事处罚信息；

(5) 海关与国家有关部门实施联合激励和联合惩戒信息；

(6) AEO互认信息；

(7) 其他能够反映企业信用状况的相关信息。

（二）海关应当及时公示下列信用信息，并公布查询方式
(1) 企业在海关注册登记或者备案信息；
(2) 海关对企业信用状况的认定结果；
(3) 海关对企业的行政许可信息；
(4) 海关对企业的行政处罚信息；
(5) 海关与国家有关部门实施联合激励和联合惩戒信息；
(6) 海关信用信息异常企业名录；
(7) 其他依法应当公示的信息。

公示的信用信息涉及国家秘密、国家安全、社会公共利益、商业秘密或者个人隐私的，应当依照法律、行政法规的规定办理。

自然人、法人或者非法人组织认为海关公示的信用信息不准确的，可以向海关提出异议，并且提供相关资料或者证明材料。

海关应当自收到异议申请之日起 20 日内进行复核。自然人、法人或者非法人组织提出异议的理由成立的，海关应当采纳。

三、高级认证企业的认证标准和程序

高级认证企业的认证标准分为通用标准和单项标准。高级认证企业的通用标准包括内部控制、财务状况、守法规范以及贸易安全等内容。高级认证企业的单项标准是海关针对不同企业类型和经营范围制定的认证标准。高级认证企业应当同时符合通用标准和相应的单项标准。

企业申请成为高级认证企业的，应当向海关提交书面申请，并按照海关要求提交相关资料。海关依据高级认证企业通用标准和相应的单项标准，对企业提交的申请和有关资料进行审查，并赴企业进行实地认证。海关应当自收到申请及相关资料之日起 90 日内进行认证并作出决定。特殊情形下，海关的认证时限可以延长 30 日。经认证，符合高级认证企业标准的企业，海关制发高级认证企业证书；不符合高级认证企业标准的企业，海关制发未通过认证决定书。高级认证企业证书、未通过认证决定书应当送达申请人，并且自送达之日起生效。

海关对高级认证企业每 5 年复核一次。企业信用状况发生异常情况的，海关可以不定期开展复核。经复核，不再符合高级认证企业标准的，海关应当制发未通过复核决定书，并收回高级认证企业证书。海关可以委托社会中介机构就高级认证企业认证、复核相关问题出具专业结论。企业委托社会中介机构就高级认证企业认证、复核相关问题出具的专业结论，可以作为海关认证、复核的参考依据。

企业有下列情形之一的，1 年内不得提出高级认证企业认证申请：
(1) 未通过高级认证企业认证或者复核的；
(2) 放弃高级认证企业管理的；
(3) 撤回高级认证企业认证申请的；

(4)高级认证企业被海关下调信用等级的;
(5)失信企业被海关上调信用等级的。

四、失信企业的认定标准、程序和信用修复

(一)失信企业

企业有下列情形之一的,海关认定为失信企业:

(1)被海关侦查走私犯罪公安机构立案侦查并由司法机关依法追究刑事责任的;

(2)构成走私行为被海关行政处罚的;

(3)非报关企业1年内违反海关的监管规定被海关行政处罚的次数超过上年度报关单、进出境备案清单、进出境运输工具舱单等单证(以下简称"相关单证")总票数千分之一且被海关行政处罚金额累计超过100万元的;

(4)报关企业1年内违反海关的监管规定被海关行政处罚的次数超过上年度相关单证总票数万分之五且被海关行政处罚金额累计超过30万元的;

(5)上年度相关单证票数无法计算的,1年内因违反海关的监管规定被海关行政处罚,非报关企业处罚金额累计超过100万元、报关企业处罚金额累计超过30万元的;

(6)自缴纳期限届满之日起超过3个月仍未缴纳税款的;

(7)自缴纳期限届满之日起超过6个月仍未缴纳罚款、没收的违法所得和追缴的走私货物、物品等值价款,并且超过1万元的;

(8)抗拒、阻碍海关工作人员依法执行职务,被依法处罚的;

(9)向海关工作人员行贿,被处以罚款或者被依法追究刑事责任的;

(10)法律、行政法规、海关规章规定的其他情形。

(二)严重失信企业

失信企业存在下列情形的,海关依照法律、行政法规等有关规定实施联合惩戒,将其列入严重失信主体名单:

(1)违反进出口食品安全管理规定、进出口化妆品监督管理规定或者走私固体废物被依法追究刑事责任的;

(2)非法进口固体废物被海关行政处罚金额超过250万元的。

海关在作出认定失信企业决定前,应当书面告知企业拟作出决定的事由、依据和依法享有的陈述、申辩权利。海关拟将企业列入严重失信主体名单的,还应当告知企业列入的惩戒措施提示、移出条件、移出程序及救济措施。企业对海关拟认定失信企业决定或者列入严重失信主体名单决定提出陈述、申辩的,应当在收到书面告知之日起5个工作日内向海关书面提出。海关应当在20日内进行核实,企业提出的理由成立的,海关应当采纳。

(三)信用修复

未被列入严重失信主体名单的失信企业纠正失信行为,消除不良影响,并且符合下列条

件的,可以向海关书面申请信用修复并提交相关证明材料:

(1) 因存在该办法第二十二条第二项、第六项情形被认定为失信企业满1年的(构成走私行为被海关行政处罚的;抗拒、阻碍海关工作人员依法执行职务,被依法处罚的);

(2) 因存在该办法第二十二条第三项情形被认定为失信企业满6个月的(非报关企业1年内违反海关的监管规定被海关行政处罚的次数超过上年度相关单证总票数千分之一且被海关行政处罚金额累计超过100万元的;报关企业1年内违反海关的监管规定被海关行政处罚的次数超过上年度相关单证总票数万分之五且被海关行政处罚金额累计超过30万元的;上年度相关单证票数无法计算的,1年内因违反海关的监管规定被海关行政处罚,非报关企业处罚金额累计超过100万元、报关企业处罚金额累计超过30万元的);

(3) 因存在本办法第二十二条第四项、第五项情形被认定为失信企业满3个月的(自缴纳期限届满之日起超过3个月仍未缴纳税款的;自缴纳期限届满之日起超过6个月仍未缴纳罚款、没收的违法所得和追缴的走私货物、物品等值价款,并且超过1万元的)。

经审核符合信用修复条件的,海关应当自收到企业信用修复申请之日起20日内作出准予信用修复决定。

失信企业连续2年未发生管理办法规定失信情形的,海关应当对失信企业作出信用修复决定。失信企业已被列入严重失信主体名单的,应当将其移出严重失信主体名单并通报相关部门。

法律、行政法规和党中央、国务院政策文件明确规定不可修复的,海关不予信用修复。

五、海关企业信用状况的管理措施

(一) 高级认证企业管理措施

(1) 进出口货物平均查验率低于实施常规管理措施企业平均查验率的20%,法律、行政法规或者海关总署有特殊规定的除外;

(2) 出口货物原产地调查平均抽查比例在企业平均抽查比例的20%以下,法律、行政法规或者海关总署有特殊规定的除外;

(3) 优先办理进出口货物通关手续及相关业务手续;

(4) 优先向其他国家(地区)推荐农产品、食品等出口企业的注册;

(5) 可以向海关申请免除担保;

(6) 减少对企业稽查、核查频次;

(7) 可以在出口货物运抵海关监管区之前向海关申报;

(8) 海关为企业设立协调员;

(9) AEO互认国家或者地区海关通关便利措施;

(10) 国家有关部门实施的守信联合激励措施;

(11) 因不可抗力中断国际贸易恢复后优先通关;

(12) 海关总署规定的其他管理措施。

(二)失信企业管理措施

(1)进出口货物查验率在80%以上;

(2)经营加工贸易业务的,全额提供担保;

(3)提高对企业稽查、核查频次;

(4)海关总署规定的其他管理措施。

高级认证企业适用的管理措施优于其他企业。

高级认证企业涉嫌违反与海关管理职能相关的法律法规被刑事立案的,海关应当暂停适用高级认证企业管理措施。高级认证企业涉嫌违反海关的监管规定被立案调查的,海关可以暂停适用高级认证企业管理措施。

高级认证企业存在财务风险,或者有明显的转移、藏匿其应税货物以及其他财产迹象的,或者存在其他无法足额保障税款缴纳风险的,海关可以暂停适用管理办法规定的管理措施。

(三)其他管理措施

办理同一海关业务涉及的企业信用等级不一致,导致适用的管理措施相抵触的,海关按照较低信用等级企业适用的管理措施实施管理。

高级认证企业、失信企业有分立合并情形的,海关按照以下原则对企业信用状况进行确定并适用相应管理措施:

(1)企业发生分立,存续的企业承继原企业主要权利义务的,存续的企业适用原企业信用状况的认证或者认定结果,其余新设的企业不适用原企业信用状况的认证或者认定结果;

(2)企业发生分立,原企业解散的,新设企业不适用原企业信用状况的认证或者认定结果;

(3)企业发生吸收合并的,存续企业适用原企业信用状况的认证或者认定结果;

(4)企业发生新设合并的,新设企业不再适用原企业信用状况的认证或者认定结果。

海关注册的进口食品境外生产企业和进境动植物产品国外生产、加工、存放单位等境外企业的信用管理,由海关总署另行规定。

作为企业信用状况认定依据的刑事犯罪,以司法机关相关法律文书生效时间为准进行认定。

作为企业信用状况认定依据的海关行政处罚,以海关行政处罚决定书作出时间为准进行认定。

作为企业信用状况认定依据的处罚金额,包括被海关处以罚款、没收违法所得或者没收货物、物品价值的金额之和。

企业主动披露且被海关处以警告或者海关总署规定数额以下罚款的行为,不作为海关认定企业信用状况的记录。

企业相关人员,是指企业法定代表人、主要负责人、财务负责人、关务负责人等管理人员。

练习题

一、不定项选择题

1. 韩国海关认证的（　　）为韩国的"经认证的经营者"企业，简称 AEO 企业。
   A. STP-Plus 企业　　　　　　　　B. 安全认证优质企业
   C. 认可经济营运商　　　　　　　　D. 进出口安全管理优秀企业

2. 海关总署公告 2016 年第 49 号《关于海峡两岸海关"经认证的经营者（AEO）"互认试点》把下列海关纳入试点海关（　　）。
   A. 南京海关　　　B. 福州海关　　　C. 高雄海关　　　D. 基隆海关

3. 中国和日本双方海关在进口货物通关时，相互给予对方 AEO 企业如下通关便利措施（　　）。
   A. 在开展风险评估以减少查验和监管时，充分考虑对方 AEO 企业的资质
   B. 对需要查验的货物，在最大限度上进行快速处置
   C. 指定海关联络员负责沟通联络，以解决 AEO 企业通关过程中遇到的问题
   D. 在主要基础设施从贸易中断恢复后，最大程度上为 AEO 企业的货物提供快速通关

4. 高级认证企业的认证标准分为（　　）。
   A. 一般标准　　　B. 通用标准　　　C. 综合标准　　　D. 单项标准

5. 失信企业管理措施包括（　　）。
   A. 进出口货物查验率在 80% 以上　　　B. 提高对企业稽查、核查频次
   C. 因不可抗力中断国际贸易恢复后优先通关　　D. 经营加工贸易业务的，全额提供担保

二、判断题

1. 2021 年 9 月 13 日海关总署发布《中华人民共和国海关注册登记和备案企业信用管理办法》（海关总署第 251 号令），自 2021 年 11 月 1 日起实施。（　　）

2. 《中华人民共和国海关企业分类管理办法》，中国海关将进出口收发货人和报关企业分成 A、B、C、D 四个类别。（　　）

3. 《中华人民共和国海关注册登记和备案企业信用管理办法》（海关总署第 251 号令）根据海关企业信用状况将企业认定为高级认证企业、注册登记及备案企业、失信企业。（　　）

4. 《中华人民共和国海关注册登记和备案企业信用管理办法》（海关总署第 251 号令）规定，海关可以委托社会中介机构就高级认证企业认证、复核相关问题出具专业结论。（　　）

5. 企业相关人员，是指企业法定代表人、主要负责人、财务负责人、关务负责人等管理人员，也包括一般雇员。（　　）

第三章 中国海关企业信用管理措施

本章概要

本章的主题是中国海关企业信用管理措施,分为九节。第一节主要介绍中国社会信用体系建设的概述;第二节主要介绍全国公共信用信息和失信惩戒措施公示的范围和内容;第三节主要介绍联合激励措施;第四节主要介绍联合惩戒措施;第五节主要介绍主动披露制度;第六节主要介绍企业协调员制度;第七节主要介绍高级认证企业便利措施;第八节主要介绍海关企业信用培育制度;第九节主要介绍高级认证企业涉税要素申报规范。

学习目标

了解中国社会信用体系建设的发展历程和几个重要的顶层设计文件;掌握社会信用体系建设部际联席会议制度及召集人;了解《全国公共信用信息基础目录》和《全国失信惩戒措施基础清单》;了解联合激励的各部门具体激励措施;了解联合惩戒的各部门具体惩戒措施;熟悉中国海关主动披露制度;熟悉企业协调员制度;掌握高级认证企业各种便利措施;掌握海关企业信用培育制度;掌握高级认证企业涉税要素申报规范。

在掌握、熟悉和了解我国社会信用体系建设的各种管理制度的基础上,海关企业再结合自身实际生产经营情况以确定申请海关高级认证企业的必要程度,理解海关高级认证企业的各种便利措施和海关失信企业的各种惩戒措施,包括联合惩戒措施,促使海关企业向高标准看齐,完善内部管理,诚信守法经营,激发出申请海关高级认证的内生动力。

第一节 中国社会信用体系建设的概述

我国信用体系建设的发端可以追溯到《国务院办公厅关于社会信用体系建设的若干意见》,该意见成文日期是 2007 年 3 月 23 日,发布日期是 2008 年 3 月 28 日,是第一份推进我国社会信用体系建设的指导意见。2008 年 3 月 28 日,国务院办公厅同时发布《国务院办公厅关于建立国务院社会信用体系建设部际联席会议制度的通知》,2012年7月26日,国务院发布《国务院关于同意调整社会信用体系建设部际联席会议职责和成员单位的批复》。在该批复中,调整了部际联席会议的组织机构,增加了组织成员,明确了召集人和召集人助手,完善了主要职责等。

社会信用体系建设部际联席会议制度的主要职责是:统筹协调社会信用体系建设相关工作,综合推进政务诚信、商务诚信、社会诚信和司法公信建设;研究制定社会信用体系建设中长期规划;专题研究社会信用体系建设的重大问题;推动并参与制定与社会信用体系建设相关的法律法规,推进建立信用标准和联合征信技术规范;协调推进政府信用信息资源整合和交换,建立健全覆盖全社会的征信系统,推动信用信息的开放和应用工作;加强与地方人民政府的沟通协调,指导地方和行业信用体系建设,推进有条件的地区和重点领域试点先行;指导、督促、检查有关政策措施的落实;协调推进信用文化建设和诚信宣传工作;承办国务院交办的其他事项。

社会信用体系建设部际联席会议制度的成员单位有35个部门和单位(以2016年机构编制为依据),包括国家发展改革委、人民银行、海关总署、中央纪委等,发展改革委、人民银行为牵头单位。

联席会议召集人由发展改革委主任、人民银行行长担任,发展改革委一位副主任、人民银行一位副行长作为召集人助手,联席会议成员为有关部门、单位负责同志。联席会议成员因工作变动需要调整的,由所在单位提出,联席会议确定。

国家发布的社会信用体系建设顶层设计文件:

(1)《国务院办公厅关于社会信用体系建设的若干意见》(国办发〔2007〕17号);

(2)《国务院办公厅关于建立国务院社会信用体系建设部际联席会议制度的通知》(国办函〔2007〕43号);

(3)《国务院关于同意调整社会信用体系建设部际联席会议职责和成员单位的批复国函》(国函〔2012〕88号);

(4)《国务院关于印发社会信用体系建设规划纲要(2014—2020年)的通知》(国发〔2014〕21号);

(5)《国务院关于批转发展改革委等部门法人和其他组织统一社会信用代码制度建设总体方案的通知》(国发〔2015〕33号);

(6)《国务院办公厅关于运用大数据加强对市场主体服务和监管的若干意见》(国办发〔2015〕51号);

(7)《国务院关于完善守信联合激励和失信联合惩戒制度加快推进社会诚信建设的指导意见》(国发〔2016〕33号);

(8)《关于加快推进失信被执行人信用监督、警示和惩戒机制建设的意见》(中办发〔2016〕64号);

(9)《国务院关于加强政务诚信建设的指导意见》(国发〔2016〕76号);

(10)《国务院办公厅关于加强个人诚信体系建设的指导意见》(国办发〔2016〕98号);

(11)《国务院办公厅关于加快推进社会信用体系建设构建以信用为基础的新型监管机制的指导意见》(国办发〔2019〕35号);

(12)《国务院办公厅关于进一步完善失信约束制度构建诚信建设长效机制的指导意见》(国办发〔2020〕49号);

(13)《国务院办公厅关于印发加强信用信息共享应用促进中小微企业融资实施方案的通知》(国办发〔2021〕52号);

(14)《中共中央办公厅 国务院办公厅印发〈关于推进社会信用体系建设高质量发展促进形成新发展格局的意见〉的通知》(中办发〔2022〕25号);

(15)《失信行为纠正后的信用信息修复管理办法(试行)》(国家发展改革委令第58号)。

第二节 全国公共信用信息和失信惩戒措施公示的范围和内容

一、《全国公共信用信息基础目录(2022年版)》的说明

为贯彻落实党中央、国务院关于推动社会信用体系高质量发展的决策部署,按照《中华人民共和国国民经济和社会发展第十四个五年规划和2035年远景目标纲要》《中共中央办公厅 国务院办公厅印发〈关于推进社会信用体系建设高质量发展促进形成新发展格局的意见〉的通知》《国务院办公厅关于进一步完善失信约束制度构建诚信建设长效机制的指导意见》要求,进一步明确公共信用信息纳入范围,保护信用主体合法权益,国家发展改革委、人民银行会同国务院社会信用体系建设部际联席会议成员单位和其他有关部门(单位),严格以法律、行政法规和党中央、国务院政策文件为依据,编制《全国公共信用信息基础目录(2022年版)》。

该目录所称公共信用信息,是指国家机关和法律、法规授权的具有管理公共事务职能的组织(以下统称"公共管理机构")在履行法定职责、提供公共服务过程中产生和获取的信用信息。

该目录旨在规范界定公共信用信息纳入范围。除法律、法规或者党中央、国务院政策文件另有规定外,公共管理机构不得将本目录以外的信息纳入信用记录。公共管理机构根据履行职责需要在本目录所列范围之外采集的信息,不得作为公共信用信息使用。公共管理机构以外的组织依法采集信用信息的范围,不受本目录限制。

该目录共纳入公共信用信息12类,包括登记注册基本信息、司法裁判及执行信息、行政管理信息、职称和职业资格信息、经营(活动)异常名录(状态)信息、严重失信主体名单信息、有关合同履行信息、信用承诺及其履行情况信息、信用评价结果信息、遵守法律法规情况信息、诚实守信相关荣誉信息和市场主体自愿提供的信用信息。有关机关根据纪检

监察机关通报的情况,对行贿人作出行政处罚和资格资质限制等处理,拟纳入公共信用信息归集范围的,应当征求有关纪检监察机关的意见。

地方性法规对公共信用信息纳入范围有特殊规定的,地方社会信用体系建设牵头单位会同有关部门(单位)可在本目录基础上,编制地方公共信用信息补充目录。

各地区、各有关部门(单位)应遵照合法、正当、必要、最小化原则,严格按照相关目录或条目归集公共信用信息。要严格遵守关于保守国家秘密、保护商业秘密和个人隐私的有关规定,加强信息安全管理,严禁泄露、篡改、毁损、窃取、出售、非法提供信用信息或非法获取、传播、利用信用信息谋私等行为,切实保护信用主体合法权益。

该目录原则上按年度更新。法律、行政法规或者党中央、国务院政策文件对公共信用信息纳入范围作出新的规定的,从其规定。地方公共信用信息补充目录的更新参照上述要求执行。

二、《全国公共信用信息基础目录(2022年版)》的具体内容

该目录的具体内容详见表3-1。

表3-1 全国公共信用信息基础目录(2022年版)

序号	信息类别	条 目	责任单位
1	登记注册基本信息	企业、个体工商户、农民专业合作社登记注册基本信息	市场监管部门
		机关统一社会信用代码赋码信息	机关编制管理部门
		事业单位登记信息	事业单位登记管理部门
		社会组织登记注册信息	民政部门
		企业在海关注册登记或者备案信息	海关部门
		宗教活动场所登记信息	国家宗教事务部门
		未登记为法人的宗教院校登记信息	国家宗教事务部门
		海域使用论证编制主体登记注册信息	自然资源部门
		建设工程领域企业、人员注册信息	住房和城乡建设部门、水利部门
		其他法人和非法人组织依法办理注册登记的信息	民政部门、司法部门、工会管理部门、农业农村部门、公安部门、国家宗教事务部门等单位

续 表

序号	信息类别	条 目	责任单位
2	司法裁判及执行信息	刑事判决司法裁判信息	人民法院
		民事判决司法裁判信息	人民法院
		仲裁案件信息	仲裁管理部门、人力资源社会保障部门
		纳入失信被执行人名单及限制消费信息	人民法院
		破产案件审判流程节点信息、破产程序中人民法院发布的各类公告、人民法院制作的破产程序法律文书、人民法院认为应当公开的其他信息	人民法院
3	行政管理信息	行政许可	国家有关部门
		行政处罚	
		行政强制	
		行政确认	
		行政征收	
		行政给付	
		行政裁决	
		行政补偿	
		行政奖励	
		行政监督检查	
4	职称和职业信息	专业技术人员职称信息	国家有关部门
		职业资格信息	国家有关部门
		专业技术人员资格考试信息	人力资源社会保障部门
5	经营（活动）异常名录（状态）信息	市场主体被依法纳入或移出经营异常名录（状态）等信息	市场监管部门
		社会组织被依法纳入或移出活动异常名录等信息	民政部门
		矿业权人被依法纳入或移出矿业权人异常名录等信息	自然资源部门
		市场主体在海域使用论证报告质量检查中列入或移除信用约束名单等信息	自然资源部门

续　表

序号	信息类别	条　目	责任单位
5	经营(活动)异常名录(状态)信息	社会组织在海域使用论证报告质量检查中列入或移除信用约束名单等信息	自然资源部门
6	严重失信主体名单信息	失信被执行人名单	人民法院
		政府采购严重违法失信行为记录名单	财政部门
		履行国防义务严重失信主体名单	兵役机关
		拖欠农民工工资失信联合惩戒对象名单	人力资源社会保障部门
		市场监督管理严重违法失信名单	市场监管部门
		市场监督管理严重违法失信名单(食品安全严重违法生产经营者黑名单)	市场监管部门
		运输物流行业严重失信黑名单	发展改革部门、交通运输部门
		危害残疾儿童康复救助权益严重失信主体名单	残联组织、教育部门、民政部门、卫生健康部门、市场监管部门
		重大税收违法失信主体名单	税务部门
		统计严重失信企业名单	统计部门
		社会救助领域信用黑名单	民政部门、应急管理部门、教育部门、卫生健康部门、医疗保障部门
		保障性住房(公租房)使用领域信用黑名单	住房和城乡建设部门
		网络信用黑名单	网信部门、工业和信息化部门、公安部门
		电信网络诈骗严重失信主体名单	工业和信息化部门
		文化和旅游市场严重失信主体名单	文化和旅游部门
		建筑市场主体黑名单	住房和城乡建设部门
		工程建设领域黑名单	住房和城乡建设部门、交通运输部门、水利部门
		物业服务企业黑名单	住房和城乡建设部门

续 表

序号	信息类别	条 目	责任单位
6	严重失信主体名单信息	信息消费领域企业黑名单	工业和信息化部门、商务部门
		城市轨道交通领域黑名单	发展改革部门、住房和城乡建设部门
		严重违法超限超载运输当事人名单	交通运输部门
		价格失信者黑名单	发展改革部门、市场监管部门
		环境违法企业黑名单	生态环境部门
		医疗保障领域失信联合惩戒对象名单	医疗保障部门
		医疗卫生行业黑名单	卫生健康部门
		医药行业失信企业黑名单	卫生健康部门、药品监督管理部门
		社会组织严重违法失信名单	民政部门
		知识产权领域严重违法失信名单	知识产权部门、市场监管部门
		学术期刊黑名单	科学技术部门
		职称申报评审失信黑名单	人力资源社会保障部门
		安全生产严重失信主体名单	应急管理部门、其他负有安全生产监督管理职责的部门
		消防安全领域黑名单	消防救援机构、住房和城乡建设部门
		校外培训机构黑名单	教育部门
		公共资源配置黑名单	管理或实施公共资源配置的国家机关
		矿业权人严重失信名单	自然资源部门
		地质勘查单位黑名单	自然资源部门
		注册会计师行业严重失信主体名单	财政部门
		社会保险领域严重失信主体名单	人力资源社会保障部门

续　表

序号	信息类别	条　目	责任单位
6	严重失信主体名单信息	快递领域黑名单	邮政管理部门
		进出口海关监管领域严重失信主体名单	海关部门
		境外投资黑名单	发展改革部门、商务部门
7	合同履行信息	对外劳务合作领域不履行合同约定、侵害劳务人员合法权益的行为信息	商务部门
		农村订单定向医学生违约信息	国家有关部门
		工程项目拖欠农民工工资的行为信息	住房和城乡建设部门
8	信用承诺及履行情况信息	企业在填报统计报表、信用修复作出的信用承诺及履行情况信息	统计部门
		办理电力业务许可和承装（修、试）电力设施许可的信用承诺及履行情况信息	能源部门
		被中国证监会及其派出机构调查的当事人因自身原因未履行承诺的情况信息	证监部门
		快递企业信用承诺及履行情况信息	邮政部门
		民航领域实施告知承诺制证明事项信用承诺及履行情况信息	民用航空部门
		知识产权领域信用承诺不实或未履行信息	知识产权部门
		海域使用论证报告编制信用承诺及履行情况信息	自然资源部门
		劳务派遣单位信用承诺及履行情况信息	人力资源社会保障部门
		交通运输领域证明事项和涉企经营许可事项告知承诺及其履行情况信息	交通运输部门
		工业产品生产许可事项告知承诺及其履行情况信息	市场监管部门
		其他适用告知承诺制的证明事项、行政许可、信用修复等活动中所产生的信用承诺及履约情况信息	有关部门
9	信用评价结果信息	纳税信用评价信息	税务部门
		涉税专业服务机构信用积分及信用等级	税务部门
		从事涉税服务人员个人信用积分	税务部门
		交通运输领域信用评价结果	交通运输部门

续 表

序号	信息类别	条 目	责 任 单 位
9	信用评价结果信息	统计信用评价结果	统计部门
		能源行业信用评价结果	能源部门
		快递市场法人主体信用评价结果	邮政部门
		专利代理行业信用评价信息	知识产权部门
		环境影响评价领域的信用基础信息和评价结果信息	生态环境部门
		环保信用评价结果	生态环境部门
		水土保持领域信用评价结果	水利部门
		劳务派遣单位信用评价结果	人力资源社会保障部门
		建设工程领域信用评价结果	住房和城乡建设部门、水利部门
		房地产领域信用评价结果	住房和城乡建设部门
		家政领域信用评价结果	发展改革部门、商务部门
		海关企业信用评价结果	海关部门
		消防安全信用评价结果	应急管理部门
		海域使用论证信用评价结果	自然资源部门
		电信和互联网行业信用评价信息	工业和信息化部门
		其他开展信用分级分类监管而对相关市场主体进行信用评价的结果信息	有关部门
10	遵守法律法规情况信息	证券市场诚信档案信息	证监部门
		民航行业违法行为信息	民用航空部门
		从事土壤污染状况调查和土壤污染风险评估、风险管控、修复、风险管控效果评估、修复效果评估、后期管理等活动的单位和个人的执业情况及遵守有关法律法规情况信息	生态环境部门
		建设用地市场交易和供后开发利用违法违规违约信息	自然资源部门
		工程建设领域违法违规行为信息	住房和城乡建设部门
		住房公积金领域违规信息	住房和城乡建设部门

续　表

序号	信息类别	条　　目	责任单位
11	诚实守信相关荣誉信息	交通运输领域诚实守信相关荣誉信息	交通运输部门
		优秀青年志愿者及相关信息	共青团部门
		统计诚信管理名单信息	统计部门
		生态环境领域诚实守信相关荣誉信息	生态环境部门
		住房和城乡建设领域诚实守信相关荣誉信息	住房和城乡建设部门
		中国证监会和证券期货交易场所、证券期货市场行业协会、证券登记结算机构等全国性证券期货市场行业组织作出的表彰、奖励、评比信息	证监部门
		邮政快递企业获得的表彰、奖励等能反映其信用状况的信息	邮政部门
		海关高级认证企业	海关部门
12	市场主体自愿提供的信用信息	市场主体主动向有关部门提供或授权有关部门纳入公共信用信息的纳税、社会保险费和住房公积金、水电煤气、仓储物流、知识产权、合同履约,以及有关财务、经营业绩等信息	相关市场主体

三、《全国失信惩戒措施基础清单(2022年版)》的说明

为贯彻落实党中央、国务院关于推动社会信用体系建设高质量发展的决策部署,按照《中华人民共和国国民经济和社会发展第十四个五年规划和2035年远景目标纲要》《中共中央办公厅国务院办公厅印发〈关于推进社会信用体系建设高质量发展促进形成新发展格局的意见〉的通知》《国务院办公厅关于进一步完善失信约束制度构建诚信建设长效机制的指导意见》要求,进一步规范失信惩戒措施,保护信用主体合法权益,国家发展改革委、人民银行会同国务院社会信用体系建设部际联席会议成员单位和其他有关部门(单位),严格以法律、行政法规和党中央、国务院政策文件为依据,编制该清单。

该清单所称的失信惩戒,是指国家机关和法律、法规授权的具有管理公共事务职能的组织(以下统称"公共管理机构")以及其他组织依法依规运用司法、行政、市场等手段对失信行为责任主体进行惩戒的活动。

该清单旨在规范界定失信惩戒措施的种类及其适用对象。除法律、法规或者党中央、国务院政策文件另有规定外,公共管理机构不得超出本清单所列范围采取对相关主体减损权益或增加义务的失信惩戒措施。公共管理机构以外的组织自主开展失信惩戒的,不得违反相关法律、法规的规定。

该清单所列失信惩戒措施包括三类,共14项。一是由公共管理机构依法依规实施的减

损信用主体权益或增加其义务的措施,包括限制市场或行业准入、限制任职、限制消费、限制出境、限制升学复学等;(1)依法依规实施市场或行业禁入;(2)依法依规实施职业禁入或从业限制;(3)依法依规限制任职;(4)依法依规限制相关消费行为;(5)依法依规不准出境;(6)依法依规限制升学复学。二是由公共管理机构根据履职需要实施的相关管理措施,不涉及减损信用主体权益或增加其义务,包括限制申请财政性资金项目、限制参加评先评优、限制享受优惠政策和便利措施、纳入重点监管范围等;(7)依法依规限制申请财政性资金项目;(8)依法依规限制享受优惠政策和便利措施;(9)依法依规限制参加评先评优;(10)依法依规纳入严重失信主体名单;(11)依法依规共享公示失信信息;(12)纳入重点监管范围。三是由公共管理机构以外的组织自主实施的措施,包括纳入市场化征信或评级报告、从严审慎授信等;(13)推送政府部门自主参考;(14)推送市场主体自主参考。

设列严重失信主体名单的领域,必须以法律、法规或者党中央、国务院政策文件为依据,任何部门(单位)不得擅自增加或扩展。设列严重失信主体名单的部门,应严格规范名单认定标准、移出条件、程序以及救济措施等,并通过"信用中国"网站及该领域主管(监管)部门指定的网站公开。

在全国范围内实施的严重失信主体名单制度,其名单认定标准应当以法律、行政法规或者党中央、国务院政策文件形式确定,暂不具备条件的可由该领域主管(监管)部门以部门规章形式确定。

除该清单所列失信惩戒措施外,地方性法规对相关主体减损权益或增加义务的失信惩戒措施有特殊规定的,或地方公共管理机构根据履职需要实施不涉及减损信用主体权益或增加义务的相关管理措施,地方社会信用体系建设牵头单位可会同有关部门(单位),依据地方性法规编制仅适用于本地区的失信惩戒措施补充清单。

该清单原则上按年度更新。法律、行政法规或者党中央、国务院政策文件对失信惩戒措施作出新的规定的,从其规定。地方失信惩戒措施补充清单的更新参照上述要求执行。

第三节 联合激励措施

联合激励措施是指多个行政管理部门单独或者共同以直接或间接的方式对海关高级认证企业实施动态和综合的信用优惠措施,是促使其诚信守法便利、营造公平诚信环境的一种社会治理方式。海关高级认证企业可适用40个部委发布的联合激励措施。根据国务院《关于对海关高级认证企业实施联合激励的合作备忘录》(发改财金〔2016〕2190号)要求,包括国家发展改革委、人民银行、财政部等在内的40个国家部委(以2016年机构编制为依据)与海关总署联合签署备忘录,一致同意自2016年11月1日起,除向高级认证企业提供海关监管便利措施外,另行提供39项涵盖融资、税务、招投标、土地等各方面的联合激励措施。

一、联合激励机制的指导原则

《国务院关于建立完善守信联合激励和失信联合惩戒制度加快推进社会诚信建设的指

导意见》(国发〔2016〕33号)指出：

健全褒扬和激励诚信行为机制包括六个方面：一是多渠道选树诚信典型；二是探索建立行政审批"绿色通道"；三是优先提供公共服务便利；四是优化诚信企业行政监管安排；五是降低市场交易成本；六是大力推介诚信市场主体。

二、联合激励的具体内容

1. 信息共享与联合激励的方式

（1）国家发展改革委员会，基于全国信用信息共享平台，建立守信联合激励系统。

（2）海关总署通过该系统向签署本备忘录的相关部门提供海关高级认证企业名单及企业相关信息，按照有关规定动态更新。通过"信用中国"网站、企业信用信息公示系统、中国海关企业进出口信息公示平台、海关总署门户网站等向社会公布。

（3）各部门从全国信用信息共享平台守信联合激励系统中获取海关高级认证企业信息，执行或协助执行本备忘录规定的激励措施，定期将联合激励实施情况通过该系统反馈给国家发展改革委员会和海关总署。

2. 联合激励实施动态管理

（1）信息监控。海关总署将通过海关企业进出口信用管理系统实时、动态监控企业在进出口领域的诚信守法情况，一经发现企业存在违法失信行为，立即取消企业参与守信联合激励资格并及时通报各部门，停止企业适用的守信联合激励措施。

（2）信息反馈。各部门在日常监管中，发现企业存在违法失信行为，应及时通过全国信用信息共享平台，向国家发展改革委员会和海关总署进行反馈，提供有关情况并建议停止企业适用的守信联合激励措施。

（3）信息比对。全国信用信息共享平台将海关高级认证企业名单与其他领域失信企业名单进行交叉比对，将未纳入其他任何领域失信企业名单的海关高级认证企业确定为联合激励对象。

3. 六大类激励措施

（1）绿色通道类措施，如海关部门的先行验放，发展改革部门的行政审批绿色通道，税务部门的绿色办税通道，人力资源和社会保障部门的企业办理保险绿色通道，食品药品监管部门的药品生产经营绿色审批通道等。税务机关除可提供绿色办税通道（特约服务区）外，还可派专人协助高级认证企业办理涉税事宜。

（2）减少查验、抽查类措施，如发展改革部门减少重大项目稽查的抽查比例，市场监督部门降低市场监督抽查比例，海关减少进出口查验，环保部门减少监管频次等。

（3）优先类措施，如海关等优先办理货物通关手续，发展改革部门优先考虑专项建设基金项目，国土资源部门优先考虑政府招标供应土地，商务部门优先办理生产能力证明，税务部门优先办理出口退税，环境保护部门优先办理环境影响评价文件审批等环境保护许可事项，中央文明办、全国总工会、全国妇联等部门优先给予先进荣誉等。

（4）简化手续、缩短时间类措施，如海关等简化进出口单证审核流程，发展改革部门等简化政府投资项目招标证明材料，税务部门的5个工作日内办结出口退（免）税手续，允许一次领取 3 个月的增值税发票用量,且取消增值税一般纳税人增值税发票认证要求等。

(5) 重要参考类措施,如金融部门的授信融资参考,证券、保险部门的证券审批与公司设立参考,各部门给予奖励和表彰的重要参考等。

(6) 改革试点类措施,如作为海关等优先通关改革试点,在外汇管理改革中优先作为贸易投资便利化改革措施先行先试对象,各部门出台适宜在部分企业进行试点的优惠政策、便利服务措施时优先参与试点等。

4. 各部门具体激励措施

根据《关于对海关高级认证企业实施联合激励的合作备忘录》整理后,各部门激励措施与共享内容如表 3-2 所示。

表 3-2　关于对海关高级认证企业实施联合激励的合作备忘录

一、适用海关通关支持措施 (实施部门:海关总署)	1. 在确定进出口货物的商品归类、海关估价、原产地或者办结其他海关手续前先行办理验放手续。 2. 优先办理进出口货物通关手续。 3. 使用较低进出口货物查验率。 4. 简化进出口货物单证审核流程。 5. 海关为企业设立协调员。 6. 对从事加工贸易的企业,不实行银行保证金台账制度。 7. 适用汇总征税管理措施。 8. 根据国际协议规定,适用原产地自主声明措施。 9. AEO 互认国家或者地区海关提供的通关便利措施。 10. 海关给予适用的其他便利管理措施。
二、发展改革部门支持措施 (实施部门:国家发展改革委)	11. 建立行政审批绿色通道,根据实际情况实施"容缺受理"等便利服务,部分申报材料(法律法规要求提供的材料除外)不齐备的,如行政相对人书面承诺在规定期限内提供,可先行受理,加快办理进度。 12. 在专项建设基金项目申报筛选中,同等条件下予以优先考虑。 13. 企业债发行过程中,鼓励发行人披露海关认证信息,增强发行人的市场认可度,降低企业融资成本。 14. 在粮食、棉花等进出口配额分配中,可以将申请人信用状况与获得配额难易程度或配额数量挂钩,对于海关高级认证企业给予一定激励措施。 15. 在电力直接交易中,对于交易主体为海关高级认证企业的,同等条件下优先考虑。 16. 在企业境外发债备案管理中,同等条件下加快办理进度,适时选择海关高级认证企业开展年度发债额度一次核定、分期分批发行试点。 17. 在政府投资项目招标中,招标人确需投标人提交进出口证明的,可以简化进出口证明等相关手续。 18. 重大项目稽查中,对于中央预算内投资项目专项稽查过程中,可适当减少抽查比例。 19. 支持地方发展改革部门在法律法规和自身职权范围内,采取更多的激励措施。

续 表

三、给予商务领域政策支持 （实施部门：商务部）	20. 办理加工贸易企业生产能力证明等事项时，给予优先处理的便利政策，缩减办证的时间。
四、金融部门授信融资参考 （实施部门：人民银行、银监会）	21. 作为银行等金融机构授信融资贷款的重要参考条件。 22. 作为优良信用记录计入金融信用信息基础数据库。
五、给予证券、保险领域政策支持 （实施部门：证监会、保监会）	23. 审批证券、基金管理公司、期货公司及保险公司设立、变更、从事相关业务等行为时，将企业信用信息作为重要参考。 24. 在保险中介机构的设立等方面提供便利化措施。
六、给予财政资金使用支持 （实施部门：财政部）	25. 在实施财政性资金项目安排时，将海关高级认证企业的信用状况作为参考条件，同等条件下优先考虑海关高级认证企业。
七、给予增值电信业务支持 （实施部门：工业和信息化部）	26. 申请增值电信业务经营许可证时给予便利。
八、给予社会保障领域政策支持 （实施部门：人力资源和社会保障部）	27. 在办理社会保障业务时可享受企业绿色通道，实施快捷服务。
九、给予土地使用和管理支持 （实施部门：国土资源部）	28. 在政府招标供应土地时，同等条件下予以优先考虑。
十、给予环境保护许可事项支持 （实施部门：环境保护部）	29. 办理环境影响评价文件审批等环境保护许可事项，在同等条件下予以优先办理。 30. 日常监管中，在无举报情况下，适当减少监管频次。
十一、给予税收管理支持 （实施部门：税务总局）	31. 增值税发票领用比照纳税信用A级纳税人办理（可一次领取3个月的增值税发票用量，需要调整增值税发票用量的，纳税人提供资料齐全的，按照需要即时办理）。 32. 由税务机关提供绿色通道或专门人员协助办理涉税事项。 33. 符合条件的海关高级认证企业，其出口退(免)税企业分类管理类别可评定为一类，享受以下便利化措施： （1）国税机关可为该类企业提供绿色办税通道（特约服务区），优先办理出口退税，并建立重点联系制度，即时解决企业有关出口退(免)税问题。 （2）国税机关受理该类企业申报的出口退(免)税之后，经审核符合规定的，在5个工作日内办结出口退(免)税手续。 34. 增值税一般纳税人取消增值税发票认证。
十二、给予工商管理支持 （实施部门：工商总局）	35. 优先提供有关合同法律法规方面的咨询、培训、宣传和受理调节合同纠纷。 36. 降低市场监管的随机抽查比例。

续　表

十三、给予一定的出入境检验检疫管理支持 （实施部门：质检总局）	37. 适用较低的检验检疫口岸查验率。 38. 优先安排办理免办 CCC 和免办 CCC 认证货物担保放行以及后续核销等。
十四、给予安全生产管理支持 （实施部门：安全监管总局）	39. 在海关高级认证企业提出申请后，依法对企业提供安全生产法律和政策支持。在办理安全生产行政许可事项时，对海关高级认证企业实行优先办理。
十五、给予食品药品管理支持 （实施部门：食品药品监管总局）	40. 建立绿色通道，在办理食品药品生产经营审批事项时根据实际情况提供便利服务。
十六、给予外汇管理支持 （实施部门：外汇管理局）	41. 在外汇管理改革过程中，优先选择外汇业务合规性好的海关高级认证企业作为贸易投资便利化改革措施的先行先试对象。
十七、优先给予先进荣誉 （实施部门：中央文明办、全国总工会、全国妇联）	42. 在文明城市、文明单位评比中予以优先考虑。 43. 在评选五一劳动奖状时予以优先考虑。 44. 对海关高级认证企业的法定代表人或者负责人在评选"全国三八红旗手"时予以优先考虑。
十八、给予促进外贸投资支持 （实施部门：贸促会）	45. 在举办和组织企业参加经贸展览会、论坛、洽谈会及有关国际会议时给予优先考虑。 46. 在法律顾问、商事调解、商事出证认证等方面优先提供咨询和支持。 47. 优先提供专利申请、商标注册、诉讼维权等知识产权方面的服务。
十九、其他激励措施 （实施部门：各有关部门）	48. 对海关高级认证企业给予重点支持，出台适宜在部分企业进行试点的优惠政策、便利服务措施时，考虑优先选择海关高级认证企业试点。 49. 作为各部门在本行业、本领域内向企业和个人颁发荣誉证书、嘉奖和表彰等荣誉性称号的重要参考，优先给予奖励和表彰。

注：实施部门名称以 2016 年机构编制为依据。

5. 各地政府部门奖励

各地政府部门均鼓励企业成为海关认证企业，对现有认证企业予以重点支持，奖励升级为海关认证企业的外贸企业。大力支持企业申请成为海关认证企业，已成为世界各国、国内各部委、地方政府的共识。

6. 提升企业核心竞争力及品牌知名度

AEO 认证的核心是"贸易安全"，涉及合同条款、付款方式、单证审核、信用背书、物流安全、危机管理等方方面面，其公信力已逐渐成为企业界的金字招牌，得到生产商、产品供应商、贸易商的共同认可。

在当前趋势下，AEO 认证已开始逐渐成为企业发展壮大的"标配"。很多全球知名公司除了自身就是海关高级认证企业，都要求其供应商甚至下游客户都要同样具备海关高级认证资格。例如，宜家就要求其中国境内合格供应商在 2020 年 8 月 31 日前完成 ISO28000 认证或通过 AEO 认证。同时,在申请成为海关高级认证的过程中,企业还可有效提升自身管理效能、优化管理流程、防控管理风险,这也有助于提升企业的商业竞争力。

广州海关联合激励,促 AEO 企业享红利

美的集团股份有限公司(以下简称"美的集团")是广州关区一家业绩领先的消费电器、暖通空调、机器人及工业自动化系统的科技企业集团。该集团公司有 13 家下属企业在广州海关通过 AEO 认证成为海关高级认证企业,享受国内外海关便利通关措施和多个政府部门联合激励。2020 年 8 月 3 日,美的收购的库卡机器人(广东)有限公司在广州海关通过 AEO 认证成为高级认证企业。该企业反映,AEO 认证证书作为国际通行认证证明,对美的公司出口品牌建设、提升公司整体品牌形象和竞争力有着积极作用。

在取得高级认证企业资质后,各有关部门根据国家发改委、海关总署等印发《关于对海关高级认证企业实施联合激励的合作备忘录》,对该集团下属的高级认证企业进行了优先激励表彰。广州雅耀电器有限公司是一家优质的半导体分立器件制造公司,该公司于 2018 年 7 月 20 日通过 AEO 认证成为高级认证企业。该企业成为高级认证企业后,享受国内外海关便利通关措施和多个政府部门联合激励。2020 年 6 月,根据广州海关与黄埔海关、广州市发展和改革委员会制定的《关于落实对海关高级认证企业实施联合激励措施的实施意见》《广东省人力资源和社会保障厅、国家税务总局广东省税务局、海关总署广东分署关于做好受影响企业和职工认定工作的通知》(粤人社规〔2019〕6 号)获得地方人力资源社会保障部门的 750 万元的受影响企业和职工稳岗补贴(奖励金),落到实处的"真金白银"的联合激励措施为该企业发展提供了有力的经济支持。同时该企业作为海关高级认证企业被推送至地方信用平台,成为各部门的"守信用、重承诺"企业,使其在各个领域都可以与客户快速建立信任感,提升客户对企业的认可度,大大提高企业竞争力。企业表示凭借自己的守法信用获得了政府部门的联合守法背书,明显感觉到所有政府部门都在为海关高级认证企业保驾护航。

自《关于对海关高级认证企业实施联合激励的合作备忘录》出台以来,高级认证企业不再仅仅是海关领域的优质信誉企业,也成为各政府管理部门共同认可的诚信企业。为落实对高级认证企业的联合激励措施,广州海关在 2017 年 5 月联合黄埔海关、广州市发展和改革委员会率先制定地方性的落实对高级认证企业实施联合激励措施的实施意见。广州海关会同佛山市发改局等 25 个部门联合制定《关于落实对海关高级认证企业实施联合激励措施的实施意见》,将国家各部委对海关高级认证企业联合激励合作备忘录的相关要求具体细化为 61 项可落地、可操作的激励措施,577 家广佛地区企业受惠。当地媒体、专家指出,高级认证企业联合激励的落地,是广州海关以"一带一路"建设为重点,大力推进贸易便利化,加强创新能力,推进贸易强国建设,形成内外联动机制,支持企业走出去的新举措。

资料来源:《海关总署文告》2021 年第 11 期,第 93—94 页。

第四节 联合惩戒措施

联合惩戒措施是指多个行政管理部门单独或者共同以直接或间接的方式对企业或者个人失信主体或失信行为实施一定期限的综合的信用约束措施,是促使其修复信用、营造公平诚信环境的一种社会治理方式。2017年3月14日,海关总署与国家发改委、人民银行、最高人民法院等33个部门共同签署并发布的《关于对海关失信企业实施联合惩戒的合作备忘录》(发改财金〔2017〕427号),海关失信企业将接受来自33个国家部委(以2016年机构编制为依据)39项联合惩戒措施。同时海关也参加了工商、税务、最高法、环保等多部门的联合惩戒工作。

一、联合惩戒机制的指导原则

《国务院关于建立完善守信联合激励和失信联合惩戒制度加快推进社会诚信建设的指导意见》(国发〔2016〕33号)主要包括以下内容。

1. 严重失信行为主要包括四个方面

一是严重危害人民群众身体健康和生命安全的行为,包括食品药品、生态环境、工程质量、安全生产、消防安全、强制性产品认证等领域的严重失信行为。二是严重破坏市场公平竞争秩序和社会正常秩序的行为,包括贿赂、逃税骗税、恶意逃废债务、恶意拖欠货款或服务费、恶意欠薪、非法集资、合同欺诈、传销、无证照经营、制售假冒伪劣产品和故意侵犯知识产权、出借和借用资质投标、围标串标、虚假广告、侵害消费者或证券期货投资者合法权益、严重破坏网络空间传播秩序、聚众扰乱社会秩序等严重失信行为。三是拒不履行法定义务,严重影响司法机关、行政机关公信力的行为,包括当事人在司法机关、行政机关作出判决或决定后,有履行能力但拒不履行、逃避执行等严重失信行为。四是拒不履行国防义务,拒绝、逃避兵役,拒绝、拖延民用资源征用或者阻碍对被征用的民用资源进行改造,危害国防利益,破坏国防设施等行为。

2. 联合惩戒措施落实到人

在联合惩戒的对象上,要完善个人信用记录,推动联合惩戒措施落实到人。对企事业单位严重失信行为,在记入企事业单位信用记录的同时,记入其法定代表人、主要负责人和其他负有直接责任人员的个人信用记录。在对失信企事业单位进行联合惩戒的同时,依照法律法规和政策规定对相关责任人员采取相应的联合惩戒措施。

3. 建立多部门、跨地区信用联合奖惩机制

通过信用信息交换共享和信用评价结果互认,实现跨地区、跨部门、跨领域信用奖惩联动,使守信者处处受益、失信者寸步难行。

二、联合惩戒的具体措施

1. 严重失信企业认定标准

根据《中华人民共和国海关注册登记和备案企业信用管理办法》(海关总署令第251号)

第二十三条的规定,失信企业存在下列情形的,海关依照法律、行政法规等有关规定实施联合惩戒,将其列入严重失信主体名单:

(1) 违反进出口食品安全管理规定、进出口化妆品监督管理规定或者走私固体废物被依法追究刑事责任的;

(2) 非法进口固体废物被海关行政处罚金额超过250万元的。

需要注意,根据海关总署令第251号的要求,只有列入严重失信主体名单的失信企业才实施联合惩戒,未列入严重失信主体名单的失信企业不实施联合惩戒措施。

2. 联合惩戒分类

联合惩戒的分类如表3-3所示。

表3-3 联合惩戒分类

纳入黑名单	1. 商务部、发改委:海关失信企业将被列入黑名单,影响进出口配额分配。 2. 法院:海关失信企业纳入失信被执行人名单,限制其法定代表人(负责人)乘坐飞机、列车软卧、轮船二等舱以上舱位,G字头动车组列车全部座位、其他动车组列车一等以上座位等非生活和工作必需的消费行为。
加强审核检查	1. 海关 (a) 适用较高的进出口货物查验率(布控查验或者实货查验); (b) 实施进出口货物单证重点审核; (c) 实施加工贸易重点监管。 2. 检验检疫部门:对进出口货物适用较高的检验检疫查验率。 3. 税务部门:加强出口退税审核。 4. 证监会 (a) 对于发行公司(企业)债券从严审核; (b) 在审批证券公司、基金管理公司、期货公司的设立和变更持有5%以上股权的股东,实际控制人,以及私募投资基金管理人登记时,依法将失信企业的失信状况作为重要参考依据; (c) 在上市公司或者非上市公司收购的事中事后监管中,予以重点关注; (d) 将海关失信企业失信情况作为股票发行审核的重要参考。 5. 保监会:保险公司设立时,将海关失信企业的失信状况作为重要参考依据。 6. 人民银行:失信状况作为设立商业银行或分行、代表处以及参股、收购商业银行的审批时慎重性参考。 7. 食药监局:将海关失信企业相关信息依法依规作为从事药品、食品安全行业从严审批的参考。
资信评定	1. 检验检疫部门:不适用A级及以上企业信用管理,或者直接列为信用D级管理。 2. 外汇部门:不适用A类企业管理,或者直接列为C类企业管理。
限制性管理	1. 公安部门:阻止未履行法定手续的海关失信企业法定代表人(负责人)出境。 2. 国资委:限制海关失信企业法定代表人(负责人)、董事、监事、高级管理人员成为国有公司法定代表人(负责人)、董事、监事、高级管理人员。 3. 财政部:限制失信企业参与政府采购活动。 4. 银监会、证监会:限制设立融资性担保公司。 5. 住建部:限制参与工程等招投标。 6. 科技部:暂停审批与失信企业相关的科技项目。

续 表

限制性管理	7. 保监会：限制海关失信企业及其法定代表人（负责人）支付高额保费购买具有现金价值的保险产品。 8. 国资委、财政部、证监会：限制境内上市公司实行股权激励计划或者限制成为股权激励对象。 9. 国土资源部、住房城乡建设部、国资委等相关部门：限制海关失信企业及其法定代表人（负责人）购买房产、土地等不动产。 10. 国土资源部、住房城乡建设部、国资委等相关部门：限制参与国有企业资产、国家资产等国有产权交易。 11. 财政部、国家发展改革委、人力资源社会保障部、国资委等部门：在申请政府性资金支持和社会保障资金支持时，依法依规采取从严审核和降低支持力度和不予支持等限制措施。 12. 国资委、财政部等相关部门：限制海关失信企业法定代表人（负责人）担任国有独资公司董事、监事及国有资本控股和参股公司董事、监事及国有企业的高级管理人员。 13. 国家发展改革委、国家林业局、农业部：限制海关失信企业及其法定代表人（负责人）使用国有林地，申报重点林业建设项目，申报草原征占用审批，申报重点草原保护建设项目。 14. 食品药品监管总局、安全监管总局、质检总局、工商总局：限制从事危险化学品生产经营存储、烟花爆竹生产经营、矿山生产、安全评价等行业，限制在认证行业执业，限制取得认证机构资质，限制获得认证证书。 15. 中央文明办、全国妇联、中华全国总工会：限制海关失信企业及其法定代表人（负责人）获得相关部门颁发的荣誉证书、嘉奖和表彰等荣誉性称号。
惩戒参考依据	1. 外汇部门：外汇额度核准与管理参考。 2. 其他部门：鼓励各自主管领域、业务范围、经营活动制定对海关失信企业及其法定代表人（负责人）的惩戒措施。

3. 具体惩戒措施

《关于对海关失信企业实施联合惩戒的合作备忘录》中各部门具体惩戒措施见表3-4。

表3-4 各部门具体惩戒措施

惩戒实施单位	惩 戒 措 施
海关总署	1. 适用较高的进出口货物查验率（布控查验或者实货验估）。 2. 实施进出口货物单证重点审核。 3. 实施加工贸易重点监管。 4. 海关总署规定的其他管理原则和措施。
质检总局	5. 不予适用检验检疫部门A级及以上企业信用管理，对其中有走私行为、走私罪的海关失信企业，直接列为信用D级管理，实行限制性管理措施。 6. 对进出口货物适用较高的检验检疫查验率。
税务总局	7. 在出口退税管理方面严格加强出口退税审核。
环境保护部	8. 对违法违规的固体废物进口企业，提高监管频次，依法实行限制性管理措施。
公安部	9. 对有拖欠海关应缴税款或者应缴罚没款项情形的海关失信企业的法定代表人（负责人），在未按规定缴清相关款项或提供有效担保前，阻止其出境。具体工作程序，按照公安部有关要求执行。

续 表

惩戒实施单位	惩戒措施
商务部、国家发展改革委	10. 将列入"信用中国"网站受惩戒黑名单的失信信息作为限制有关商品进出口配额分配。
工商总局	11. 在一定期限内,对有走私罪的海关失信企业,列入黑名单,依法限制其法定代表人(负责人)、董事、监事、高级管理人员成为其他公司的法定代表人(负责人)、董事、监事、高级管理人员。
外汇局	12. 不予适用外汇部门A类企业管理。 13. 对有走私行为、走私罪的海关失信企业,直接列为外汇部门C类企业管理,实行限制性管理措施。 14. 在一定期限内,将失信状况作为合格境内机构投资者、合格境外机构投资者等外汇额度核准与管理的重要参考依据。
国家发展改革委、人民银行、证监会	15. 对发行公司(企业)债券从严审核;在银行间市场发行非金融企业债务融资工具限制注册,并按照注册发行有关工作要求,强化信息披露,加强投资人保护机制管理,防范有关风险。
证监会	16. 在审批证券公司、基金管理公司、期货公司的设立和变更持有5%以上股权的股东、实际控制人,以及私募投资基金管理人登记时,依法将失信企业的失信状况作为重要参考依据。 17. 在上市公司或者非上市公众公司收购的事中事后监管中,予以重点关注。 18. 将海关失信企业的失信情况作为股票发行审核的重要参考。
银监会、证监会、国家发展改革委、保监会、工信部、财政部、商务部、工商总局等具有金融机构任职资格核准职能的部门	19. 依法限制设立融资性担保公司;在审批融资性担保公司或金融机构董事、监事及高级管理人员任职资格时,将海关失信企业的失信状况作为重要参考依据。
财政部	20. 在一定期限内,依法限制参与政府采购活动。
国家发展改革委等有关单位	21. 在一定期限内,依法限制参与工程等招投标。
科技部	22. 在一定期限内,暂停审批与失信企业相关的科技项目。
保监会	23. 在审批保险公司设立时,将海关失信企业的失信状况作为重要参考依据。 24. 对有拖欠缴纳海关应缴税款或应缴罚没款项情形的海关失信企业,在海关申请人民法院强制执行后,仍不履行的,限制海关失信企业及其法定代表人(负责人)支付高额保费购买具有现金价值的保险产品。
银监会	25. 将海关失信企业的失信状况作为设立商业银行或分行、代表处以及参股、收购商业银行的审批时审慎性参考。
国资委、财政部、证监会	26. 依法限制境内上市公司实行股权激励计划或者限制成为股权激励对象。

续 表

惩戒实施单位	惩 戒 措 施
人民银行、银监会	27. 将海关失信企业的失信状况作为其融资或对其授信的重要依据或参考。
最高人民法院、交通运输部、商务部、公安部、文化部、国家旅游局、民航局、中国铁路总公司等部门	28. 对有拖欠缴纳海关应缴税款或应缴罚没款项情形的海关失信企业,在海关申请人民法院强制执行后,仍不履行的,由人民法院依法纳入失信被执行人名单,限制其法定代表人(负责人)乘坐飞机、列车软卧、轮船二等以上舱位,G字头动车组列车全部座位、其他动车组列车一等以上座位等非生活和工作必需的消费行为。
国土资源部、住房城乡建设部、国资委等相关部门	29. 对有拖欠缴纳海关应缴税款或应缴罚没款项情形的海关失信企业,在海关申请人民法院强制执行后,仍不履行的,限制海关失信企业及其法定代表人(负责人)购买房产、土地等不动产。 30. 限制参与国有企业资产、国家资产等国有产权交易。
财政部、国家发展改革委、人力资源社会保障部、国资委等部门	31. 在申请政府性资金支持和社会保障资金支持时,依法依规采取从严审核或降低支持力度或不予支持等限制措施。
国资委、财政部等相关部门	32. 限制海关失信企业的法定代表人(负责人)担任国有独资公司董事、监事及国有资本控股或参股公司董事、监事及国有企业的高级管理人员;已担任相关职务的,提出其不再担任相关职务的意见。
国家发展改革委、国家林业局、农业部	33. 限制海关失信企业及其法定代表人(负责人)使用国有林地,申报重点林业建设项目,申报草原征占用审批,申报重点草原保护建设项目。
食品药品监管总局、安全监管总局、质检总局、工商总局	34. 将海关失信企业相关信息依法依规作为从事药品、食品安全行业从严审批的参考。 35. 限制从事危险化学品生产经营储存、烟花爆竹生产经营、矿山生产、安全评价等行业,限制在认证行业执业,限制取得认证机构资质,限制获得认证证书。
海关总署、国家发展改革委、工商总局	36. 海关总署将海关失信企业信息在海关总署门户网站、中国海关企业进出口信用信息公示平台、"信用中国"网站、国家企业信用信息公示系统、网络交易监管信息化系统等向社会公布。
中央网信办	37. 海关失信企业的失信信息由中央网信办协调互联网新闻信息服务单位向社会公布。
中央文明办、全国妇联、中华全国总工会	38. 在一定期限内,限制海关失信企业及其法定代表人(负责人)获得相关部门颁发的荣誉证书、嘉奖和表彰等荣誉性称号。
各部门	39. 鼓励各级党政机关、社会组织、企事业单位使用海关失信企业名单及相关信息,结合各自主管领域、业务范围、经营活动制定对海关失信企业及其法定代表人(负责人)的惩戒措施;鼓励政府部门、社会组织、企事业单位加强合作、信息共享,共同加大对海关失信企业的信用监督、威慑和惩戒;鼓励将海关失信企业信息作为重要信用评价指标纳入社会信用评价体系。

4. 联合惩戒对企业的影响

（1）《海关注册登记和备案企业信用管理办法》实施后，海关与国税、外汇等部门建立起企业信用信息互通机制。企业一旦被降级为严重失信企业，则不仅意味着其将适用严格的海关管理措施，比如较高的进出口货物查验率、较严格的单证审核等；同时，也意味着在国税和外汇部门的信用评级随之降低，在出口退税操作和外汇付出流入方面都受到更强的限制。

（2）上述措施对企业贸易行为合规起到了非常强的引导作用。当企业被海关稽查部门、缉私部门调查时，其对案件结果是否影响企业信用等级变得十分敏感。

（3）《合作备忘录》发布后，包括商务部、发改委、国税、外汇、质检总局、证监会、保监会、人民法院、人民银行等部委均将在其职权范围内对海关失信企业给予更严格的规制。

（4）企业一旦被联合惩戒，其日常经营将寸步难行。尤其是失信企业的法定代表人（负责人）、董事、监事、高级管理管理人员也被纳入严格监管的范围内。

（5）国家加强对失信企业及个人的惩戒力度，企业必须更加关注自身贸易合规，避免因进出口业务操作失误而发生严重后果，影响到企业正常的经营活动。

海关释放六大"高含金量"政策红利——主动披露新公告政策解读

海关主动披露是一项容错机制。进出口企业、单位自查发现其进出口活动存在少缴、漏缴税款或者其他违反海关监管规定的情况，主动向海关书面报告并接受海关处理，海关依法从轻、减轻或不予行政处罚。作为一项惠企政策，主动披露为外贸企业提供了自查自纠、守法便利通道，允许主动纠错，鼓励自愿合规，持续优化外贸营商环境。

为进一步优化营商环境，促进外贸高质量发展，根据《中华人民共和国海关法》《中华人民共和国行政处罚法》《中华人民共和国海关稽查条例》，现就处理进出口企业、单位在海关发现前主动披露违反海关规定的行为且及时改正的有关事项，海关总署在2022年第54号公告（以下简称"54号公告"）的基础上，发布了《海关总署关于处理主动披露违规行为有关事项的公告》（以下简称"新公告"），这是在"海关优化营商环境16条""支持西部陆海新通道建设重点举措15条"出台以后，海关主动披露政策回应人民群众诉求所迈出的一大步。新公告释放了六大"高含金量"政策红利，进一步放宽了不予行政处罚的条件，明确具体处置要求，充分体现"守法便利""宽严相济"和"罚教结合"的海关执法理念。

一、含金量———"适用范围"大幅扩大

新公告不再沿用54号公告中"影响税款征收的违反海关监管规定行为"表述来界定主动披露适用情形，而是改为"违反海关规定的行为"，明确将影响国家出口退税管理行为纳入主动披露的适用范围，新增了涉及检验、影响海关统计、影响监管秩序、加工贸易及部分轻微程序性违规等可以适用主动披露的情形，由54号公告的1类行为大幅扩展至7类行为，基本覆盖了企业常见违规类型，提升幅度为历次主动披露政策修订之最。值得注意的是，新公告首次明确将6类涉检事项纳入主动披露范畴,该6类涉检事项均属过错程度较低的程序性违规,符合"违法行为轻微"这一政策精神,该举措有力推动了主动披露制度向前迈进。

主要变化	新公告	54号公告
新增影响出口退税管理	影响国家出口退税管理的: 1. 自违规行为发生之日起六个月内向海关主动披露的; 2. 自违规行为发生之日起超过六个月但在两年以内向海关主动披露,影响国家出口退税管理且可能多退税款占应退税款的30%以下,或者可能多退税款在人民币100万元以下的。	无
新增影响检验业务	企业、单位违反海关检验检疫业务规定的行为,且能够及时办理海关手续,未造成危害后果。但涉及检疫类事项,以及检验类涉及安全、环保、卫生类事项的除外。	无
未经海关允许,将进口食品提离海关指定或者认可的场所	出口未获得备案出口食品生产企业生产的食品的。	出口食品生产企业生产的出口食品未按照规定使用备案种植、养殖场原料。
出境竹木草制品未报检	出境竹木草制品报检与实际不符。	代理报检企业、出入境快件运营企业、报检人员未进行合理审查或工作疏忽导致骗取证单。

二、含金量二——"时限要求"再次放宽

海关时刻关注企业反响和政策实施效果,鉴于经营规模、部门协调、单证梳理等实际因素,企业开展大范围、全面的自查通常耗费大量时间,此次新公告将自涉税违规行为发生之日起六个月后"一年以内"向海关主动披露的时限要求放宽至"两年以内",与《行政处罚法》追溯时效一般规定保持一致。时限要求放宽更能激发企业主动披露的意愿,给予企业更为充分的自查时间,以期更有效达到引导企业自律管理的初衷,满足企业守法自律、自查合规的需要,为企业充分运用政策红利积极自查预留出更充足的窗口期。同时,相较54号公告,新公告适用期限调整为两年,调整后的时限更能符合企业主动披露需求实际。

主要变化	新公告	54号公告
主动披露时限一年→两年	自涉税违规行为发生之日起超过六个月但在两年以内向海关主动披露,漏缴、少缴税款占应缴纳税款比例30%以下的,或者漏缴、少缴税款在人民币100万元以下的。	自涉税违规行为发生之日起六个月后一年以内向海关主动披露,漏缴、少缴税款占应缴纳税款比例30%以下的,或者漏缴、少缴税款在人民币100万元以下的。

续　表

主　要　变　化	新　公　告	54号公告
适用期限延长	本公告有效期自2023年10月11日起至2025年10月10日。海关总署公告2022年第54号同时废止。	本公告有效期自2022年7月1日起至2023年12月31日。海关总署公告2019年第161号同时废止。

三、含金量三——"量罚尺度"更加合理

54号公告之前,针对涉税违规行为已有明确不予处罚标准,但对于企业主动披露危害后果更为轻微的影响海关统计、影响监管秩序、程序性违规等情形,由于没有契合的政策执行依据,反而面临行政处罚,此次新增相关条款,使得量罚尺度更为科学合理,也增加了存在类似情况的企业主动披露的意愿。

主　要　变　化	新　公　告
新增影响海关统计不予处罚情形	适用《中华人民共和国海关行政处罚实施条例》第十五条第一项规定,及时改正没有造成危害后果的: 1. 违法违规行为发生当月最后一日24点前,向海关主动披露且影响统计人民币总值1 000万元以下的; 2. 违法违规行为发生当月最后一日24点后3个自然月内,向海关主动披露且影响统计人民币总值500万元以下的。
新增影响海关监管秩序不予处罚情形	适用《中华人民共和国海关行政处罚实施条例》第十五条第二项规定处理的。
新增影响程序性违规不予处罚情形	适用《中华人民共和国海关行政处罚实施条例》第十八条规定处理,未影响国家有关进出境的禁止性管理、出口退税管理、税款征收和许可证件管理的违反海关规定行为的。

四、含金量四——"生产实际"更受重视

加工贸易企业随着工艺的改进,可能存在因单耗不符未能及时处置而产生剩余料件等情况,此次新公告的修订在注重调查研究的基础上,站在便企、利企、惠企的角度,紧密贴合企业生产实际情况,明确相关不予处罚情形,为有效促进加工贸易高质量发展提供政策支持,实施后将进一步减轻加工贸易企业业务合规压力,帮助企业解决生产过程中的遗留问题,减少后顾之忧。

主　要　变　化	新　公　告
新增影响加工贸易不予行政处罚情形	加工贸易企业因工艺改进、使用非保税料件比例申报不准确等原因导致实际单耗低于已申报单耗,且因此产生的剩余料件、半制成品、制成品尚未处置的,或者已通过加工贸易方式复出口的。

五、含金量五——"享惠措施"持续优化

对于涉税违规行为,新公告规定"主动披露并及时改正即可申请减免滞纳金",相较54

号公告,取消了"不予行政处罚"的先决条件,这也与海关实施的"信用管理"机制深度融合,鉴于企业主动合规的态度,释放更多以诚信换红利的机会。同时,新公告继续保留了不列入企业信用状况记录的政策红利,而高级认证企业也将继续享有在立案调查期间不暂停相应管理措施的便利。在此基础上,坚持总体国家安全观,对于检验类涉及安全、环保、卫生类事项不予适用,以维护高水平安全护航高质量发展。

主要变化	新公告	54号公告
优化减免滞纳金情形	进出口企业、单位主动向海关书面报告其涉税违规行为并及时改正,经海关认定为主动披露的,进出口企业、单位可依法向海关申请减免税款滞纳金。符合规定的,海关予以减免。	进出口企业、单位主动向海关书面报告其涉税违规行为并接受海关处理,海关认定为主动披露不予行政处罚的,进出口企业、单位可依法向海关申请减免税款滞纳金。符合规定的,海关予以减免。
融合信用管理机制	进出口企业、单位主动披露且被海关处以警告或者100万元以下罚款行政处罚的行为,不列入海关认定企业信用状况的记录。高级认证企业主动披露违反海关规定行为的,海关立案调查期间不暂停对该企业适用相应管理措施。但检验类涉及安全、环保、卫生类事项的除外。	进出口企业、单位主动披露且被海关处以警告或者100万元以下罚款行政处罚的行为,不列入海关认定企业信用状况的记录。高级认证企业主动披露涉税违规行为的,海关立案调查期间不暂停对该企业适用相应管理措施。

六、含金量六——"宽严相济"更为科学

相较54号公告,新公告进一步明确了"同一违反海关规定行为"的定义,即"性质相同且违反同一法律条文同一款项规定的行为",并为同一行为增加时间限定,即"一年内(连续12个月)",此举旨在敦促企业对自身存在的违规行为进行全面准确自查,严肃、认真对待每次主动披露机会,避免同类违规一犯再犯,充分体现了海关审慎推进主动披露政策所秉持的"宽严相济"执法理念。同时,进一步优化特许权使用费再次向海关主动披露的条件,即不能是"基于同一货物进行的一次或多次权利许可",使得主动披露于企业而言不再是有且仅有一次的宽大机会,已享受过主动披露红利的企业也将有动力持续开展自查,帮助企业用好、用足政策,促进主动披露制度良性健康发展。

主要变化	新公告	54号公告
明确"同一"定义以及适用条件	进出口企业、单位对同一违反海关规定行为(指性质相同且违反同一法律条文同一款项规定的行为)一年内(连续12个月)第二次及以上向海关主动披露的,不予适用本公告有关规定。涉及权利人对被授权人基于同一货物进行的一次或多次权利许可,进出口企业、单位再向海关主动披露的,不予适用本公告有关规定。	进出口企业、单位对同一涉税违规行为再次向海关主动披露的,不予适用本公告有关规定。

资料来源:http://baijiahao.baidu.com/s?id=1779374759542530273。

第五节　主动披露制度

海关总署令第 230 号(关于公布《〈中华人民共和国海关稽查条例〉实施办法》的令)第二十五条中确立了企业主动披露制度。进出口企业、单位主动向海关如实报告海关尚未掌握的其违反海关监管规定的行为并接受海关处理的,海关可以认定有关企业、单位主动披露。主动披露制度的主要目的是引导和鼓励企业加强自我管理和自我检查,形成企业自律、主动报告、主动纠错的诚信驱动机制,将海关与企业由过去单纯的管理与被管理的关系转变为合作共赢关系,促进企业守法经营,提升海关执法效能。

主动披露制度有很多好处。一是企业实现自我纠错的有效途径。主动披露制度框架下,海关引导鼓励企业通过自查主动发现并报告问题,这为出现问题的企业提供了一个主动纠错的机会,将有效提升企业自律管理能力,促进企业规范管理,提高企业竞争力。二是从轻、减轻或不予行政处罚。对主动披露的进出口企业、单位,违反海关监管规定的,海关应当从轻或减轻行政处罚;违法行为轻微并及时纠正,没有造成危害后果的,不予行政处罚。三是减免税款滞纳金。对主动披露并补缴税款的进出口企业、单位,海关可以减免滞纳金。海关部门鼓励广大进出口企业、单位积极开展主动披露,切实享受该制度带来的政策红利。

2016 年国务院发布《关于修改〈中华人民共和国海关稽查条例〉的决定》(中华人民共和国国务院令第 670 号)正式确立主动披露制度。有关主动披露的第一个海关部门规章是海关总署公告 2019 年第 161 号《关于处理主动披露涉税违规行为有关事项的公告》,于 2022 年 7 月 1 日起废止。第二个海关部门规章是海关总署公告 2022 年第 54 号《关于处理主动披露涉税违规行为有关事项的公告》,有效期自 2022 年 7 月 1 日起至 2023 年 12 月 31 日。2023 年 6 月 29 日,海关总署发布了"关于《海关总署关于处理主动披露违规行为有关事项的公告》(征求意见稿)公开征求意见的通知",在该"征求意见稿"中规定"本公告有效期自 2023 年 8 月 1 日起至 2025 年 7 月 31 日。海关总署公告 2022 年第 54 号同时废止"。2023 年 10 月 8 日,海关总署正式发布公告 2023 年第 127 号《关于处理主动披露违规行为有关事项的公告》,该公告规定"本公告有效期自 2023 年 10 月 11 日起至 2025 年 10 月 10 日。海关总署公告 2022 年第 54 号同时废止"。

"征求意见稿"解释了主动披露制度修订的意义:"营造市场化、法治化、国际化一流营商环境"。主动披露制度作为海关事后监管的政策工具,集中体现了以人民为中心的理念,修订完善主动披露制度,是海关贯彻落实党的二十大报告关于优化营商环境和"深化简政放权、放管结合、优化服务改革"要求,助力企业稳产解难、提振信心的具体举措,让更多守法企业享受诚信守法红利。

一、主动披露的定义

主动披露是指与进出口货物直接有关的企业、单位在进出口货物放行后,自查发现其进出口活动存在少缴、漏缴税款或者违反海关监管规定的情况,主动向海关书面报告并接受海关处理,海关依法予以从轻、减轻行政处罚。

进出口企业、单位主动向海关书面报告其违反海关监管规定的行为并接受海关处理的,海关可以认定有关企业、单位主动披露。但有下列情形之一的除外:

(1) 报告前海关已经掌握其违法线索的;

(2) 报告前海关已经通知被稽查人实施稽查的;

(3) 报告内容严重失实或者隐瞒其他违法行为的。

进出口企业、单位主动披露时,应当向海关提交账簿、单证等有关资料,并对所提交材料的真实性、准确性、完整性负责。海关应当核实主动披露的进出口企业、单位的报告,可以要求其补充有关材料。

二、主动披露的好处

进出口企业、单位主动披露违反海关规定的行为,有下列情形之一的,不予行政处罚:

(1) 自涉税违规行为发生之日起六个月内向海关主动披露的;

(2) 自涉税违规行为发生之日起超过六个月但在两年以内向海关主动披露,漏缴、少缴税款占应缴纳税款比例30%以下的,或者漏缴、少缴税款在人民币100万元以下的。

(3) 影响国家出口退税管理的:

① 自违规行为发生之日起六个月内向海关主动披露的;

② 自违规行为发生之日起超过六个月但在两年以内向海关主动披露,影响国家出口退税管理、可能多退税款占应退税款的30%以下,或者可能多退税款在人民币100万元以下的。

(4) 加工贸易企业因工艺改进、使用非保税料件比例申报不准确等原因导致实际单耗低于已申报单耗,且因此产生的剩余料件、半制成品、制成品尚未处置的,或者已通过加工贸易方式复出口的。

(5) 适用《中华人民共和国海关行政处罚实施条例》第十五条第一项规定,及时改正没有造成危害后果的:

① 违法违规行为发生当月最后一日24点前,向海关主动披露且影响统计人民币总值1 000万元以下的;

② 违法违规行为发生当月最后一日24点后3个自然月内,向海关主动披露且影响统计人民币总值500万元以下的。

(6) 适用《中华人民共和国海关行政处罚实施条例》第十五条第二项规定处理的。

(7) 适用《中华人民共和国海关行政处罚实施条例》第十八条规定处理,未影响国家有关进出境的禁止性管理、出口退税管理、税款征收和许可证件管理的违反海关规定行为的。

(8) 企业、单位违反海关检验检疫业务规定的行为,且能够及时办理海关手续,未造成危害后果的(见表3-5)。但涉及检疫类事项,以及检验类涉及安全、环保、卫生类事项的除外。

进出口企业、单位主动向海关书面报告其涉税违规行为并及时改正,经海关认定为主动披露的,进出口企业、单位可依法向海关申请减免税款滞纳金。符合规定的,海关予以减免。

进出口企业、单位主动披露且被海关处以警告或者100万元以下罚款行政处罚的行为,不列入海关认定企业信用状况的记录。高级认证企业主动披露违反海关规定行为的,海关立案调查期间不暂停对该企业适用相应管理措施。但检验类涉及安全、环保、卫生类事项的除外。

进出口企业、单位对同一违反海关规定行为(指性质相同且违反同一法律条文同一款项规定的行为)一年内第二次及以上向海关主动披露的,不予适用上述有关规定。涉及授权人对被授权人基于同一货物进行的一次或多次权利许可,进出口企业、单位再次向海关主动披露的,不予适用上述有关规定。

进出口企业、单位向海关主动披露的,需填制《主动披露报告表》(见表3-6),并随附账簿、单证等材料,向报关地、实际进出口地或注册地海关报告。

上述主动披露的优惠待遇有效期自2023年10月11日起至2025年10月10日。

表3-5 主动披露违反海关规定的行为适用条件

序号	违法行为	适用条件
1	未经海关允许,将进口食品提离海关指定或者认可的场所	应同时符合下列情形的: 1. 提离的食品经检验检疫合格; 2. 违规食品尚未销售、使用。
2	出口未获得备案出口食品生产企业生产的食品的	应同时符合下列情形的: 1. 食品来自国内食品生产许可企业; 2. 食品生产企业在主动披露前,完成备案的; 3. 违法食品价值不满人民币1万元的。
3	出口食品生产企业生产的出口食品未按照规定使用备案种植、养殖场原料	应同时符合下列情形的: 1. 食品无质量安全问题; 2. 未发生食品安全事故; 3. 未被境外主管机构通报; 4. 违法食品价值不满人民币1万元的。
4	出境竹木草制品未报检	应同时符合下列情形的: 1. 违规竹木草制品尚未实际出口; 2. 违规竹木草制品能完成补充检验检疫的; 3. 违规竹木草制品经检验检疫合格的。
5	出境竹木草制品报检与实际不符	应同时符合下列情形的: 1. 违规竹木草制品尚未实际出口; 2. 违规竹木草制品能完成补充检验检疫的; 3. 违规竹木草制品经检验检疫合格的。
6	代理报检企业、出入境快件运营企业、报检人员未进行合理审查或工作疏忽导致骗取证单	应同时符合下列情形的: 1. 所涉证单尚未使用; 2. 主动向海关退回证单的。

表 3-6 主动披露报告表

_____海关：

经自查，发现我企业/单位存在_____违反海关监管规定的情形，现报告如下：

企业/单位名称		统一信用代码	
注册地址		信用等级	
联系人及电话		联系人证件名称及证件号码	
违反海关监管规定涉及事项		违反海关监管规定行为发生日	
主动披露内容	（可另附自查情况详细说明）		
随附材料清单	1. _____ 2. _____ 3. _____ 以上材料共_____页。		

企业、单位印章
年　月　日

"主动披露"让诚信企业多受益

"主动披露帮我们解决了大问题！没想到在更正错误的同时，我们还避免了行政处罚以及由此可能产生的保证金。不仅缓解了我们资金流的压力，也维护了我们企业的信誉。"苏州住电装有限公司关务经理王少伟介绍。日前，该公司通过主动披露方式向南京海关隶属苏州海关缴纳税款 31.6 万元，并申请减免滞纳金。

海关主动披露制度是指企业自查发现存在少缴、漏缴税款或违反海关监管规定的情况并向海关主动报告，海关予以从轻、减轻或免于处罚的机制。该制度旨在促进企业自我规范，降低行政执法成本，充分体现"守法容错"和"宽严相济"的执法理念，是一项与国际接轨的容错纠错机制，对落实企业主体责任，优化营商环境具有十分重要的意义。

苏州住电装有限公司是一家生产新型机电元件的企业。前段时间，企业通过自查发现,手册部分商品归类有误,导致少缴税款。在苏州海关的政策引导下,该企业自发递交了主动披露报告并申请补缴税款。由于企业及时主动披露自查发现的问题并积极配合海关的调查,根据相关规定,海关最终不予行政处罚,企业避免了因此产生的一系列后果。

"为了让更多企业享受到海关'放管服'改革红利,我们通过召开政策宣讲会、发放宣传资料、送政策上门等多种方式,向重点外贸企业积极宣讲'主动披露'政策,受到企业广泛认可。"苏州海关稽查处处长赵学林介绍道:"2020年初,考虑到受疫情影响,一些企业无法或不便现场办理相关业务,我们还推出了'互联网+主动披露'应用平台,方便企业在线提交主动披露申请和证明材料,并由海关线上办理相关手续。"

2021年第一季度,南京海关共办结"主动披露"作业250起,追补税款约17 352.7万元,依法减免滞纳金151笔共计1 757.14万元,有力地支持了地方外贸发展,让进出口企业实实在在享受到诚信红利。

资料来源:《海关总署文告》2021年第11期,第76页。

第六节 企业协调员制度

当企业在进出口过程中遇到涉及海关业务问题需要咨询、企业对海关政策法规有疑问需要解答、企业在进出口方面遇到问题需要跨关区协调解决,以及企业想对海关改革发展建言献策时,就找海关企业协调员。

根据《中华人民共和国海关注册登记和备案企业信用管理办法》第三十条规定,高级认证企业是中国海关AEO,海关为企业设立协调员。

海关总署公告2018年第181号《关于实施企业协调员管理有关事项的公告》第三条规定,企业协调员为企业提供下列服务事项:提供海关政策、法律法规咨询服务;听取并反映企业合理诉求;协调解决企业办理海关业务疑难问题;征询对海关管理工作的意见与建议;指导企业规范改进,开展诚信守法宣传;指导企业配合海关管理工作;负责关企合作的其他事宜。

该公告的第六条规定,企业协调员有下列情形之一的,海关取消企业协调员资格:有违法和严重违纪行为的;违反海关廉政等规定,为本人或者他人谋取不正当利益的;泄露国家秘密、海关工作秘密和企业商业秘密的;滥用海关职权,要求企业办理与关企合作无关事项的;不履行职责或者无故拖延解决企业所提问题的;不再具备企业认证专业资质的;因其他原因不再适合担任企业协调员的。

一、海关企业协调员定义

海关企业协调员是由直属海关选定,专门负责协调海关与企业涉及海关业务相关事宜的海关工作人员。成为一名海关企业协调员的前提是要经过海关总署企业管理和稽查司的培训并取得海关认证资质证书。

二、海关企业协调员服务对象

海关企业协调员的服务对象为海关高级认证企业。疫情防控等突发事件期间,服务对象为全部进出口企业。

三、海关企业信用等级分类

根据《中华人民共和国海关注册登记和备案企业信用管理办法》第四条规定,海关对高级认证企业实施便利的管理措施,对失信企业实施严格的管理措施,对高级认证企业和失信企业之外的其他企业实施常规的管理措施。高级认证企业是中国海关经认证的经营者(AEO)。

海关按照诚信守法便利、失信违法惩戒、依法依规、公正公开原则,对不同信用等级的企业分别适用相应的管理措施。

四、企业获得高级认证企业资质的途径及流程

根据《中华人民共和国海关注册登记和备案企业信用管理办法》及《海关高级认证企业标准》等,企业认为符合高级认证企业标准的,可以向海关递交《高级认证企业申请书》。海关收到企业的申请材料后,组成认证组,按照《海关高级认证企业标准》从内部控制、财务状况、守法规范、贸易安全、附加项目五大类32项开展实地认证工作。海关自收到申请书之日起90日内对企业信用状况是否符合《海关高级认证企业标准》作出决定。特殊情形下,认证时限可延长30日。对通过认证的企业,海关制发《高级认证企业证书》。

五、企业应当履行的义务

企业应当指定分管关务的高级管理人员作为联系人,负责与海关沟通联系。高级认证企业应当持续符合海关高级认证企业标准。

六、企业协调员为企业提供服务的平台

海关总署企业管理和稽查司开发建设并于2020年3月5日上线"中国海关信用管理"微信公众号平台。企业管理和稽查司统筹组织全国海关企业管理部门业务专家,组建"海关企业协调员专家团队",通过该微信公众号平台为企业提供服务。

企业在进出口过程中遇到涉及海关业务问题需要咨询或需协调解决的,可以通过"中国海关信用管理"微信公众号平台提交。海关企业协调员将会及时处理相关问题,并尽快对企业提出的问题进行反馈和协调解决。

"中国海关信用管理"微信公众号平台是海关构建密切关企合作伙伴关系的桥梁和纽带,海关通过该平台努力为企业提供更多优质的服务。

七、海关企业协调员为企业提供服务的事项

1. 提供海关政策、法律法规咨询服务

海关企业协调员受理答复企业通过"中国海关信用管理"微信公众号平台、电话,业务办理窗口柜台等线上线下途径提出的关于海关政策、法律法规的咨询。

2. 听取并反映企业合理诉求

海关企业协调员通过赴企业实地调研、组织召开企业座谈会、与企业视频或电话联系等方式了解并听取企业合理诉求。对涉及相关部门的诉求,积极向相关部门反映。

3. 协调解决企业办理海关业务疑难问题

海关企业协调员帮助协调解决企业通过"中国海关信用管理"微信公众号平台、电话、业务办理窗口柜台等线上线下途径提交的各类业务疑难问题,包括协调解决企业遇到的涉及跨直属海关的业务疑难问题。

4. 征询对海关管理工作的意见与建议

海关企业协调员通过赴企业实地调研、组织召开企业座谈会、线上(如通过"中国海关信用管理"微信公众号平台)或线下向企业发放调查问卷等方式征询企业对海关管理工作的意见与建议、推进不断完善海关管理工作。

5. 指导企业规范改进,开展诚信守法宣传

海关企业协调员通过召开海关企业信用管理制度座谈会、有针对性地"一对一"开展企业约谈等形式对企业开展诚信守法宣传,开展守法合规培育,指导企业规范改进。

6. 指导企业配合海关管理工作

海关加强对企业的海关改革新政、相关业务流程,涉企相关信息系统的宣传介绍,指导企业配合海关推进实施相关改革。

7. 负责关企合作的其他事宜

在关企沟通联系过程中,海关企业协调员了解到企业遇到的问题和困难、有针对性地提出相关意见、建议或相关方案,解读海关相关政策,指导企业办理进出口业务,助力企业更好发展。

企业协调员服务企业案例

案例一:

上海浦东金桥综合保税区内的某高新技术企业,是 2020 年 2 月疫情防控期间上海市首批申请复工的企业之一,如何保障关键零配件供应和物流运输时效成为复工复产的当务之急。

为提升库存周转效率,该企业实行零库存管理,其关键零配件主要来自东南亚,正常情况下都是当天航班当天入库的。随着航空公司大幅度削减国际航班,一些关键零配件的运

输交货期从当天变成了2—3天。同时,国内疫情较重地区的关键供应商的物流运输也受到影响,当天到厂也变成了隔天或者更久,甚至分批到货,令企业生产陷入困境。

针对一系列复杂情况,企业协调员分类指导、按需施策。对于受国际航班影响、正常工作日无法抵港的货物,引导企业通过"提前申报"模式通关,并通过海关跨境贸易大数据平台分析,实现快速放行、事后监管;对于受国内物流限制、采用快递运输只能分批到货的货物,实行"7×24卡口放行",并通过对其实施"分批计重、汇总核销",确保企业关键原材料及时入库、生产不停滞。

企业协调员团队发挥集体智慧并通过不懈努力,帮助企业在2020年2月即实现对客户准时交货无延迟的承诺,且至2020年3月初整体到岗率已恢复至正常水平。与疫情最严峻的2020年2月相比,2020年8月企业进出口总额增加1.3倍,出货量增长2倍。

案例解析:

企业协调员为高级认证企业提供"一对一""点到点"服务闭环,为企业提供政策咨询,指导企业充分利用高级认证企业管理措施,全力支持企业复工复产。

案例二:

"融资租赁飞机海关异地监管模式"是一项突破性政策,该政策可使航空公司大大降低资金成本,节约飞机调机等物流成本每架超10万美元。但是,融资租赁飞机异地退租出境存在部门多、战线长、政策性强、企业操作难度大等问题,任何一个环节的疏漏都会造成运作"卡壳"。在了解辖区内某航空公司有意开展相关业务后,上海海关企业协调员主动走访该企业,为其进行政策解读,仔细研究飞机退租细节安排,主动联系异地海关协商解决监管中遇到的问题,使一架A320飞机在成都维修基地检查后,由成都机场海关异地监管退租出境。

案例解析:

企业协调员及时梳理涉及企业登记备案、税收征管、查检验放、加工贸易等多方面问题,为企业提供最新的政策解读,指导企业合法合规开展进出口业务,为各类企业疫情防控、复工复产、物资通关提供全流程解决方案。

资料来源:《海关总署文告》2021年第11期,第53、57页。

第七节 高级认证企业便利措施

高级认证企业是中国海关AEO。成为高级认证企业后可以享受哪些便利措施?本节将对适用的便利措施进行一一解读。

根据《中华人民共和国海关注册登记和备案企业信用管理办法》第三十条的规定,高级认证企业管理措施包括:

(1)进出口货物平均查验率低于实施常规管理措施企业平均查验率的20%,法律、行政法规或者海关总署有特殊规定的除外；

（2）出口货物原产地调查平均抽查比例在企业平均抽查比例的20%以下，法律、行政法规或者海关总署有特殊规定的除外；

（3）优先办理进出口货物通关手续及相关业务手续；

（4）优先向其他国家（地区）推荐农产品、食品等出口企业的注册；

（5）可以向海关申请免除担保；

（6）减少对企业稽查、核查频次；

（7）可以在出口货物运抵海关监管区之前向海关申报；

（8）海关为企业设立协调员；

（9）AEO互认国家或者地区海关通关便利措施；

（10）国家有关部门实施的守信联合激励措施；

（11）因不可抗力中断国际贸易恢复后优先通关；

（12）海关总署规定的其他管理措施。

根据《海关总署关于执行〈中华人民共和国海关注册登记和备案企业信用管理办法〉有关事项的通知》（署企发〔2021〕104号），海关对高级认证企业，在按照《海关普惠管理措施清单》实施管理的基础上，还要按照《海关总署关于印发〈海关认证企业管理措施目录〉的通知》（署企发〔2021〕16号）规定，给予便利的管理措施。

关于高级认证企业免除担保事宜，按照海关总署有关规定执行。

一、措施一

进出口货物平均查验率低于实施常规管理措施企业平均查验率的20%，法律、行政法规或者海关总署有特殊规定的除外。

查验率是指在一定的时间段内查验报关单占可实施查验报关单的比率。

企业一旦被海关实施查验，必然会增加通关时间和工作量，产生与查验相关的服务费、滞港费、超堆费等费用，还可能面临重新订舱、影响履约的不良后果。该管理措施以实施常规管理措施企业平均查验率为基准，明确了高级认证企业平均查验率的比例上限，增强高级认证企业预期，实实在在地节省了通关时间和通关成本。

更低的查验率＝更快的通关效率＋更少的通关成本

二、措施二

出口货物原产地调查平均抽查比例在企业平均抽查比例的20%以下，法律、行政法规或者海关总署有特殊规定的除外。

出口货物原产地调查是指原产地证签证人员在审核各类原产地证书过程中，为确定签证产品是否具有中国原产资格、原产地标准是否符合要求而实施的调查，主要分为三大类：第一类是产品预审调查，是对证书申领企业的产品是否符合相关原产地规则、是否能签发原产地证书预先进行的调查;第二类是签证调查,是签证过程中根据风险分析或者签证需要开展的调查;第三类是原产地后续核查,是证书签发后因后续监管需要或者应国外海关核查请求而开展的调查。

海关可采取书面形式开展调查,通过调取相关材料进行原产地等信息审核并综合评定。对于书面形式不足以完成调查内容的,海关可按照相关原产地规则,对出口货物生产企业的生产设备、加工工序、原材料及零配件的产地来源、制成品及其说明书和内外包装等进行实地调查。

该管理措施以实施常规管理措施企业平均抽查比例为基准,明确了高级认证企业平均抽查比例的上限,增强高级认证企业预期。

三、措施三

优先办理进出口货物通关手续及相关业务手续。

优先办理进出口货物通关手续及相关业务手续包括如下内容:(1)优先办理业务现场报关单(含备案清单、舱单、转关单等)申报、修改、撤销等相关手续;(2)优先安排进出口货物查验;(3)优先安排进出口货物检验检疫;(4)对需要检验检测的优先采样和检测;(5)优先办理出入境特殊物品卫生检疫审批。

海关可根据关区实际,通过设立认证企业专用窗口、建设排队叫号系统高级认证企业优先叫号、摆放"海关高级认证企业(AEO)优先办理"字样标识牌等形式办理。

该项管理措施给予高级认证企业办理海关业务手续的优先权,节约通关时间,提高通关效率,尤其是面临类似新冠肺炎疫情的突发情况,提前申报、优先通关,可以让企业减少损失、扩大受益。

优先权＝节省时间＋提高效率

四、措施四

优先向其他国家(地区)推荐农产品、食品等出口企业的境外注册。

对外注册是指部分进口国(地区)对我国出口食品生产企业实施的市场准入要求。实施对外注册的产品以动物源性食品为主。需要实施对外注册推荐的进口国(地区)和产品清单随着多双边贸易和协议的发展而调整。

对外推荐注册是指海关总署依据我国与进口国(地区)食品安全主管部门的多双边协议要求,根据企业申请,向国外主管官方推荐符合进口国或地区的相关卫生法规和技术规范要求的企业。

境外国家(地区)对中国输往该国家(地区)的出口食品生产企业实施注册管理且要求海关总署推荐的,出口食品生产企业须向住所所在地海关提出申请,住所地海关进行初核后报海关总署。海关总署结合企业信用、监督管理以及住所地海关初核情况组织开展对外推荐注册工作。

该管理措施明确了海关总署对提出申请的高级认证企业,将优先向其他国家(地区)推荐农产品、食品等出口企业的注册,帮助企业扩大出口,开拓国际市场。

优先权＝占领先机＋扩大出口

五、措施五

可以向海关申请免除担保。

税款担保是指纳税义务人以法定形式向海关承诺在一定期限内履行其纳税义务的行为。税款担保是海关事务担保的一种,也是海关事务担保的主要内容。

《中华人民共和国海关法》规定可以作为海关事务担保的财产和权利包括:(1)人民币、可自由兑换货币;(2)汇票、本票、支票、债券、存单;(3)银行或者非银行金融机构的保函;(4)海关依法认可的其他财产、权利。

海关税款担保一般为保证金、银行或者非银行金融机构的保函。2017年,海关积极推进多元化税收担保改革创新工作,企业增信担保、企业集团财务公司担保、关税保证保险等逐步用于通关税款担保。

企业增信担保,是指企业通过第三方机构为其向银行提供担保等增信方式,取得银行的税收保函,向海关申请办理担保通关手续。第三方机构范围较为广泛,可以是专业担保公司、保险公司、同业企业等,能够帮助一部分没有授信或授信额度不足的中小企业取得银行授信。

企业集团财务公司担保,是指企业集团内进出口公司由集团财务公司提供税收保函,向海关申请办理担保通关手续。

关税保证保险是国内第一个以政府机构(海关)作为被保险人的保证保险产品。投保人是进口纳税企业,被保险人是海关,保险公司承保的是进口企业申报进口货物应纳的税款,如进口企业未在规定期限缴纳税款,保险公司按照保险合同约定向国库代为缴纳。

税款担保有以下几种情形:

(1)纳税义务人申请提前放行货物担保。进出口货物的商品归类、完税价格、原产地尚未确定的;有效报关单证尚未提供的(如进出口货物不能在报关时交验如发票、合同、装箱清单等单证,进出口货物收发货人要求先放行货物,后补交单证的);在纳税期限内税款尚未缴纳的;其他海关手续尚未办结的。

(2)纳税义务人申请办理特定海关业务担保。货物、物品暂时进出境的;货物进境修理和出境加工的,按保税货物实施管理的除外;租赁货物进口的,海关认为必要时应当提供税款担保。

(3)税收保全担保。进出口货物的纳税义务人在规定的纳税期限内有明显的转移、藏匿其应税货物以及其他财产迹象的,海关可以责令纳税义务人提供担保;纳税义务人不能提供担保的,海关依法采取税收保全措施。

(4)临时反倾销措施、临时反补贴措施担保。进口已采取临时反倾销措施、临时反补贴措施的货物应当提供担保的。

需要注意的是,国家对进出境货物、物品有限制性规定,应当提供许可证件而不能提供的,以及法律、行政法规规定不得接受担保的其他情形,海关不得办理担保放行。

免担保,根据《中华人民共和国海关事务担保条例》规定,符合条件的可以申请免担保。高级认证企业可以向海关申请办理税款免担保。但高级认证企业存在财务风险,或者有明显的转移、藏匿其应税货物以及其他财产迹象的,或者存在其他无法足额保障税款缴纳风险的,海关可以暂停适用免担保管理措施。

免担保＝更少的资金占用＋更低的资金成本

六、措施六

减少对企业稽查、核查频次。

《中华人民共和国海关法》规定,"自进出口货物放行之日起三年内或者在保税货物、减免税进口货物的海关监管期限内及其后的三年内,海关可以对与进出口货物直接有关的企业、单位的会计账簿、会计凭证、报关单证以及其他有关资料和有关进出口货物实施稽查。"该法赋予了海关对与进出口货物直接有关的企业和单位开展稽查的权力,是海关稽查最基本的执法依据。此外,《中华人民共和国海关法》对于海关及管理相对人一般性的权利与义务、法律责任等方面的规定,同样适用于海关稽查。

海关核查,是指海关依照法律、法规和规章的规定,在关税、保税、动植物检疫、商品检验和食品安全等海关监管领域的后续监管环节对被核查人实施的验核查证,检查监督其生产经营活动真实性、合法性和规范性的执法行为。海关核查的主要工作目标是查发各类问题、督促被核查人合法合规生产经营、完善海关内部管理。

该管理措施明确了对高级认证企业减少稽查、核查的频次,从而进一步降低海关人员下厂稽查、核查对企业经营活动带来的影响,促使企业专注于经营发展和自我合规管理。

为了引导企业自查自纠、守法自律,《中华人民共和国海关注册登记和备案企业信用管理办法》第三十七条规定:"企业主动披露且被海关处以警告或者海关总署规定数额以下罚款的行为,不作为海关认定企业信用状况的记录。"关于"海关总署规定数额",根据海关总署2023年10月8日发布的《关于处理主动披露涉税违规行为有关事项的公告》(海关总署公告2023年第127号),"进出口企业、单位主动披露且被海关处以警告或者100万元以下罚款行政处罚的行为,不列入海关认定企业信用状况的记录"。同时,"高级认证企业主动披露涉税违规行为的,海关立案调查期间不暂停对该企业适用相应管理措施"。

海关主动披露是与国际海关通行做法接轨所建立的一种"守法容错"的激励机制,其核心内容是,对于主动向海关如实报告自身违法行为的企业可以从轻、减轻处罚甚至是不予处罚。旨在为诚信企业开辟出一条绿色通道,有利于激发企业守法自律、诚信经营的内在动力,构建关企之间互信互动的新型合作关系。

减少稽查、核查频次＝更小的经营影响＋更低的合规风险

七、措施七

可以在出口货物运抵海关监管区之前向海关申报。

提前申报是海关总署为促进贸易便利化推行的一项重要改革措施，有利于压缩货物通关时间，提升货物通关效率。伴随着申报方式的改革进步，提前申报已经成为企业报关时经常选择的方式。企业采取提前申报方式办理通关手续，提前办理单证审核和货物运输作业，非布控查验货物抵达口岸后即可放行提离，企业通关效率得以提高，通关时间不断压缩。

《中华人民共和国海关进出口货物申报管理规定》（海关总署令第243号）第十八条规定："经海关批准，进出口货物的收发货人、受委托的报关企业可以在取得提（运）单或载货清单（舱单）数据后，向海关提前申报。"海关总署2014年10月22日发布的《关于明确进出口货物提前申报管理要求的公告》（海关总署公告2014年第74号）明确了提前申报时限规定、单证要求等。

出口提前申报，是指出口货物发货人、受委托的报关企业在货物备齐、集装箱货物装箱完毕并取得预配舱单电子数据后，可在货物运抵海关监管作业场所前3日内向海关提前申报报关单，货物运抵海关监管作业场所后立即办理查验及放行手续。

出口提前申报的优势在于，传统的作业模式为货物实际运抵港口海关监管作业场所后，企业再持预配舱单信息向海关申报，这种模式下在货物运抵后至申报之间就会产生一定的时间差，并且申报后海关才能进行单证审核和税费征收等工作。而"出口提前申报"，将海关通关作业中的单据审核和税费征收前置，把工作都做在了货物运抵之前，货物在运抵后电子信息自动对碰，实现货物到港即可办理查验或放行手续。货物整体通关时间大幅缩短，也减少了货物的滞港时间，减少企业通关成本。

出口货物提前申报有以下注意事项：

（1）申报时限：提前申报出口货物应于货物运抵海关监管场所前3日内向海关申报。

（2）如实申报责任：进出口货物的收发货人、受委托的报关企业应当如实申报，并对申报内容的真实性、准确性、完整性和规范性承担相应法律责任。

（3）单证要求：出口货物的发货人、受委托的报关企业应当按照海关要求交验有关随附单证、出口货物批准文件及其他需提供的证明文件。

（4）适用时限：出口货物许可证件在海关接受申报之日应当有效。货物提前申报之后、实际出口之前国家贸易管制政策发生调整的，适用货物实际出口之日的贸易管制政策。

（5）适用税率：提前申报的出口货物，适用海关接受申报之日实施的汇率和税率；提前申报的出口转关货物，应当适用启运地海关接受该货物申报出口之日实施的税率。

（6）报关单修撤：出口提前申报货物因故未在海关规定的期限内运抵海关监管场所的，海关撤销原提前申报的报关单。因故运抵海关监管场所的货物与提前申报内容不一致的，出口货物的发货人或其代理人需向海关提交说明材料。

该项管理措施可以缩短货物在港时间，降低企业通关成本。企业进行出口提前申报，海关提前审核报关单证，企业根据船舶动态合理安排货物集港时间，货物运抵后自动触发报关单放行,货物装船出口,减少货物在港停留时间,降低企业通关成本。

八、措施八

海关为企业设立协调员。

海关企业协调员,是由直属海关选定,专门负责协调海关与企业涉及海关相关事宜的海关工作人员。海关总署于2018年12月3日发布了《关于实施企业协调员管理有关事项的公告》(海关总署公告2018年第181号),明确了企业协调员的具体服务事项,包括:(1)提供海关政策、法律法规咨询服务;(2)听取并反映企业合理诉求;(3)协调解决企业办理海关业务疑难问题;(4)征询对海关管理工作的意见与建议;(5)指导企业规范改进,开展诚信守法宣传;(6)指导企业配合海关管理工作;(7)负责关企合作的其他事宜。

海关企业协调员的服务对象为海关高级认证企业。企业应当指定分管关务的高级管理人员作为联系人,负责与海关沟通联系。

九、措施九

AEO 互认国家或者地区海关通关便利措施。

AEO互认是指在建立起 AEO 制度的海关之间,对各自认证的 AEO 企业予以相互认可并给予相应的通关便利措施的一种制度安排,是减少重复认证并促进国际供应链安全与便利的有效途径。根据《中华人民共和国海关注册登记和备案企业信用管理办法》(海关总署令第251号)第八条规定:"中国海关依据有关国际条约、协定以及本办法,开展与其他国家或者地区海关的'经认证的经营者'(AEO)互认合作,并且给予互认企业相关便利措施。"

互认 AEO 信息交换:互认国或者地区海关双方,通过专门的网络系统或约定的途径交换 AEO 企业的信息,企业申报时应当规范填报 AEO 企业编码,系统与交换的 AEO 信息识别一致后,对符合条件的企业给予通关便利措施。

海关总署于2018年10月15日发布了《海关总署关于明确经认证的经营者(AEO)企业编码填报规范的公告》(海关总署公告2018年第131号),规范了经认证的经营者(AEO)企业编码填写格式,以减少企业填写错误,使 AEO 企业能够及时享受到中国海关与其他国家(地区)海关 AEO 互认带来的通关便利措施。

境外收发货人为中国海关已互认国家(地区)海关 AEO 企业的,国内相关企业需要在水、空运货运舱单《原始舱单数据项》或《预配舱单数据项》的"收货人 AEO 企业编码""发货人 AEO 企业编码"栏目和《中华人民共和国海关进(出)口货物报关单》"境外收发货人"栏目中填写境外收发货人的 AEO 企业编码。

AEO 企业编码填报样式为:"国别(地区)代码+海关企业编码"。

十、措施十

国家有关部门实施的守信联合激励措施。

根据《国务院关于建立完善守信联合激励和失信联合惩戒制度加快推进社会诚信建设

的指导意见》(国发〔2016〕33号)的要求,2016年10月19日,由国家发展改革委、中国人民银行、海关总署等40个部门联合签署的《关于对海关高级认证企业实施联合激励的合作备忘录》(发改财金〔2016〕2190号)正式对外发布并实施,这是国家首批守信联合激励试点项目之一,明确了19类共49项守信激励措施,向海关高级认证企业释放了大量改革政策红利。

联合激励措施归纳起来主要有以下六大类:

一是绿色通道类措施,如海关部门的先行验放,发展改革部门的行政审批绿色通道等;

二是减少查验、抽查类措施,如发展改革部门的减少重大项目稽查抽查比例,工商部门的降低市场监管抽查比例,海关、质检部门的减少进出口查验等;

三是优先类措施,如海关优先办理货物通关手续,发展改革部门的专项建设基金项目优先考虑等;

四是简化手续、缩短时间类措施,如海关的简化进出口单证审核流程,发展改革部门的简化政府投资项目招标证明材料等;

五是重要参考类措施,比如金融部门的授信融资参考等;

六是改革试点类措施,包括海关的优先作为通关改革试点等。

以下是具体的激励措施、共享内容及实施单位(以2016年机构编制为依据)。

1. 适用海关通关支持措施

(1) 在确定进出口货物的商品归类、海关估价、原产地或者办结其他海关手续前先行办理验放手续。

(2) 适用较低进出口货物查验率。

(3) 简化进出口货物单证审核流程。

(4) 优先办理进出口货物通关手续。

(5) 海关为企业设立协调员。

(6) 对从事加工贸易的企业,不实行银行保证金台账制度。

(7) 适用汇总征税管理措施。

(8) 根据国际协议规定,适用原产地自主声明措施。

(9) AEO互认国家或者地区海关提供的通关便利措施。

(10) 海关给予适用的其他便利管理措施。

实施单位:海关总署。

2. 发展改革部门支持措施

(1) 建立行政审批绿色通道,根据实际情况实施"容缺受理"等便利服务,部分申报材料(法律法规要求提供的材料除外)不齐备的,如行政相对人书面承诺在规定期限内提供,可先行受理,加快办理进度。

(2) 在专项建设基金项目申报筛选中,同等条件下予以优先考虑。

(3) 企业债发行过程中,鼓励发行人披露海关认证信息,增强发行人的市场认可度,降低企业融资成本。

(4) 在粮食、棉花等进出口配额分配中,可以将申请人信用状况与获得配额难易程度或配额数量挂钩,对于海关高级认证企业给予一定激励措施。

(5) 在电力直接交易中,对于交易主体为海关高级认证企业的,同等条件下优先考虑。

(6) 在企业境外发债备案管理中,同等条件下加快办理进度,适时选择海关高级认证企业开展年度发债额度一次核定、分期分批发行试点。

(7) 在政府投资项目招标中,招标人确需投标人提交进出口证明的,可以简化进出口证明等相关手续。

(8) 重大项目稽查中,对于中央预算内投资项目专项稽查过程中,可适当减少抽查比例。

(9) 支持地方发展改革部门在法律法规和自身职权范围内,采取更多的激励措施。

实施单位:国家发展改革委。

3. 给予商务事项审批支持

办理生产能力、货物内销、《最终用户和最终用途说明》等审批事项时,给予优先处理的便利政策,缩减办证的时间。

实施单位:商务部。

4. 金融部门授信融资参考

(1) 作为银行等金融机构授信融资贷款的重要参考条件,优先给予免担保贷款。

(2) 办理授信贷款等业务时提供绿色通道。

(3) 作为优良信用记录记入金融信用信息基础数据库。

实施单位:人民银行、银监会。

5. 给予证券、保险领域政策支持

(1) 审批证券、基金管理公司、期货公司及保险公司设立、变更、从事相关业务等行为时,将企业信用信息作为重要参考,给予一定便利。

(2) 在保险中介机构的设立等方面提供便利化措施。

落实单位:证监会、保监会。

6. 给予政府采购及财政资金使用支持

(1) 给予政府采购活动便利和优惠,将海关高级认证企业列入政府集中采购招标的评审指标,参照财务状况指标给予适当分值,或对海关高级认证企业信用予以加分。

(2) 取得政府资金支持给予便利和优惠。

(3) 不属于出口退税审核关注信息中关注企业级别为一至三级的自营出口企业,适用启运港退税政策。

实施单位:财政部。

7. 给予增值电信业务支持

申请增值电信业务给予便利和优惠。

实施单位:工业和信息化部。

8. 给予社会保障领域政策支持

在办理社会保险业务时可享受企业绿色通道,实施快捷服务。

实施单位：人力资源和社会保障部。

9. 给予土地使用和管理支持

供应土地时给予必要便利和优惠。

实施单位：国土资源部。

10. 给予环境保护许可事项支持

（1）办理环境影响评价文件审批等环境保护许可事项，在同等条件下予以优先办理。

（2）日常监管中，在无举报情况下，适当减少监管频次。

实施单位：环境保护部。

11. 给予税收管理支持

（1）除专项、专案检查等外，可免除税务检查。

（2）一般纳税人可单次领取3个月的增值税发票用量，需要调整增值税发票用量时即时办理。

（3）普通发票按需领用。

（4）由税务机关提供绿色通道或专门人员帮助办理涉税事项。

（5）海关高级认证企业可评为出口企业管理一类企业，享受以下管理措施：

① 国税机关受理出口退（免）税正式申报后，经核对申报信息齐全无误的，即可办理出口退（免）税。

② 在国家下达的出口退税计划内，可优先安排该类企业办理出口退税。

③ 国税机关可向该类企业提供绿色办税通道（特约服务区），并建立重点联系制度，指定专人负责并定期联系企业。

（6）增值税一般纳税人取消增值税发票认证。

实施单位：税务总局。

12. 给予工商管理支持

（1）优先提供有关合同法律法规方面的咨询、培训、宣传和受理调节合同纠纷。

（2）给予国内市场产品免检或降低抽检比例。

（3）在办理企业变更登记、行政许可、动产抵押登记，实行绿色通道，及时优先受理，缩短办理时间。

实施单位：工商总局。

13. 给予一定的检验检疫管理支持

（1）适用较低的商检查验率。

（2）优先安排查验放行。

（3）优先安排免办CCC认证货物担保放行以及后续销毁核销等。

（4）办理目录外3C和3C证书时，予以优先处理。

（5）非法检货物可申请免除查验或担保放行。

实施单位：质检总局（2018年机构改革后，相关措施由海关总署、市场总局继续按各自职能实施）。

14. 给予安全生产管理支持

在海关高级认证企业提出申请后,第一时间深入企业现场办公,帮助解决有关问题,依法对企业发展提供法律和政策支持。

实施单位:安全监管总局。

15. 给予食品药品管理支持

办理食品药品生产经营审批事项时提供绿色通道。

落实部门:食药监局。

16. 给予外汇管理支持

(1) 简化监管流程,对不同收汇方式区别对待。

(2) 延长降级考查期,取消报关单正本收汇入账。

实施单位:外汇局。

17. 优先给予先进荣誉

(1) 在文明城市、文明单位评比中予以优先考虑。

(2) 在评选"全国三八红旗手"时予以优先考虑。

(3) 在评选劳动模范、五一劳动奖章时予以优先考虑。

实施单位:中央文明办、全国妇联、全国总工会。

18. 给予促进外贸投资支持

(1) 在举办和组织企业参加经贸展览会、论坛、洽谈会及有关国际会议时给予优先考虑。

(2) 在法律顾问、商事调解、经贸和海事仲裁等方面优先提供咨询和支持。

(3) 优先提供专利申请、商标注册、诉讼维权等知识产权方面服务。

实施单位:贸促会。

19. 其他激励措施

(1) 对海关高级认证企业给予重点支持,出台优惠政策、便利化服务措施时,优先选择试点。

(2) 作为各部门在本行业、本领域内向企业和个人颁发荣誉证书、嘉奖和表彰等荣誉性称号的重要参考,优先给予奖励和表彰。

实施单位:各有关部门。

十一、措施十一

因不可抗力中断国际贸易恢复后优先通关。

SAFE《标准框架》第六章"贸易持续和贸易恢复"中表述了如下内容:各国政府应当与其他机构、私营部门,以及其他政府开展合作,建立一套在国际供应链或其内部各环节发生断裂的事件时,可最大程度促进贸易持续和恢复的机制、计划以及程序。

为了在发生上述事件时,保证贸易的持续,不同的部门应当扮演不同的角色,并承担各自的职责。关键是海关应当与其他政府机构以及私营部门合作,厘清各自的角色和职责。

所建立的机制和计划应当基于这些原则,并在必要时进行更新。

各国海关应当在彼此之间以及与AEO和其他企业之间开展合作,建立信息共享机制。这将促使在发生使国际供应链或其内部各环节发生断裂的事件时,商界和政府能够优先实现货物流的正常运作。各类相关方之间的合作将促使贸易以全面和协调的方式快速恢复。

世界海关组织还专门制定了《贸易恢复指南》,明确了贸易恢复的概念,将行动计划分为六个阶段,具体说明了每个阶段的具体行动。应用到中国海关,因不可抗力或者应急状态等情形,导致口岸通关环节业务暂停的情况恢复后,将优先安排企业(高级认证企业)进出口货物通关。

十二、措施十二

海关总署规定的其他管理措施。

为了释放信用制度改革红利,自2021年11月1日起,海关对高级认证企业,在按照《海关普惠管理措施清单》实施管理的基础上,还要按照《海关总署关于印发〈海关认证企业管理措施目录〉的通知》(署企发〔2021〕16号)规定,给予便利的管理措施。

《海关普惠管理措施清单》包括以下15项便利措施:

(1) 压缩检验检疫事项审批时限。对符合要求的进口农产品、食品和特殊物品相关检疫审批事项,在规定的时间内加快审批速度。

(2) 按有关规定可以在综合保税区内开展保税货物租赁和期货保税交割业务。

(3) 按有关规定可以在综合保税区内开展保税研发业务。

(4) 按有关规定综合保税区内企业可以承接境内(区外)企业委托加工业务。

(5) 按有关规定符合条件的企业可以开展保税维修业务。

(6) 优先提供统计服务。优先为进出口货物收发货人提供本企业在保存期限内的报关单档案查询服务。

(7) 向海关申请预约通关管理。企业需要在海关正常办公时间以外,办理进出口货物通关手续的,可以提前24小时(正常办公时间以内)向海关提出预约通关申请。

(8) 按有关规定可以开展办理出口转关手续。

(9) 加工贸易企业可按规定集中办理内销征税,不再实行保证金管理。

(10) 加工贸易企业可以采用电子账册模式实施联网监管。满足海关监管要求的加工贸易企业,海关可对该企业以企业为单元进行管理,采用电子账册模式实施联网监管。

(11) 加工贸易企业可以按照有关规定开展出境加工业务。

(12) 从事国际服务外包业务的服务外包企业进口货物予以保税监管。

(13) 加工贸易企业可按规定实施工单式核销。

(14) 加工贸易企业可按规定开展单耗自核。

(15) 加工贸易企业可按规定适用飞机、船舶保税加工监管模式。

《海关认证企业管理措施目录》包括以下16项高级认证企业管理措施:

(1) 因不可抗力中断国际贸易恢复后优先通关。因不可抗力或者应急状态等情形导致口岸通关环节业务暂停的情况恢复后,优先安排企业进出口货物通关。

(2) 优先提供统计数据服务。优先为进出口货物收发货人提供本企业报关单证档案查询服务。

(3) 优先受理办理预裁定申请。企业可以在货物拟进出口之前向海关提出预裁定申请,海关优先受理、优先办理。

(4) 适用较低进出口货物查验比例。进出口货物平均查验率在常规管理企业平均查验率的20%以下。

(5) 降低进出口货物检验检疫抽批比例。设立高风险货物负面清单,高级认证企业进出口负面清单或者国家部委和海关总署政策性要求外的货物,平均检验检疫抽批比例降低至一般信用企业平均抽批比例的5%以下。

(6) 适用较低进出口货物原产地抽查比例。出口货物原产地调查平均抽查比例在一般信用企业平均抽查比例的5%以下。

(7) 减少对企业稽查、核查频次:实施较低的常规稽查抽查比率;对符合条件的核查事项(内容),开展核查作业时,可实施自查结果认可模式;对同一家企业,定期管理类核查次数原则上每年不超过1次。

(8) 可以申请免除担保。属于下列情形之一的,高级认证企业可以向海关申请免除担保:涉及"两步申报"模式下进出口货物税款的担保;涉及暂时进出境等海关特定业务的担保;涉及加工贸易进出口货物的担保。

(9) 进出口货物实施"先放后检"。设立高风险货物负面清单,在海关完成现场必要的检验检疫后,企业可以将负面清单以外的进出口货物提离海关监管作业场所,海关再实施实验室检测、综合评定及签发证书等作业。作为原料进口的化妆品在完成检验检疫合格评定前,可先行投入生产加工。

(10) 进出口货物采用"非侵入"方式查验。进出口货物一般采用"非侵入"方式查验,提高机检无异常直放比例,减少货物开拆数量和查验时间。对现场不具备查验条件的高密封等货物,根据企业申请,可实施到厂查验。

(11) 实施企业信用承诺和线上与线下相结合的监管模式。

海关可依法采信企业提交的信用承诺或者相关证明材料,替代对进出口货物(食品除外)的实验室检测。进口食品标签需实施技术整改且未命中实验室检验的,可采取企业信用承诺或者"线上"视频模式对其整改情况进行监管。进境动物指定隔离场再次申请使用的,海关可通过线上与线下相结合的方式实施考核。出境水生动物、水果实施线上与线下相结合的监管模式,除必要的现场监管以外,可采取"线上"视频监管方式。

(12) 缩短提出"预约通关"申请时间。企业需要在海关正常办公时间以外,办理进出口货物、进出境快件通关手续的,向海关提出预约通关申请的时间由提前24小时缩短至提前8小时。

(13) 设立海关企业协调员。海关设立企业协调员,为企业协调解决在进出口过程中遇到的问题。

（14）提供专属信用培育。为企业提供个性化信用培育，及时帮助企业知晓和掌握海关政策，避免发生违法情事。

（15）提供信用信息服务。海关通过信息提醒、约谈、建议书等方式，将报关差错、欠缴税款、业务办理时限、违法记录、联合惩戒等信息定期告知企业，帮助企业及时规范改进。

（16）协调解决跨关区通关疑难问题。结合高级认证企业诉求，统筹协调跨关区、关区内各业务部门和现场海关，为企业解决通关疑难问题。

第八节　海关企业信用培育制度

海关企业信用培育制度是中国海关信用管理体系中独具特色的服务措施，是海关构建以信用为基础的新型监管机制的重要内容，是国家社会信用体系建设的具体落实措施。本节将对海关信用培育的主要内容、培育形式等问题进行阐述。

海关企业信用培育制度的法律依据是《中华人民共和国海关注册登记和备案企业信用管理办法》第五条规定：海关向企业提供信用培育服务，帮助企业强化诚信守法意识，提高诚信经营水平。

一、海关企业信用培育的目的和种类

海关企业信用培育，是指海关运用多种形式，主动对进出口企业开展信用管理政策、制度、措施等方面的宣传、培训、辅导、帮扶等服务活动，帮助企业强化自律合规意识、规范和优化内控管理、提高诚信守法水平、提升企业信用等级。企业信用培育是海关信用管理工作的一项创新举措，在国家信用体系建设中也属于首创，带有海关信用管理的独特性质，目的是促进企业守法自律、诚信经营，帮扶企业健康发展，推进进出口领域信用体系建设，从而发挥企业信用管理的基础性作用。

海关企业信用培育包括两种类型，分别为守法规范性培育和经认证的经营者（AEO）认证培育。

守法规范性培育是指海关向进出口企业宣传、解读、普及国家和海关的信用管理政策和规章制度，以及世界海关组织 AEO 制度，帮助企业了解信用、重视信用，提升诚信守法意识的培育活动。

AEO 认证培育是指对有意愿申请或者已经提出申请适用海关高级认证企业管理以及需要开展高级认证复核的企业，海关主动或者根据企业申请，有针对性地为企业解读海关信用管理制度，指导企业正确理解《海关高级认证企业标准》，准确把握《海关高级认证企业标准》的条件和要求，帮助企业提升内控管理、守法规范以及贸易安全水平的培育活动。

二、海关企业信用培育的重点内容和方式

海关企业信用培育重点包括五个方面内容：

(1) 国家社会信用体系建设有关政策和制度。

(2)《中华人民共和国海关注册登记和备案企业信用管理办法》《海关高级认证企业标准》等海关信用管理制度,差别化信用管理措施及实施方式,以及相关典型案例。

(3) 我国已签署实施的 AEO 国际互认安排、互认便利措施,以及 AEO 国际互认合作给企业带来的益处和便利。

(4) 海关参与签署实施的联合激励和联合惩戒有关文件。

(5) 其他与企业信用管理相关的内容。

海关将综合运用下列方式对企业开展信用 AEO 认证培育:一是集中政策宣讲、解读等线下培训方式;二是视频会议、在线问答等线上培训方式;三是"一对一"重点辅导;四是实地认证观摩;五是利用 AEO 认证实训基地或者在线实景模拟方式,开展情景式培训。

三、海关企业信用培育工作的具体开展

海关成立工作组,开展 AEO 认证培育工作组成员不少于 2 人,其中至少 1 人需要取得《企业认证专业资质》证书。海关参与 AEO 认证培育的人员,一般不再参与对同一家企业的认证工作。

为确保认证培育工作质量,以及对《海关高级认证企业标准》的解读和辅导的一致性,海关成立认证培育工作组开展 AEO 认证培育。同时,为避免信用培育人员既当教练员又当裁判员,导致信用培育对企业信用认证造成干扰或者影响,要求培育人员进行认证回避。

信用培育按照"海关主动服务、企业自愿参与、公开参与途径、注重培育实效"的原则开展,不收取任何费用。

民营中小企业凭 AEO 认证逆势飞跃

案例一

一、案例简介

江苏国泰环星贸易有限公司成立于 2010 年 1 月,注册资金 1 200 万元人民币,为民营企业,主营五金工具、机械设备及零部件等进出口业务。2019 年,企业营业收入 2.89 亿元,出口总额 4380 万美元,产品销往欧洲、美洲、非洲及东南亚等全世界 150 多个国家和地区,自主品牌销售涵盖共建"一带一路"国家 52 个,销售额占比达 60%。与传统贸易型企业不同,该公司自建仓库,创立 TOLSEN 品牌,所有产品经检验后贴牌出口,TOLSEN 品牌在 150 多个国家注册商标。企业运用 AEO 管理体系提升内部管理,合规经营理念、贸易安全理念持续提升,报关差错率从 2019 年的 5.75% 下降到 2020 年的 1.91%。

二、培育过程

2020 年,南京海关隶属金港海关对辖区企业开展摸底调研,江苏国泰环星贸易有限公

司均符合要求,并希望能进一步成为海关高级认证企业。

金港海关指派协调员对接企业,进行专业指导,先后开展认证标准解读、实地指导企业对标完善管理制度、强化经营场所,特别是外建仓库安全管控、督促企业整改落实到位等工作。根据疫情防控需要,在减少实地下厂的情况下,与企业建立了线上通道,海关企业协调员实时接收企业咨询的问题并予以答复。2020年11月,该公司通过海关高级认证企业实地认证,成为张家港地区第一家取得AEO认证证书的中小企业。

江苏国泰环星贸易有限公司高度重视海关AEO认证工作,组建由法定代表人直接领导的认证团队,深入学习海关政策法规,每周固定召开工作例会,对照标准对公司的制度进行全面梳理完善,涉及76项制度,共计13万文字。对海关提出的改进意见及时学习领会,整改到位。

海关方面重点帮助企业查找管理薄弱环节。一是强化进出口业务控制。该公司出口五金工具涉及24个产品类别2 500个单品,海关在调阅过往查验记录、行政处罚记录时发现,商品归类问题占比最高,于是指导该企业重点梳理进出口活动流程,提高单证审核的有效性,同时把商品归类问题纳入年度进出口活动审计的重点。二是强化内部审计工作。在AEO认证之前,公司尚未建立专门的内审部门或岗位,风险管控意识和措施不足。在海关的指导下,公司组建了专门的内部审计委员会,由公司法定代表人亲自参与实施,组织开展了进出口活动审计和持续符合海关AEO认证标准审计。三是加强对外建仓库的安全管控。在距公司8千米外建了约2万平方米的仓储区,使用ERP系统实行自动化管控,但贸易安全意识较为薄弱。针对安全隐患,加装了货车栏杆,优化装货区的监控和照明设施,补充收发货交接环节、司机签名细节,强化集装箱七点检查的培训,按照不同区域功能划分做好标识提醒等,仓储区的管理有了显著的提升,公司上下重视贸易安全的氛围更加浓厚。

三、案例启示

提高中小企业参与海关企业认证的积极性,增强国际竞争力。过去,由于高级认证企业的标准较高,中小微企业望而却步,近年来,海关积极响应国家支持民营企业、中小企业高质量发展的号召,在总署以共建"一带一路"国家为重点推进AEO互认的政策指导下,优选优育符合条件的中小民营企业开展认证工作,起到了良好的引导和示范作用,使更多进出口企业能享受AEO国际互认的政策红利。以该企业为例,经认证后,该公司在报关资料和对外宣传上均亮明中国海关AEO企业身份,极大提升了自身形象,国外客户验厂反馈好评度持续提高。2020年,该公司在全球新冠肺炎疫情形势严峻的情况下依然逆势增长,出口总额增长20%。

发挥AEO认证体系管理的价值和优势。在本案例中,企业管理层高度认可(海关高级认证企业标准),把推行AEO认证作为公司管理升级、公司发展上新台阶的重要契机,在践行标准的过程中不流于形式,而是内化于公司管理的自身需求,沉下心来找差距、补短板,并以一系列规章制度予以固化,这与海关倡导企业合规管理、自我管理是高度契合的,海关一次次的培育得到了企业的热切回应,成为关企合作的新亮点。这也提示我们,在今后的信用培育工作中,应进一步挖掘AEO制度的内涵和价值,提高认可度和吸引力。

案例二

一、案例简介

漳州万利达科技有限公司由南靖万利达科技有限公司因股权改制而设立,是一家集技术研发、生产制造和产品销售于一体的智能制造型企业,主营业务是智能终端产品,曾获得"国家科技创新型企业""国家级高新技术企业""全国电子百强企业"等荣誉称号。

该企业是关区重点企业,厦门海关通过数据分析,结合地方政府部门意见,主动联系企业,了解到企业基本情况和申请高级认证企业的意向后,将企业列入关区"一对一"精准认证培育企业库,指定专人进行信用培育。

在对企业的认证培育过程中,发现公司关于场所安全、进入安全等方面存在一定的不足,主要原因是公司在万利达(南靖)工业园内租赁厂房,而园区有5家企业,共用出入口、道路、围墙、监控等公共设施,公共区域人员进出管理混乱。此外,在信息系统标准的准备上也存在一定的问题。

二、培育过程

针对以上问题,厦门海关一方面积极与公司的负责人和高层管理人员会谈,宣讲认证企业红利,明确告知企业有一项标准不达标,认证就无法通过,要求公司高层高度重视,积极协调园区和入驻企业;另一方面根据认证标准,结合企业的实际情况,通过面谈、微信、电话等多种方式与公司反复磋商,提出既不违反规定又贴合企业经营实际的建议,帮助企业提升内控和管理水平,具体如下。

问题一:公司办公区包含A、B、C、D四栋厂房和1栋办公楼,但园区公共区域人员进出管理混乱。

建议:在C栋厂房与园区围墙之间设立围网和伸缩电控门,并设立门岗,由保安驻守。由于园区规定所有货车必须从东门进入,门岗保安可以有效管控货车的进出。同时厂房之间、厂房和办公楼之间设立门,使办公区和园区围墙、大门、C栋新设立的围网和电控门形成一个较为封闭的区域,与生活区及园区其他企业隔离开,公司区域不允许非该公司的访客、车辆进入。

问题二:周边墙体监控设施为园区物业所有,设备老旧,而且受绿化树木影响,监控画面存在视角被遮挡等不足,与园区物业多次协商,均不同意对绿化树木进行砍伐和修剪,监控设备不符合高级认证标准中场所安全的要求。同时,受园区格局的影响,公司的停车位较为分散,主要位于A栋和C栋厂房旁,针对停车区域安装监控费用不小。

建议:放弃园区原有的监控设备,在厂房的墙体上安装高清的广角摄像头,对周边的围墙和门进行实时监控,并设立监控室,由公司员工24小时驻守。同时广角的摄像头也能够拍摄到停车区域,为企业节省了一大笔费用。

问题三:通过系统查询发现,企业2020年1月因稽查被发现通关环节申报错误,在规范申报上也屡有差错被海关要求修改单证,这与信息化水平较高的电子企业不相符。实地查看公司的信息系统,发现ERP系统虽使用时间较长,但与关务系统的匹配功能不完善,是导致报关差错的主要原因。

建议：打通ERP系统和关务系统的数据端口，使关务系统能够直接读取ERP的数据，并能够直接生成相关的报关单据，避免人为录入错误。针对公司保税与非保税业务并存的特点，指导企业开发信息系统的预警和提示功能，避免出现串料等情况。要求公司在录入货物数据的同时，必须将规范申报要求的信息也及时录入系统，增加申报的准确性。

三、案例启示

启示一：高层重视，提高协调执行力

在本案例中，企业高层管理对认证工作的重视起了至关重要的作用，通过培育关员的政策宣导，进一步激发了企业高层提升海关信用等级的决心，这也为协调园区企业、物业以及围网、门岗、监控的设置提供了有力的支持，使后续培育工作得以高效推进。

启示二：精准培育，找准痛点与难点

每家企业的实际情况都不尽相同，同时认证工作涉及企业进出口的各个环节，部门也众多，这就要求培育关员要熟练掌握每条认证标准，不能生搬硬套，要结合企业的实际情况，灵活运用，提出既不违反规定又贴合企业经营实际的建议，帮助企业有效提高内控水平，增加国际竞争力。

启示三：换位思考，提升认证获得感

发挥好服务职能，遇到问题，多站在企业的角度思考，引导企业自主做好认证准备工作。在本案例中，厦门海关提出墙体设置监控的建议，为企业减少了投入，大大增加了企业的获得感，企业也更主动地与海关合作，开创了协作共赢的良好局面。

资料来源：《海关总署文告》2021年第11期，第124—126页。

第九节　高级认证企业涉税要素申报规范

涉税要素申报规范，是指进出口货物收发货人履行合规自主申报、自行缴税主体责任，按照海关相关规定，真实、准确、完整、规范申报商品名称、规格型号、税则号列、价格、原产国等涉税要素，确保税款应缴尽缴。

《海关高级认证企业标准》（参见海关总署公告2022年第106号）中涉税要素申报规范指标的认定标准如下：

(1) 海关未发现企业存在《涉税要素申报规范认定标准》（以下简称《认定标准》，详见表3-7）项目中"认定存在不规范问题"情形的，企业的涉税要素申报规范标准为达标。

(2) 海关发现企业存在《认定标准》项目中以少缴税款为认定标准的"认定存在不规范问题"情形，相关项目指标不达标；但企业未造成少缴税款，或者少缴税款金额累计未超过10万元的，相关项目指标为达标。

(3) 海关发现企业存在《认定标准》项目中不以少缴税款为认定标准的"认定存在不规范问题"情形，相关项目指标为不达标。

复核的高级认证企业，涉税要素申报规范标准的认定与新申请高级认证企业相同。

表 3-7 涉税要素申报规范认定标准

类　别	项　目	合规申报标准	依 据 规 定	认定存在不规范问题的标准
规范申报	商品规范申报	填报进出口货物报关单的"商品名称""规格型号"栏目时，应按照海关规范申报目录要求填报。	《中华人民共和国海关进出口商品规范申报目录及释义》（每年更新）	发现企业未按照《中华人民共和国进出口商品规范申报目录》申报进出口商品的归类、价格、原产地等税收征管要素的情形。
归类	归类准确性	以《税则》为基础，按照《品目注释》《本国子目注释》以及关于商品归类的行政裁定、商品归类决定等要求，确定进出口货物商品编码。	《中华人民共和国海关进出口货物商品归类管理规定》（海关署令第252号）	企业未如实、准确申报造成归类差错，并造成少缴税款的情形。
暂定税率商品编号、减免税政策相关商品编号	暂定税率、减免税政策相关商品编号申报准确性	申报适用暂定税率、无需办理《征免税确认通知书》的减免税政策相关商品编号（10位）时，商品应与年度关税调整方案、减免税政策文件明确的商品范围一致。	国务院关税税则委员会年度关税调整方案、减免税政策文件	企业申报的适用暂定税率、无需办理《征免税确认通知书》的减免税政策相关商品编号（10位）不准确，造成少缴税款情形。
价格	特许权使用费申报规范性	在货物申报进口时已支付应税特许权使用费的，已支付的金额应填报在报关单"杂费"栏目，无需填报在"总价"栏目。在货物申报进口时未支付应税特许权使用费的，应在每次支付后的30日内向海关办理申报纳税手续。	海关总署公告2019年第58号（关于特许权使用费申报纳税手续有关问题的公告）	企业在货物申报进口时已支付应税特许权使用费但未填报在报关单"杂费"栏目；企业在货物申报进口时未支付应税特许权使用费的，未在每次支付后的30日内向海关办理申报纳税手续。
	特殊关系确认及价格影响确认申报规范性	填报确认进出口行为中买卖双方是否存在特殊关系。填报确认纳税义务人是否可以证明特殊关系未对进口货物的成交价格产生影响。	海关总署公告2019年第18号（关于修订《中华人民共和国海关进出口货物报关单填制规范》的公告）	买卖双方存在特殊经济关系且对成交价格产生影响的，企业在填报报关单"特殊关系确认""价格影响确认"栏目时，未如实填报或填报不规范的情形。

第三章 中国海关企业信用管理措施

续 表

类 别	项 目	合规申报标准	依 据 规 定	认定存在不规范问题的标准
价格	完税价格申报真实性、准确性	企业申报价格（单价/总价）应当符合海关确定进出口货物完税价格的相关管理规定。	《中华人民共和国海关审定进出口货物完税价格办法》（海关总署令第213号）《中华人民共和国海关审定内销保税货物完税价格办法》（海关总署令第211号）	企业未按照《中华人民共和国海关审定进出口货物完税价格办法》《中华人民共和国海关审定内销保税货物完税价格办法》申报进出口货物完税价格，造成少缴税款的情形。
	公式定价结算规范性	及时、准确提供确定结算价格的相关材料并办理相关手续。	海关总署公告2021年第44号（关于公式定价进口货物完税价格确定有关问题的公告）	企业未在公式定价货物结算价格确定之日起30日内向海关提供确定结算价格的相关材料并办理相关手续。
原产地	原产地单证申报规范性	优惠贸易协定项下原产地单证的申报和提交符合相关优惠贸易协定原产地管理办法和相关公告要求。	海关总署公告2021年第34号（关于优惠贸易协定项下进出口货物报关单有关原产地栏目填制规范和申报事宜的公告）及各优惠贸易安排项下原产地管理办法	企业存在提交不符合优惠贸易协定项下原产地单证享惠的情形。
	报关单商品项"优惠贸易协定享惠"和"原产国（地区）"申报真实准确	报关单商品项"优惠贸易协定享惠"类栏目、报关单商品项"原产国（地区）"应准确填报。	《中华人民共和国进出口货物原产地条例》（中华人民共和国国务院令第709号）《海关总署关于非优惠原产地规则中实质性改变标准的规定》（海关总署令第122号）海关总署公告2021年第34号（关于优惠贸易协定项下进出口货物报关单有关原产地栏目填制规范和申报事宜的公告）及各优惠贸易安排项下原产地管理办法	企业错误申报商品项对应的"优惠贸易协定享惠"和"原产国（地区）"造成少缴税款情形。
	贸易救济措施货物计税信息填报规范性	原产地及规格型号中"原厂商中文名称""原厂商英文名称""反倾销税率""反补贴税率""是否符合价格承诺"等计税信息填报准确。	海关总署公告2018年第7号（关于实施贸易救济措施货物进口报关单自动计税有关事项的公告）和相关商品执行贸易救济措施文件规定	企业申报的实施贸易救济措施货物计税信息不规范造成少缴税款情形。

扩展阅读

【关税聚焦】我为群众办实事——海关涉税要素申报规范认定标准公告来啦！

2022年10月28日，海关总署修订发布《海关高级认证企业标准》（海关总署公告2022年第106号），其中通用标准"1年内企业无报关单涉税要素申报不规范情形"受到企业的广泛关注。2022年11月17日，海关总署发布2022年第114号公告，公布《海关涉税要素申报规范认定标准》（以下简称《认定标准》）。今天小编为大家详细解读，赶紧看过来吧！

一、为什么要发布《认定标准》

加强涉税要素申报规范管理，有利于稳定企业预期、提升企业合规申报水平、降低企业通关成本、防范化解税收风险。为配合《海关高级认证企业标准》发布，统一认定标准，引导企业更好合规申报，避免因涉税要素申报不规范导致信用降级、处罚，本次发布《认定标准》。

二、什么是"涉税要素申报规范"

涉税要素申报规范，是指进出口货物收发货人履行自主申报、自行缴税主体责任，按照海关相关规定，真实、准确、完整、规范申报税则号列、价格、原产国等涉税要素，确保税款应缴尽缴。

《认定标准》是对海关总署公告2022年第106号中的通用标准"1年内企业无报关单涉税要素申报不规范情形"的细化。《认定标准》中包含了5个类别10个项目的"合规申报标准""认定存在不规范问题的标准"等内容。

三、如何认定涉税要素申报规范标准是否达标

根据2022年第114号公告，海关总署将依照《认定标准》中"认定存在不规范问题的标准"一列所载明的情形，对企业涉税要素申报情况是否达标进行认定。

划重点：

"认定存在不规范问题"分为"不以少缴税款"为认定标准和"以少缴税款"为认定标准两类。"不以少缴税款"为认定标准的，包括"商品规范申报""特许权使用费申报规范性""特殊关系确认及价格影响确认申报规范性""公式定价结算规范性""原产地单证申报规范性"等项目，如果认定存在不规范情形，则不达标。

"以少缴税款"为认定标准的，包括"归类准确性""暂定税率、减免税政策相关商品编号申报准确性""完税价格申报真实性、准确性""报关单商品项'优惠贸易协定享惠'和'原产国（地区）'申报真实准确""贸易救济措施货物计税信息填报规范性"等项目，如果认定存在不规范情形但企业未造成少缴税款，或者少缴税款累计未超过10万元的，则达标；如果认定存在不规范情形且企业少缴税款累计超过10万元的，则不达标。

举例：

1. A企业在填报进出口货物报关单的"规格型号"栏目时，未按照《中华人民共和国进出口商品规范申报目录》中有关归类要素的要求进行填报。经海关认定，A企业存在"未规范

申报"情形,但不涉及少缴税款,由于《中华人民共和国进出口商品规范申报目录》对规范申报的要求非常明确,而企业没有严格遵循相关规定,出现申报差错,因此,该企业的"涉税要素申报规范认定标准"这一项目为不达标。

2. B企业未如实、准确申报造成归类差错,并造成少缴税款5万元,同时,填报的实施贸易救济措施货物计税信息不规范造成少缴税款1万元。经海关认定,除"归类准确性""贸易救济措施货物计税信息填报规范性"项目外,B企业的其他项目未发现不规范问题,由于B企业少缴税款累计未超过10万元,因此,该企业的"涉税要素申报规范认定标准"这一项目为达标。

四、其他需关注的问题

新申请和复核的高级认证企业涉税要素申报规范标准的认定时间范围依照《海关高级认证企业标准》规定执行。

小贴士:

良好的通关环境需要企业共同参与,企业需树立合规申报意识,熟悉现行规章、公告等规范性文件要求,依法依规进行申报,企业要完善内控管理机制,对照涉税要素申报规范要求,积极配合海关属地纳税人管理,从源头提高涉税要素申报规范水平。

资料来源:http://www.customs.gov.cn//customs/302249/302270/302272/4764280/index.html。

练习题

一、不定项选择题

1. 社会信用体系建设部际联席会议制度的牵头单位是(   )。
   A. 发展改革委　　　B. 海关总署　　　C. 商务部　　　D. 人民银行
2. 联合激励的措施分类包括(   )。
   A. 绿色通道类措施　　　　　　　　B. 减少查验、抽查类措施
   C. 优先类措施　　　　　　　　　　D. 简化手续、缩短时间类措施
3. 进出口企业、单位主动披露且被海关处以警告或者(   )以下罚款行政处罚的行为,不列入海关认定企业信用状况的记录。
   A. 50万元　　　B. 100万元　　　C. 150万元　　　D. 200万元
4. 《关于实施企业协调员管理有关事项的公告》规定,企业协调员为企业提供下列服务事项(   )。
   A. 指导企业规范改进,开展诚信守法宣传　　B. 指导企业配合海关管理工作
   C. 指导企业一切内部管理工作　　　　　　　D. 负责关企合作的其他事宜
5. 海关企业协调员服务对象为(   )。
   A. 海关一般认证企业　　　　　　　B. 海关失信企业
   C. 海关常规管理企业　　　　　　　D. 海关高级认证企业

二、判断题

1. 《全国公共信用信息基础目录》旨在规范界定公共信用信息纳入范围。除法律、法规或者党中央、国务院政策文件另有规定外，公共管理机构不得将本目录以外的信息纳入信用记录。（ ）
2. 《关于对海关高级认证企业实施联合激励的合作备忘录》各部门具体激励措施共计 39 项。（ ）
3. 进出口企业、单位对同一涉税违规行为再次向海关主动披露的，可以适用主动披露有关规定。（ ）
4. 海关企业协调员是由海关总署选定，专门负责协调海关与企业涉及海关业务相关事宜的海关工作人员。（ ）
5. "商品名称""规格型号"栏目申报时属于不以少缴税款为认定标准的情形。（ ）

第四章　中国海关高级认证企业标准

本章概要

本章的主题是我国海关高级认证企业的认证标准，分为三节。第一节主要介绍中国海关高级认证企业标准的说明；第二节主要介绍中国海关高级认证企业标准的通用标准；第三节主要介绍中国海关高级认证企业标准的单项标准。

学习目标

掌握中国海关高级认证企业标准的说明；掌握中国海关高级认证企业通用标准的4个大类：内部控制标准、财务状况标准、守法规范标准、贸易安全标准；熟悉中国海关高级认证企业通用标准4个大类下的16条规定，包括关企沟通联系合作、进出口单证、信息系统、内部审计和改进、财务状况、遵守法律法规、进出口记录、税款缴纳、管理要求、外部信用、经营场所安全、人员安全、货物和物品安全、运输工具安全、商业伙伴安全、海关业务和贸易安全培训；了解中国海关高级认证企业通用标准16条规定下的62个小项。熟悉中国海关高级认证企业单项标准针对不同类型和经营范围的10个大类，即加工贸易以及保税进出口业务、卫生检疫业务、动植物检疫业务、进出口食品业务、进出口商品检验业务、代理报关业务、快件运营业务、物流运输业务、跨境电子商务平台业务、外贸综合服务业务；了解中国海关高级认证企业单项标准10个大类下的32个小项。

在掌握、熟悉和了解我国海关高级认证企业各种标准的基础上，结合不同类型和经营范围企业的实际经营情况和现有资源，分析企业状况和认证标准之间的差距及不足之处，努力满足海关认证标准的各项要求，争取申请成为高级认证企业。

第一节　《海关高级认证企业标准》（标准说明）

根据海关总署公告2022年第106号（关于公布《海关高级认证企业标准》的公告），本章内容是《中华人民共和国海关注册登记和备案企业信用管理办法》（海关总署令第251号）配套执行的海关总署公告2022年第106号（关于公布《海关高级认证企业标准》的公告），该

《海关高级认证企业标准》包括 3 个附件。其中,附件 1 是《海关高级认证企业标准》说明,附件 2 是《海关高级认证企业标准》(通用标准),附件 3 是《海关高级认证企业标准》(单项标准)。

一、关于认证标准的分类

《海关高级认证企业标准》包括通用标准以及针对不同企业类型和经营范围制定的单项标准。

二、关于认证结果

认证结果选项分为"达标""基本达标""不达标""不适用"。

达标:企业实际情况符合该项标准。该项标准中有分项标准[用(1)、(2)、(3)等表示,下同]的,也应当符合每个分项标准。

基本达标:企业实际情况基本符合该项标准。该项标准中有分项标准的,也应当符合或者基本符合每个分项标准。

不达标:企业实际情况不符合该项标准。该项标准的分项标准中如有不达标情形的,该项标准即为不达标。

不适用:企业实际经营不涉及相关海关业务的,海关不对该项标准进行认证。

三、关于通过认证的条件

企业同时符合下列三个条件并经海关认定的,通过认证:
(1) 所有认证结果选项均没有不达标情形;
(2) 通用标准基本达标不超过 3 项;
(3) 单项标准基本达标不超过 3 项。

四、关于时间计算

"1 年内",指连续的 12 个月。

申请成为高级认证企业的,自海关接受企业申请之日起倒推计算。

高级认证企业复核的,以最近 1 次海关行政处罚决定作出之日起倒推计算;其中,海关最近 1 次接受企业申请之日倒推 12 个月前的行政处罚决定不参与计算。

海关总署公告 2022 年第 106 号
(关于公布《海关高级认证企业标准》的公告)解读

海关总署发布 2022 年第 106 号公告,公布了新修订的《海关高级认证企业标准》(以下简称"新《标准》")。与原认证标准相比较,新《标准》进行了大幅优化,受到社会各界的广泛关注。结合企业关注的问题,小编为大家答疑解惑,整理形成了新《标准》问答集。

问：新《标准》要求是否有所降低？

答：新《标准》条件和要求保持不降，延续了海关企业认证执法刚性。

一是新《标准》保持了模式和框架两不变，即："通用标准＋单项标准"模式不变，通用标准内部控制、财务状况、守法规范、贸易安全等四大部分的基本框架不变；虽标准项目数量减少，但"硬性标准"均予以保留，因此，有关条件和要求未降低，对现有高级认证企业不会产生大的标准落差，亦不会减损现有高级认证企业的权益。

二是新《标准》将通用和单项标准中重复内容进行整合优化，将原8个单项标准统一为1个单项标准，在加工贸易及保税、卫生检疫、动植物检疫、食品业务、商品检验等方面制定了能够鲜明体现海关业务管理要求的条件和要求。

三是新《标准》坚持"人民至上、生命至上"，紧密围绕国门安全等监管重点，新增"危险品伪瞒报、夹藏夹带被查发"等条件和要求，引导进出口企业坚持安全发展理念，筑牢国门安全第一道防线。

四是新《标准》对企业守法的处罚金额未予降低，正是"坚持标准"的体现，高级认证企业必须在守法合规这一"刚性要求"方面当好诚信守法典范。

问：新《标准》认证程序与原认证标准有何区别？

答：新《标准》认证程序更优化，进一步为企业减负增效。新《标准》聚焦市场主体反映较为集中的"程序烦琐、标准繁复"等问题，在制度设计上更加突出实用、管用、好用。

一是整合优化了认证项目。

新《标准》对原认证标准中重复表述、缺乏对应便利化措施、与企业经营实际不匹配的项目进行了较大幅度的优化整合。如，将原通用标准中的"单证控制"项和原单项标准中12个相关分项整合优化为1个项目，将原通用标准中的"信息系统"和原单项标准中的15个相关分项整合优化为1个项目；调整了原通用标准中的"注册信息""申报规范""传输规范"等16个分项、4个单项标准中"货物、物品安全"等10个分项；不再对企业"信息系统"的功能模块、数据库作出具体要求，更贴合企业经营实际。

二是改革了认证判别方式。

在企业通过认证条件中取消"赋分制"。企业没有"不达标"项且通用标准和单项标准的"基本达标"项分别不超过3项的，即可通过认证，通过认证的判断标准更加简单直接。

问：新《标准》如何进一步与国际标准接轨？

答：为促进AEO互认磋商和制度比对高效开展，有利于AEO国际互认合作顺利推进，助力我国企业"走出去"和境外互认方AEO企业"引进来"，新《标准》主动对接世界海关组织最新出台实施的《全球贸易安全与便利标准框架》（以下简称《标准框架》）附件4所涉及的全部AEO条件与要求。按照国际规则最新变化，在新《标准》"关企沟通联系合作""信息系统""经营场所安全""人员安全""海关业务和贸易安全培训"等项目中增加了员工保密意识的教育和培训、背景调查等相应内容；在"经营场所安全""集装箱""商业伙伴""进出口货物和进出境物品"等项目中增加相应解释,避免企业产生理解偏差。同时,立足中国海关认证执法实践,将与《标准框架》所涉及的 AEO 条件与要求相关联的内容予以整合,如将原《标准》的"内部审计"和"改进机制"两个项目,整合为"内部审计和改进"项目,进一步实现与 WCO 国际规则趋同。

问:企业申请高级认证企业时,海关是否要对所有的通用标准和单项标准进行认证?

答:《中华人民共和国海关注册登记和备案企业信用管理办法》(以下简称"《信用管理办法》")规定"高级认证企业应当同时符合通用标准和相应的单项标准"。新《标准》实施后,海关将根据通用标准和企业经营涉及的海关业务类型相应单项标准进行认证。单项标准目前包括加工贸易以及保税进出口业务、卫生检疫业务、动植物检疫业务、进出口食品业务、进出口商品检验业务、代理报关业务、快件运营业务、物流运输业务、跨境电子商务平台业务和外贸综合服务业务等 10 项海关不同类型的业务。

问:请问"遵守法律法规"标准中新增加的"经海关认定系企业自查发现并主动向海关报明"如何理解?

答:为更好体现海关宽严相济的执法理念,避免出现执法过程"一刀切"的情况,海关进一步优化"容错机制",鼓励企业自主发现差错并主动向海关报明,新《标准》对海关行政处罚决定书中注明"企业自查发现并主动向海关报明"的情形进行了明确:相关行政处罚不作为海关认定企业信用状况的记录。

问:我公司是 2019 年成立的,受疫情影响近几年财务状况一直不理想,资产负债率都超过了 95%,预计今年有所好转,能够降到 95% 以下,请问新《标准》要求"无连续 5 年资产负债率超过 95%",我公司的情况是否符合要求?是否可申请高级认证企业?

答:根据《信用管理办法》第十九条规定:海关对高级认证企业每 5 年复核一次。新《标准》对照这一条款,结合前期调研中企业反映的有关问题,对企业"资产负债率"的达标要求进行了调整优化,即,由"无连续 3 年资产负债率超过 95% 情形"调整至"无连续 5 年资产负债率超过 95% 情形",以进一步支持新设企业、新兴业态发展。结合贵公司的实际情况,只要今年的资产负债率不超过 95%,就符合"无连续 5 年资产负债率超过 95%"的规定。同时,如果你公司的 ERP 已与海关联网,可以直接提供资产负债表作为证明材料;也可以选择提交对 2022 年财务数据作出的审计报告作为证明材料。

问:经营场所安全对视频监控记录保存时限的规定是"应当满足企业自身供应链安全检查追溯的要求",能否详细解释一下?

答:AEO 制度旨在维护全球贸易安全与便利,在经营场所安全方面,重要敏感区域的视频监控就是一项十分重要贸易安全措施。新《标准》要求视频监控记录的保存时限满足企业自身供应链安全检查追溯的要求,以便在发现货物异常情况时,能够对货物的装卸情况进行检查追溯。

问：新《标准》对组织架构是否有要求？

答：新《标准》将企业内部组织架构的要求融入标准各要素中，如"企业的进出口业务、财务、贸易安全、内部审计等岗位职责分工明确"等要求在新《标准》中均有所体现。

问：新《标准》对进出口流程控制有何要求？

答：新《标准》在进出口流程控制方面仍有严格要求。如，在进出口单证方面，仍然保留单证复核纠错、单证保管等要求。同时，为坚决贯彻落实维护国门安全要求，新增了"禁止类产品合规审查"等内容。在信息系统方面，新《标准》内容更加契合企业发展实际，进一步强调了进出口活动主要环节在信息系统能够实现流程检索、跟踪，涉及的货物流、单证流、信息流能够相互印证。

问："报关单涉税要素申报不规范"标准如何执行？

答：据了解，海关总署相关司局正在结合企业调研情况制定相关认定标准，有望于近期对外发布。

问：新《标准》与原认证标准在财务标准要求上有何区别？

答：新《标准》对财务指标的优化进一步体现了对新兴业态发展的支持以及为企业减负增效，主要体现在四个方面：

一是将原认证标准中"带保留意见审计报告"从不达标调整为基本达标，让审计结论不再成为一票否决项；

二是给予企业选择权，将"提交会计师事务所出具审计报告"的统一要求，调整为企业可结合实际情况，在"提交会计师事务所审计报告"和"企业ERP与海关联网后的资产负债表"两者之中作出选择，提交一种即可；

三是将企业财务状况证明提交年度由连续提交3个会计年度统一为"上一会计年度"，既能客观真实反映企业当前财务状况，又同步实现了为企业减负；

四是对企业"资产负债率"的达标要求，由"无连续3年资产负债率超过95％情形"调整至"无连续5年资产负债率超过95％情形"，以进一步支持新设企业、新兴业态发展。

资料来源：http://www.customs.gov.cn/customs/302249/302270/302272/4675079/index.html。

第二节 《海关高级认证企业标准》（通用标准）

海关高级认证企业标准操作规范总体要求包括四个方面。

第一，通用标准和单项标准操作规范中涉及随机抽查的，对新申请高级认证企业，抽查最近一年内的记录,至少抽查1份(票、套);对复核的高级认证企业,抽查自成为高级认证企业或者最近一次复核后每一年的记录,每年至少抽查1份(票、套),通过随机抽查记录,判定企业是否按照制度文件有效执行,是否符合标准要求。

第二,本操作规范中,有多项标准需要抽查企业进出口货物、物品涉及的单证材料等历史记录(以下简称"历史记录")的,在对企业实施认证过程中,可以统筹考虑各项标准中对抽查历史记录的要求,合并抽查企业的历史记录,分别按照各项标准进行认证。合并抽查的企业历史记录,须能够满足对各项标准认证的要求;如果合并抽查的历史记录不能满足某一项或者多项标准认证要求的,应当按照本操作规范的要求,单独抽查企业的历史记录。

第三,认证过程中,不适用的项目应由认证人员根据企业类型、经营范围、实际经营情况、企业情况说明等综合判定。

第四,可视企业经营管理实际情况,留存企业提供的书面或电子的认证文书资料。

海关高级认证企业的通用标准,其内容框架可分为四大类十六条六十二项,其中,四大类包括内部控制标准、财务状况标准、守法规范标准和贸易安全标准。在内部控制标准类下,包含关企沟通联系合作、进出口单证、信息系统、内部审计和改进共计四条标准,在这四条标准下,有十二项具体标准;在财务状况标准类下,仅包含财务状况一条标准,在该条标准下有两项具体标准;在守法规范标准类下,又包含遵守法律法规、进出口记录、税款缴纳、管理要求、外部信用共计五条标准,在这五条标准下有十六项具体标准;在贸易安全标准类下,也包含经营场所安全、人员安全、货物和物品安全、运输工具安全、商业伙伴安全、海关业务和贸易安全培训等六条标准,在该六条标准下有三十二项具体标准。

一、关企沟通联系合作

第1项,建立并执行与海关沟通联系和合作的机制,指定高级管理人员负责关务。在发现异常、可疑的货物单据或者非法、可疑和不明货物涉及海关业务时,及时通知海关。

第2项,企业的进出口业务、财务、贸易安全、内部审计等岗位职责分工明确。

- **相关解读**

第1项

A. 检查文件

(1)企业与海关沟通联系和合作机制的书面文件,审核书面文件是否针对企业与海关沟通联系和合作明确了具体的人员职责、工作内容和工作流程等;了解企业高级管理人员的职责分工的书面文件,检查书面文件中是否明确指定某位高级管理人员负责关务。

(2)审核书面文件是否明确在发现异常、可疑的货物单据或者非法、可疑和不明货物涉及海关业务时,及时通知海关或者向海关主动披露等相关要求。上述要求是否有专门的负责部门或者岗位,涉及海关业务时是否有明确的处置流程,对未及时通知海关的情形是否进行监督检查以及责任追究。

B. 询问

(1) 与企业法定代表人（负责人）面谈，了解企业高级管理人员的姓名、职位、职责分工等相关情况。

(2) 与负责关务的高级管理人员面谈，详细了解其工作职责，是否与书面文件的规定相符。

(3) 与企业负责海关沟通联系和合作机制的人员面谈，了解负责与海关沟通联系和合作的具体部门（岗位）、人员及职责分工等。了解与海关沟通联系和合作机制情况，如沟通联系次数、合作事项及沟通效果等。

(4) 与关务人员或者具体接触货物或者单据流转的工作人员面谈，了解其在发现异常、可疑的货物单据或者非法、可疑和不明货物涉及海关业务时的具体处置方法以及通知海关的操作流程；了解以往是否发生过发现异常、可疑的货物单据或因非法、可疑、不明货物涉及海关业务的情况以及处置情况。

C. 实地查看

查看企业在发现异常、可疑的货物单据或者非法、可疑和不明货物涉及海关业务时的具体处置过程。

D. 随机抽查

企业与海关沟通联系和合作历史记录。

第2项

A. 建立书面文件并有效落实

企业组织架构图以及各部门（岗位）职责分工的书面文件。企业设置进出口业务、财务、贸易安全、内部审计等部门（岗位），各部门（岗位）的职责分工明确。

B. 内部组织架构情况

(1) 进出口业务、财务、贸易安全、内部审计等部门的具体职责分工、管理架构、岗位设置、业务开展情况。

(2) 进出口业务、财务、贸易安全、内部审计等部门（岗位）管理人员的姓名、职位、职责，工作人员及职责分工、人数等。

C. 配合海关认证人员实地查看

进出口业务、财务、贸易安全、内部审计部门（岗位）业务实际开展情况。

二、进出口单证

第3项，建立并执行进出口单证复核或者纠错制度，在申报前或者委托申报前有专门部门或者岗位人员对进出口单证的真实性、准确性、规范性和完整性进行内部复核。

第4项，建立并执行进出口单证保管制度，妥善保存海关要求保管的进出口单证以及与进出口直接相关的其他资料和海关核发的证书、法律文书等。

第5项，建立并执行禁止类产品合规审查制度。

第6项，建立企业认证的书面或者电子资料的专门档案。

● **相关解读**

第3项 建立并执行进出口单证复核或者纠错制度

A. 建立书面文件并有效落实

企业进出口单证复核或者纠错制度的书面文件,应有进出口单证复核或者纠错的规定,有责任部门(岗位)、工作流程、发现单证错误的处置及责任追究等内容。

B. 单证控制情况

(1) 负责进出口单证复核或者纠错的具体部门(岗位)、人员及职责分工、人数等。

(2) 企业进出口单证复核或者纠错制度的落实情况,具体工作流程,发现问题如何处置;是否有责任追究,如何落实。

(3) 进出口单证复核或者纠错制度的执行成效,如:对提升企业单证规范申报水平,降低报关单删改数量、减少报关差错、因报关单证填报差错被行政处罚次数等的影响,以及进出口单证复核或者纠错制度实施前后的情况比较。

C. 按照海关认证人员要求提供抽查记录:进出口单证复核或者纠错的工作记录

重新认证企业,自成为认证企业或者最近一次重新认证后每一年的工作记录。

企业进出口单证复核或者纠错制度具体实施情况,以及在实际业务中落实成效,应与企业制度规定相符,并符合本项标准要求。

D. 配合海关认证人员实地查看

企业进出口单证复核或者纠错制度在实际进出口业务操作中的执行情况,复核或者纠错的具体工作流程,发现问题、错误的处置流程。

第3项 在申报前或者委托申报前有专门部门或者岗位人员对进出口单证的真实性、准确性、规范性和完整性进行内部复核

在申报前或者委托申报前有专门部门或者岗位人员对进出口单证中的价格、归类、原产地、数量、品名、规格、境外收发货人、包装种类、货物存放地点、运输路线、储存条件、拆检注意事项、标签标志等内容的真实性、准确性、规范性和完整性进行内部复核。

A. 单证控制情况

(1) 进出口单证复核纠错的流程。

(2) 针对以下内容的复核操作情况:

价格重点审核项目:合同、发票、收付汇凭证等商业单证中涉及成交价格的构成和调整项目的内容,并确认是否存在应税特许权使用费。买卖双方是否存在特殊关系,是否影响成交价格。

归类重点审核项目:向海关申报的货物是否为税则、税则品目注释、本国子目注释、归类决定、归类行政裁定列名。

原产地重点审核项目:原产地证明文件(包括原产地证书和原产地自主声明等)等。涉及出入境特殊物品的,审核出入境特殊物品卫生检疫审批单中的储存条件及拆检注意事项。

涉及进口食品的,审核外方提供的标签标志的样章格式内容是否符合我国法律法规和标准要求,与实际进口货物的标签标志是否一致。

(3) 复核纠错时发现错漏的处理措施,存在争议时的处理措施。

(4) 保障复核纠错的质量所采取的具体措施。

(5) 是否发生过因单证错误导致报关差错或被海关处罚的情形,如有,具体情形及提升复核纠错质量所采取的具体措施。

B. 按照海关认证人员要求提供抽查记录:企业进出口单证的复核记录

重新认证企业,自成为认证企业或者最近一次重新认证后每一年的记录。

企业对单证复核应与企业制度规定相符,管理措施应有效实施。

C. 配合海关认证人员实地查看:企业进行上述单证复核纠错的操作流程

第3项对于实施许可证管理或者输华官方证书管理的企业,认证以上内容,否则不适用本项标准。

第4项 建立并执行进出口单证保管制度

A. 建立以下书面文件并有效落实

企业进出口单证管理制度的书面文件,应有关于进出口单证归档时限、归档要求、归档流程、归档复核等内容,以实现对进出口单证归档信息及时性、完整性、准确性和安全性的要求。

B. 单证保管情况

(1) 企业关于进出口单证归档的管理规定,进出口单证归档负责部门(岗位),归档工作流程,对进出口单证归档要求,归档时限,负责归档文件保存、管理的部门。

(2) 企业负责保管进出口单证以及其他有关资料的具体部门(岗位)、人员及职责分工、人数等。

(3) 企业进出口单证存档管理的工作流程,存放的具体地点,存放保管方式,存放地点的安全性,必要的防火、防水、防盗等设备、设施,执行效果。

C. 按照海关认证人员要求提供抽查记录

企业归档保管的进出口单证资料。

重新认证企业,自成为认证企业或者最近一次重新认证后每一年的进出口单证资料。企业进出口单证归档、保管情况应与企业制度规定相符,并符合本项标准要求。

D. 配合海关认证人员实地查看

企业进出口单证归档的具体做法和工作流程,单证保管场所情况,保障场所安全的必要设施的配备情况和实际运行、使用情况,进出口单证归档资料的保管情况。

第5项

A. 检查文件

企业进出口禁止类产品合规审查制度的书面文件。检查企业是否有禁止类产品合规审查的规定,是否有责任部门(岗位)、工作流程、对发现禁止类产品进出口情况的处置及责任追究等内容。

B. 询问

(1) 与关务负责人或者工作人员面谈,了解负责禁止类产品合规审查的具体部门(岗位)、人员及职责分工、人数等。

(2) 与采购或者销售部门负责人面谈,了解企业在采购或者销售的哪个环节开展禁止类产品的合规审查,是否建立了禁止类产品清单目录,以及审查的依据,是否能够在向海关申报前发现问题,是否有专业的人员对禁止类产品进行甄别,合规审查具体工作流程,发现问题如何处置。

(3) 与关务负责人或者工作人员面谈,了解禁止类产品合规审查的执行成效如何,是否发现过禁止类产品进出口的情况,并了解处置情况。

C. 实地查看

企业禁止类产品合规审查制度在实际进出口业务操作中如何执行,合规审查具体工作流程,发现问题、错误的处置流程。

D. 随机抽查

企业执行禁止类产品合规审查的记录。

第 6 项

A. 建立以下书面文件并有效落实

企业认证专门档案制度的书面文件,应有企业认证专门档案的有关管理内容,明确负责档案建立的部门(岗位)、人员及职责。

B. 单证保管情况

(1) 负责企业认证工作的部门(岗位)、人员以及职责分工。

(2) 关务高级管理人员自身参与企业认证事宜的相关工作开展情况。

(3) 参与企业认证工作的部门(岗位),各部门(岗位)参与企业认证工作的人员、职务以及工作职责等情况。

(4) 负责企业认证工作的部门(岗位)工作开展情况。

(5) 根据实际经营管理情况、海关规范改进要求、《海关高级认证企业标准》等,更新企业认证档案的情况。

C. 按照海关认证人员要求提供抽查记录

企业认证书面或者电子资料档案应当有目录清单。

企业认证的书面或者电子资料以外文记录的,应当提供符合海关要求的简体中文译本。

新申请认证企业,为申请认证准备的认证档案。

重新认证企业,自成为认证企业或者最近一次重新认证后每一年的企业认证档案。企业认证档案建立和保管以及更新情况,应与企业制度规定相符,并符合本项标准要求。

三、信息系统

第 7 项,建立有效管理企业生产经营、进出口活动、财务数据等的信息系统,进出口活动主要环节在系统中能够实现流程检索、跟踪,涉及的货物流、单证流、信息流能够相互印证。

第 8 项,生产经营数据以及与进出口活动有关的数据及时、准确、完整、规范录入系统。系统数据自进出口货物办结海关手续之日起保存 3 年以上。

第 9 项,建立并执行信息安全管理制度,包括防火墙、密码等保护信息系统免受未经授权的访问,以及防止信息丢失的程序和备份功能,并对违反信息安全管理制度造成损害的行为予以责任追究。

● **相关解读**

第7项

A. 建立书面文件并有效落实

信息系统手册和企业信息化系统应能够实现对生产经营活动全过程管理。

B. 信息系统情况

（1）企业所具备的管理生产经营活动的信息化系统情况，信息化系统名称、上线使用时间，信息化系统的主要功能模块。是否能实现对企业生产经营活动全覆盖；如果未全覆盖，没有实现信息化系统管理的具体生产经营活动。

（2）关务、采购、生产、物流、仓储、财务等部门负责人或者岗位员工应配合认证人员了解关务、采购、生产、物流、仓储、财务等部门应用信息化系统的情况，应用信息化系统的具体功能，包括对各部门全部生产经营活动进行管理和记录，实现进出口货物信息在企业信息化系统全流程记录、留痕、追溯、检索，信息化系统日常运行维护情况。

C. 配合海关认证人员实地查看

配合海关认证人员登录信息化系统，对信息化系统管理的企业生产经营活动及具体管理方式进行演示。确保企业生产经营活动通过信息化系统实现管理。确保信息化系统对企业生产经营活动实现管理的全覆盖，包括企业生产采购、仓储、生产过程、进出口等生产经营信息，财务信息，物流信息等。任意选取企业进出口货物，正向及反向追溯、检索，该进出口货物在企业信息化系统中各个环节信息的记录和流转情况。

第8项

A. 建立以下书面文件并有效落实：企业生产经营数据管理的书面文件。应明确数据管理部门（岗位），数据容灾备份，数据安全管理，数据录入、存储和异常处理，档案资料保管等内容。

B. 数据管理情况

（1）企业数据管理的部门（岗位）、人员及职责分工。

（2）配合海关认证人员了解对企业数据进行容灾备份的情况，备份数据存储情况。其他确保数据安全的措施，例如授权管理、数据分级管理和使用等。数据管理制度落实情况和成效。

C. 配合海关认证人员实地查看

（1）企业数据录入等操作。确保系统数据保存年限符合海关管理要求。

（2）企业数据保存的机房，确保具备必要的防火、防水、防盗等设备、设施，可以阻止非授权人员进入和非法闯入、破坏。

第9项 建立并执行信息安全管理制度

A. 建立以下书面文件并有效落实

企业信息安全管理制度的书面文件。应明确信息安全管理部门（岗位）、信息安全责任、安全管理要求、信息系统日常运维保障、应急处置、系统定期更新、档案资料保管等内容。

B. 信息安全情况

（1）负责信息安全管理的具体部门（岗位）、人员、人数以及职责分工等。

（2）配合海关认证人员了解信息安全职责、企业保障信息系统和数据的安全的具体措施。

（3）过往是否发生过信息系统非连续、非正常运行等情况，如有，应明确具体原因以及处置情况。

（4）应由使用信息系统的员工现场配合认证人员了解其对信息安全管理相关制度的掌握情况及执行情况。

C. 按照海关认证人员要求提供抽查记录

企业过往发生信息安全事故或者系统故障的应急处置工作记录。

重新认证企业，企业自成为认证企业或者最近一次重新认证后，每一年的处置记录。

企业对信息安全落实情况应与企业制度规定相符，以及符合本项标准要求。

D. 配合海关认证人员实地查看

信息安全管理的负责人或者岗位人员演示，企业在保障信息安全方面采取的措施以及措施的实施成效。

第9项 对违反信息安全管理制度造成损害的行为予以责任追究

A. 建立以下书面文件并有效落实

信息安全管理制度的书面文件。应明确责任追究部门（岗位）、工作职责，管理要求，责任追究的内容、方式、如何实施，档案资料保管等内容。

B. 信息安全情况

（1）企业过往是否发生过违反信息安全造成损害的行为，如有，具体情形以及处置情况。

（2）是否能够发现和防止非法入侵和篡改数据，过往是否发现有企业信息化系统被非法侵入或者篡改数据的情事，如有，具体情形以及处置情况。

C. 按照海关认证人员要求提供抽查记录

企业对违反信息安全管理制度造成损害行为予以责任追究的相关记录。

重新认证企业，企业自成为认证企业或者最近一次重新认证后，每一年的记录。

企业信息安全责任追究应有效落实，并符合标准要求。

四、内部审计和改进

第10项，建立并执行对进出口活动的内部审计制度。

第11项，每年实施进出口活动及持续符合高级认证企业标准的内部审计，完整记录内部审计过程和结果。

第12项，建立并执行对进出口活动中已发现问题的改进机制和违法行为的责任追究机制。发现有不符合海关企业认证标准事项导致企业无法持续符合高级认证企业标准的，应当主动及时向海关报告。对海关要求的改正或者规范改进等事项,应当由法定代表人(负责人)或者负责关务的高级管理人员组织实施。

● **相关解读**

第 10 项

A. 建立以下书面文件并有效落实：企业内部审计制度的书面文件。应有对进出口活动实施内部审计的内容,应明确审计部门、每年审计次数、审计时间、审计程序、审计内容、引入外部审计、各部门配合、审计发现问题的规范改进以及改进后评估等内容。

B. 内部审计情况

(1) 企业负责进出口活动内部审计的部门(岗位)、人员、人数及职责分工等。

(2) 企业每年开展内部审计的方案、次数、审计时间、一次内审用时。

(3) 审计涉及企业进出口业务范围,实施内部审计对进出口合规管理的帮助、提升。

(4) 最近一次内部审计情况,发现进出口活动存在的具体问题或者不足,以及规范改进情况。

(5) 聘请外部专职人员独立对进出口活动实施内部审计的,由负责对接外聘审计的人员介绍企业审计的具体情况：人数、资质、审计时间、方式、范围,审计发现问题,发现问题的规范改进情况及费用等。

(6) 配合海关认证人员了解内审制度的执行情况及执行效果。如：一般贸易是否按照进出口商品规范申报目录要求进行申报,涉及税收要素、许可证及监管证件、知识产权、特许权使用费、运保费等是否按照规定申报,是否按照规定委托或者接受委托申报等;加工贸易是否按照规定办理备案、核销、处置保税货物、残次品、边角料等;保税物流是否按照规定进行仓储、运输等;减免税货物是否按照海关规定使用或进行处置,抵押、移作他用等是否经海关批准;涉及卫生检疫、动植物检疫、进出口食品、法检商品等进出口活动的,是否按照规定管理等。

(7) 配合海关认证人员了解其配合内部审计所做的工作,审计发现问题或者不足后,相关部门规范改进情况,后续审计评估情况。

第 11 项 每年实施进出口活动及持续符合高级认证企业标准的内部审计,完整记录内部审计过程和结果。

对于高级认证企业重新认证的,认证以下内容,否则不适用本项标准。

A. 内部审计情况

(1) 企业对持续符合海关高级认证企业标准实施内部审计的情况：对企业持续符合海关高级认证企业标准实施内部审计的频次,就持续符合认证标准的内审制定的审计方案、组建审计团队及内部分工,内审的时间、方式、范围,完成一次内审活动的时间等。

(2) 企业各部门(包括内审部门、关务部门等)参加海关认证培训和认证辅导(包括参加总署、直属海关、隶属海关组织的)的情况等。

(3) 配合海关认证人员了解其对海关高级认证标准的正确理解和有效落实的情况。

(4) 企业负责持续符合高级认证企业标准实施内部审计的人员情况及职责分工等。

(5) 对本企业适用的海关认证企业标准内容的了解和掌握情况。

(6) 聘请外部专职人员独立开展持续符合标准内部审计的,由负责对接外聘审计的人员现场配合认证人员了解审计的具体情况,包括外审机构名称、资质,外审人员人数、资质等。

(7) 内审的效果:发现企业存在不符合或者部分符合认证标准的具体情形、涉及企业的具体部门和具体业务。规范改进的措施或者方案、具体规范改进的实施情况。规范改进后续评估的情况。

(8) 配合海关认证人员了解其配合内部审计所做的工作。对审计发现问题制定、落实规范改进措施的情况,规范改进成效,配合进行后续评估的情况。

B. 按照海关认证人员要求提供抽查记录

提供自成为高级认证企业或者最近一次重新认证后,每一年对持续符合海关高级认证企业标准的内部审计档案:包括内审方案、计划,内审团队及职责分工,聘请的外部审计机构、外审人员及职责分工,内审工作底稿、审计发现问题及规范改进情况,规范改进后企业自我评估情况等。

企业对持续符合海关高级认证企业标准的内部审计应与企业制度规定相符,并符合本项标准要求。

第12项建立并执行对进出口活动中已发现问题的改进机制和违法行为的责任追究机制

A. 建立以下书面文件并有效落实

改进机制和责任追究机制的书面文件。应包括对进出口活动中已发现问题的改进和违法行为责任追究的内容,责任部门、岗位设置、岗位要求、工作流程,改进、责任追究方式和落实、评估等内容。

B. 改进和责任追究机制情况

(1) 企业对进出口活动中存在的问题、过往内部审计对进出口活动中已发现的问题进行分析,查找原因,制定规范改进方案或者措施情况,以及改进方案或者措施的实施结果。

(2) 企业过往发生的具体违法行为,以及对与违法行为有关的责任人员进行责任追究的情况。

(3) 配合海关认证人员了解问题改进和责任追究具体实施情况,以及有关成效。

C. 按照海关认证人员要求提供抽查记录

(1) 企业发现问题、原因分析、实施问题改进的工作记录。

重新认证企业,企业自成为认证企业或者最近一次重新认证后,每一年的工作记录。

企业改进机制应有效落实,落实情况应与企业制度规定相符,并符合标准要求。

(2) 企业对违法行为相关责任人员实施责任追究的工作记录。

重新认证企业,企业自成为认证企业或者最近一次重新认证后,每一年的工作记录。

海关要求事项的改正或者规范改进应由企业法定代表人(负责人)或者负责关务的高级管理人员组织实施,落实情况应与企业制度规定相符,改正或者规范改进应达到海关要求,以及符合本项标准的要求。

五、财务状况

第 13 项,企业应当提供财务状况相关证明,可选择以下任一方式:提供会计师事务所审计报告;企业的 ERP 系统已与海关对接的,提供资产负债表。

第 14 项,无连续 5 年资产负债率超过 95% 情形。

- **相关解读**

A. 企业提供会计师事务所审计报告的
(1) 上年度审计报告为无保留意见且无连续 5 年资产负债率超过 95% 情形的,该项标准为达标;
(2) 上年度审计报告为带保留意见且无连续 5 年资产负债率超过 95% 情形的,该项标准为基本达标;
(3) 上年度审计报告为否定意见,或者连续 5 年资产负债率超过 95% 情形的,该项标准为不达标。

B. 企业的 ERP 系统已与海关对接且提供资产负债表的,企业无连续 5 年资产负债率超过 95% 情形,该项标准为达标

资产负债率=负债总额/资产总额。负债总额、资产总额以资产负债表的期末值为准。

六、遵守法律法规

第 15 项,企业法定代表人、主要负责人、财务负责人、关务负责人 1 年内未因故意犯罪受过刑事处罚。

第 16 项,1 年内无因违反海关的监管规定被海关行政处罚金额超过 5 万元的行为。

第 17 项,1 年内因违反海关的监管规定被海关行政处罚金额累计不超过 10 万元,且违法次数不超过 5 次或者违法次数不超过上年度报关单、进出境备案清单、进出境运输工具舱单等单证总票数千分之一。

第 18 项,1 年内无因进口禁止进境的固体废物违反海关监管规定被海关行政处罚的情形。

上述第 16 项、第 17 项所列行为经海关认定系企业自查发现并主动向海关报明的,比照《中华人民共和国海关注册登记和备案企业信用管理办法》第三十七条第四款执行。(企业主动披露且被海关处以警告或者海关总署规定数额以下罚款的行为,不作为海关认定企业信用状况的记录。)

- **相关解读**

第 15 项
企业可以向海关提供以下任一证明材料:
(1) 公安机关出具的无犯罪记录证明;

(2) 政府部门认可的机构所出具的相关证明材料；

(3) 企业相关人员本人出具的由企业加盖公章并承担法律责任的自我声明。

第16项、第17项和第18项，由海关认定。企业应当配合海关了解相关情况。企业对海关认定有异议的，可以向海关说明情况，并提供相关证明材料。

七、进出口记录

第19项，1年内有进出口活动或者为进出口活动提供相关服务。

- **相关解读**

由海关认定。企业应当配合海关了解相关情况。企业对海关认定有异议的，可以向海关说明情况，并提供相关证明材料。

八、税款缴纳

第20项，认证期间，没有超过法定期限尚未缴纳海关要求缴纳的税款（包括滞纳金）、罚款（包括加处罚款）的情形。

- **相关解读**

由海关认定。企业应当配合海关了解相关情况。企业对海关认定有异议的，可以向海关说明情况，并提供相关证明材料。

九、管理要求

1年内企业无以下情形：

第21项，向海关人员行贿。

第22项，向海关提供虚假情况或者隐瞒事实。

第23项，拒不配合海关执法。

第24项，转移、隐匿、篡改、毁弃报关单等进出口单证以及与进出口直接相关的其他资料。

第25项，拒绝、拖延向海关提供账簿、单证或海关归类、价格、原产地、减免税核查所需资料等有关材料。

第26项，被海关责令限期改正，但逾期不改正。

第27项，由海关要求承担技术处理、退运、销毁等义务，但逾期不履行。

第28项，报关单涉税要素申报不规范。

第29项，涉及危险品等海关重点关注的高风险商品伪瞒报、夹藏夹带被查发。

- **相关解读**

由海关认定。企业应当配合海关了解相关情况。企业对海关认定有异议的，可以向海关说明情况,并提供相关证明材料。

十、外部信用

第 30 项,企业和企业法定代表人、主要负责人、财务负责人、关务负责人 1 年内未被列入国家失信联合惩戒名单。

- **相关解读**

由海关认定。企业应当配合海关了解相关情况。企业对海关认定有异议的,可以向海关说明情况,并提供相关证明材料。

十一、经营场所安全

企业经营场所应当具有相应设施防止未载明货物和未经许可人员进入。根据企业经营特点和风险防范需要落实以下措施:

第 31 项,建立并执行企业经营场所安全的管理制度。

第 32 项,建筑物的建造方式能够防止非法闯入,定期对建筑物进行检查和修缮,保证其完整性、安全性。

第 33 项,使用锁闭装置或者采取进出监控以及指纹、人脸识别等进出控制措施保护所有内外部窗户、大门和围墙的安全,实行钥匙发放与回收的登记管理或者进出权限的授予与取消管理。

第 34 项,企业经营场所必须有充足的照明,包括以下重要敏感区域:出入口,货物、物品装卸和仓储区域,围墙周边及停车场/停车区域等。

第 35 项,车辆、人员进出企业的出入口配备人员驻守。仅允许经正确识别和授权的人员、车辆和货物进出。

第 36 项,对单证存放区域和货物、物品装卸、仓储区域等实施受控进入管理,明确标识受控区域。对未经授权或者身份不明人员有质疑和报告的程序。

第 37 项,企业经营场所的重要敏感区域装有视频监控系统,视频监控记录保存时限应当满足企业自身供应链安全检查追溯的要求。

- **相关解读**

第 31 项

A. 建立以下书面文件并有效落实

企业经营场所安全管理制度的书面文件,明确场所安全负责部门(岗位)、工作职责、管理要求、应急处置、档案资料保管等内容。

B. 场所安全情况

(1) 负责企业经营场所安全管理的责任部门(岗位)。

(2) 配合海关认证人员了解其岗位职责及日常工作情况。

第 32 项

A. 场所安全情况

(1) 负责企业经营场所的建筑结构(含建筑物、门窗、围墙等)的检查和修缮的责任部门(岗位)。

(2) 对建筑结构的日常检查情况。

(3) 发现建筑结构出现问题的处置要求,过往发生的实际处置情况(若有)以及处置结果。

B. 按照海关认证人员要求提供抽查记录

(1) 企业对建筑结构的检查和修缮记录。

(2) 重新认证企业,抽查自成为认证企业或者最近一次重新认证后每一年的记录。

(3) 企业对建筑结构进行检查和修缮管理情况应与企业制度规定相符,并符合本项标准要求。

C. 配合海关认证人员实地查看

(1) 企业建筑结构有效防止非法闯入的情况。

(2) 围墙的高度满足不易攀爬的要求的情况。对无实体围墙或不易防止非法闯入的围墙,企业采取的防护手段或者加装安防设备的情况。

第 33 项

A. 建立以下书面文件并有效落实

锁闭装置及钥匙管理的书面文件,明确责任部门(岗位)、工作职责、管理要求、应急处置、日常巡检维护、档案资料保管等内容。

B. 场所安全情况

(1) 负责锁闭装置及钥匙管理的责任部门(岗位)。

(2) 锁闭装置的日常检查及异常处置。

(3) 钥匙的发放、回收情况。

C. 按照海关认证人员要求提供抽查记录

(1) 企业钥匙发放、回收的记录。

(2) 重新认证企业,抽查自成为认证企业或者最近一次重新认证后每一年的记录。

(3) 企业对钥匙发放回收管理情况应与企业制度规定相符,并符合本项标准要求。

D. 配合海关认证人员实地查看

(1) 内外窗户、大门的锁闭装置分布及使用情况。对特殊原因未能安装锁闭装置的大门采取必要防护手段的情况。

(2) 钥匙保管的实际情况。

第 34 项

A. 场所安全情况

(1) 照明管控岗位人员情况。

(2) 结合企业照明分布图,介绍出入口、货物、物品装卸和仓储区,围墙周边及停车场/

停车区域等配备照明情况。

(3) 照明设施的日常检查情况。

(4) 发现照明出现问题的处置要求,过往发生的实际处置情况(若有)以及处置结果。

B. 按照海关认证人员要求提供抽查记录

(1) 企业经营场所照明设施的检查和维修记录。

(2) 重新认证企业,抽查自成为认证企业或者最近一次重新认证后每一年的记录。

(3) 企业对经营场所照明设施检查和维修管理情况应与企业制度规定相符,并符合本项标准要求。

C. 配合海关认证人员实地查看

(1) 出入口,货物、物品装卸和仓储区,围墙周边及停车场/停车区域等配备照明设施的情况。

(2) 防止非授权人员控制照明设备的情况。

(3) 调取视频监控,查看重点区域夜间照明情况。

第 35 项

A. 建立以下书面文件并有效落实

企业车辆、人员出入管理的书面文件,明确进入安全责任部门(岗位)、工作职责、管理要求、应急处置、档案资料保管等内容。

B. 场所安全情况

(1) 企业出入口数量和配备人员驻守的情况。

(2) 驻守人员的数量和轮班情况。

(3) 驻守人员的工作内容和出入管理流程。

C. 按照海关认证人员要求提供抽查记录

(1) 企业车辆、人员进出登记记录。

(2) 重新认证企业,抽查自成为认证企业或者最近一次重新认证后每一年的记录。

(3) 企业对车辆、人员出入管理情况应与企业制度规定相符,并符合本项标准要求。

D. 配合海关认证人员实地查看

(1) 企业所有出入口配备人员驻守的情况。

(2) 车辆、人员进出的管理情况。

(3) 调取监控录像,查看出入口管理情况。

第 36 项

A. 建立以下书面文件并有效落实

员工出入管理的书面文件,明确责任部门(岗位)、工作职责、管理要求、应急处置、档案资料保管等内容。

B. 进入安全情况

(1) 负责员工身份标识、出入权限控制的责任部门(岗位)、人员、人数及职责等。

(2) 进行员工识别的方式,发生未佩戴员工身份标识或无法识别等异常情况时的处置措施。

(3) 进行员工出入权限控制的方式,发生员工擅自进入敏感区域等异常情况时的处置措施。

(4) 员工身份标识发放和回收的方式,发生员工身份标识遗失、损坏等异常情况时的处置措施。

C. 按照海关认证人员要求提供抽查记录

企业记录员工身份标识的发放、更换、补发、回收记录。

记录可以为纸本文档、系统记录等。

重新认证企业,抽查自成为认证企业或者最近一次重新认证后每一年的记录。

企业员工出入管理情况应与企业制度规定相符,以及符合本项标准要求。

D. 配合海关认证人员实地查看

(1) 身份识别应当有员工的姓名、所在部门、照片等信息或者采取技术手段自动识别。

(2) 员工进入敏感区域出入权限控制的实际执行情况。

(3) 员工的车辆进入企业应当停放在指定区域。

第 37 项

A. 建立以下书面文件并有效落实

视频监控管理的书面文件,明确视频监控责任部门(岗位)、工作职责、管理要求、应急处置、日常巡检维护、视频资料保管等内容。

B. 场所安全情况

(1) 负责视频监控的责任部门(岗位)。

(2) 结合视频监控分布图,介绍出入口,货物、物品装卸和仓储区,围墙周边及停车场/停车区域等配备视频监控设备的情况。

(3) 对视频进行实时监控、抽查回看的情况。

(4) 对视频监控设备的日常检查情况。

(5) 发现视频监控设备出现问题的处置要求,过往发生的实际处置情况(若有)以及处置结果。

C. 按照海关认证人员要求提供抽查记录

(1) 企业视频监控记录。

(2) 企业对视频监控的管理情况应与企业制度规定相符,并符合本项标准要求。

D. 配合海关认证人员实地查看

(1) 出入口,货物、物品装卸和仓储区,围墙周边及停车场/停车区域等视频监控设备装配情况。

(2) 视频监控设备正常使用情况。

(3) 视频监控摄像头的数量、监控角度满足贸易安全要求的情况。

(4) 出入口,货物、物品装卸和仓储区,围墙周边及停车场/停车区域等视频监控记录的存储时间至少 60 日。

十二、人员安全

第38项,建立并执行员工入职、离职等管理制度。实行员工档案管理,具有动态的员工清单。

第39项,招聘新员工时应当进行违法记录调查。对在安全敏感岗位工作的员工应当进行定期或者有原因的背景调查。

第40项,对企业员工进行身份识别,要求所有员工携带企业发放的身份标识,对离职员工及时取消身份识别、经营场所和信息系统访问的授权。

第41项,实行访客进出登记管理,登记时必须检查带有照片的身份证件或者进行人脸识别登记。访客进入企业经营场所应当佩戴临时身份标识,进入企业受控区域应当有企业内部人员陪同。

● **相关解读**

第38项

A. 建立以下书面文件并有效落实

员工入职、离职、停职等管理制度的书面文件,明确员工入职、离职、停职责任部门(岗位)、工作职责、管理要求、应急处置、档案资料保管等内容。

B. 人员安全情况

(1) 负责员工入职、离职、停职等管理的责任部门(岗位)。

(2) 配合海关认证人员了解其岗位职责及日常工作情况。

第39项

A. 建立以下书面文件并有效落实

聘用员工的书面文件,明确员工聘用管理责任部门(岗位)、工作职责、管理要求、档案资料保管等内容。

B. 人员安全情况

(1) 在聘用员工前,核实应聘人员的身份、就业经历等信息的具体方式及核实结果。

(2) 对拟聘用人员进行违法记录调查相关情况,是否调查、调查方式及调查结果等。

(3) 过往核实、调查后未聘用的情况。

(4) 员工在职期间的违法情况,以及对出现违法情况员工的处理方式。

C. 按照海关认证人员要求提供抽查记录

(1) 企业员工入职档案。

(2) 重新认证企业,抽查自成为认证企业或者最近一次重新认证后每一年的档案。

(3) 企业对新入职员工实施聘用前核实、调查工作应与企业制度规定相符,并符合本项标准要求。

第40项

A. 建立以下书面文件并有效落实

员工离职、停职的书面文件,明确员工离职、停职管理责任部门(岗位)、工作职责、管理要求、档案资料保管等内容。

B. 人员安全情况

(1) 办理离职、停职的具体手续。

(2) 对离职、停职员工的身份标识、工作证件的处置措施。

(3) 员工离职、停职后出入管理的具体要求。

C. 按照海关认证人员要求提供抽查记录

(1) 企业员工离职的档案材料。

(2) 重新认证企业，抽查自成为认证企业或者最近一次重新认证后每一年的档案材料。

(3) 企业对离职员工办理手续应与企业制度规定相符，并符合本项标准要求。

D. 企业离职员工的信息系统注销权限的记录

(1) 重新认证企业，抽查自成为认证企业或者最近一次重新认证后每一年的记录。

(2) 企业对离职员工信息系统注销权限管理应与企业制度规定相符，并符合本项标准要求。

E. 配合海关认证人员实地查看

离职、停职员工的出入管理情况。

第41项

A. 建立以下书面文件并有效落实

对访客登记管理的书面文件，明确责任部门（岗位）、工作职责、管理要求、应急处置、档案资料保管等内容。

B. 进入安全情况

(1) 负责访客登记管理的责任部门（岗位）、人员、人数以及职责分工。

(2) 访客登记的方式，发现访客未能提供带有照片的身份证件等异常情况时的处理措施。

(3) 访客登记记录的保存方式、保存期限等保存情况。

(4) 对访客登记执行情况的监督、抽查情况。

(5) 访客进入企业重点敏感区域的相关要求。

(6) 允许进入企业生产经营场所的访客车辆的登记、停放。

C. 按照海关认证人员要求提供抽查记录

(1) 企业访客出入登记记录。应包括访客姓名、身份证件类型、来访时间、离开时间等信息。

(2) 企业访客临时身份标识发放与回收记录。

(3) 企业访客车辆的登记记录。应包含车辆号码、来访时间、离开时间等信息。

(4) 记录可以为纸本文档、电子文档、系统记录等。

(5) 重新认证企业，抽查自成为认证企业或者最近一次重新认证后每一年的记录。

(6) 企业员工访客登记管理情况应与企业制度规定相符，并符合本项标准要求。

D. 配合海关认证人员实地查看

(1) 访客登记的实际执行情况：包括检查证件、登记、通知内部人员、发放临时身份标识、回收临时身份标识等。

（2）经营场所内没有访客未佩戴临时身份标识或者无内部人员陪同的情况。

（3）访客车辆进入企业的登记情况，查看访客车辆停放区域。

（4）调取过往监控记录查看访客、访客车辆出入的过程。

十三、货物、物品安全

本标准所称集装箱包括海运集装箱、空运集装器和在火车、卡车、飞机、轮船和任何其他运输工具上的用于装运进出口货物、进出境物品的可移动装置和厢式货车。

第42项，建立并执行保证进出口货物、进出境物品在运输、装卸和存储过程中的完整性、安全性的管理制度。

第43项，在装货前检查集装箱结构的物理完整性和可靠性，包括门的锁闭系统的可靠性，并做好相关登记。检查采取"七点检查法"（即对集装箱按照以下部位进行检查：前壁、左侧、右侧、地板、顶部、内/外门、外部/起落架）。

第44项，确保企业及其在供应链中负有封条责任的商业伙伴建立并执行施加和检验封条的书面制度和程序，封条有专人管理、登记，已装货集装箱使用的封条符合或者超出现行PAS ISO 17712高度安全封条标准。

第45项，确保企业保管的货物、物品和集装箱存放在安全的区域，防止未经授权的人员接触货物、物品。

第46项，在货物被装运或者接收前对装运或者接收货物运输工具的驾驶人员进行身份核实。

第47项，运抵的货物、物品要与货物、物品单证的信息相符，核实货物、物品的重量、标签、件数或者箱数，离岸的货物、物品要与购货订单或者装运订单上的内容进行核实，在货物、物品关键交接环节有保护制度，实施签名、盖章或者其他确认措施。

第48项，在出现货物和物品溢、短装，法检商品安全、卫生、环保等指标不合格或者其他异常现象时要及时报告或者采取其他应对措施。

第49项，生产型企业对出口货物、物品实施专人监装并保存相关记录；非生产型企业要求建立管理制度确保出口货物、物品安全装运。

- **相关解读**

第42项

A. 建立以下书面文件并有效落实

进出口货物、进出境物品的运输、装卸和存储等环节管理制度的书面文件，明确货物物品安全管理责任部门（岗位）、工作职责、管理要求、档案资料保管等内容。

B. 货物、物品安全情况

（1）负责货物、物品运输、装卸和存储等环节的责任部门（岗位）。

（2）配合海关认证人员了解其岗位职责及日常工作情况。

(3) 企业货物、物品的进、出口全流程。

(4) 货物、物品的运输、装卸、存储等环节的要求。

C. 配合海关认证人员实地查看

企业货物、物品的运输、装卸和存储等环节由商业伙伴完成的,企业应配合海关认证人员对其商业伙伴进行延伸认证。

第 43 项

A. 建立以下书面文件并有效落实

集装箱检查的书面文件,明确集装箱安全责任部门(岗位)、工作职责、管理要求、档案资料保管等内容。

B. 集装箱安全情况

(1) 负责集装箱检查的责任部门(岗位)。

(2) 集装箱检查的环节、具体流程、检查重点。

(3) 集装箱检查人员接受专业培训的情况,对检查目的的了解情况,对相关技能的掌握情况。

(4) 发现集装箱结构不完整或者有可疑、改装现象的处置要求,过往发生的实际处置情况(若有)以及处置结果。

C. 按照海关认证人员要求提供抽查记录

(1) 集装箱检查记录。应包括集装箱号码、封条号码、七点检查结果、检查人员、日期及时间等。

(2) 集装箱结构不完整或者有可疑、改装现象的处置记录。

(3) 重新认证企业,抽查自成为认证企业或者最近一次重新认证后每一年的记录。

(4) 企业对集装箱的管理应与企业制度规定相符,并符合本项标准要求。

D. 配合海关认证人员实地查看:集装箱检查的具体执行情况

第 44 项

A. 建立以下书面文件并有效落实

封条管理的书面文件,明确封条管理责任部门(岗位)、工作职责、管理要求、档案资料保管等内容。

B. 封条安全情况

(1) 负责封条管理的责任部门(岗位)。

(2) 封条的来源,以及对所使用的封条符合或者超出现行 PAS ISO 17712 对高度安全封条标准的确认情况。

(3) 施加封条的环节。对直接出口的已装货集装箱,在出厂前施加封条的情况;对需要转移至其他场所进行装箱出口的,在运输途中采取施加锁闭装置的方式确保货物安全以及装货完毕后施加封条的情况。对使用进出境厢式货车的,全程施加封条的情况。

(4) 施加封条的程序。包括施封前后的检查和记录程序。

(5) 发现封条出现异常的处理程序,过往发生的实际处置情况(若有)以及处置结果。

(6) 封条的购买、保存、领用、作废等专人管理及登记的情况。

C. 按照海关认证人员要求提供抽查记录

（1）封条的登记、领用记录。应包括申请封条的日期和时间、封条号码、集装箱号码、发货目的地、申请封条的员工姓名等。

（2）施加封条记录。

（3）过往发生的封条异常的处置记录。

（4）重新认证企业，抽查自成为认证企业或者最近一次重新认证后每一年的记录。

（5）企业对集装箱封条检查管理应与企业制度规定相符，并符合本项标准要求。

D. 配合海关认证人员实地查看

（1）企业使用的封条，封条标准的证明文件。对企业使用物流公司或者货代提供的封条的，查看企业要求物流公司或者货代提供符合 PAS ISO 17712 标准的高度安全封条的书面资料。

（2）施封的具体执行情况。

（3）封条的保管情况。

第 45 项

A. 建立以下书面文件并有效落实

集装箱存放管理的书面文件，明确集装箱存放管理责任部门（岗位）、工作职责、管理要求、档案资料保管等内容。

B. 集装箱安全情况

（1）集装箱存放区域符合安全区域的要求的情况。

（2）集装箱过夜或者长期存放的情况（若有），以及企业确保安全所采取的措施。

（3）集装箱存放区域的管理措施。

（4）发现未经许可擅自进入集装箱或者集装箱存放区域的异常处置程序，过往发生的实际处置情况（若有），以及处置结果。

C. 配合海关认证人员实地查看

（1）集装箱存放区域的管理情况。

（2）过往对未经许可擅自进入集装箱或者集装箱存放区域的异常处置记录（若有）。

第 46 项

A. 建立以下书面文件并有效落实

运输工具司机身份核实的书面文件，明确运输工具司机身份核实责任部门（岗位）、工作职责、管理要求、档案资料保管等内容。

B. 运输工具安全情况

（1）负责运输工具司机身份核实的责任部门（岗位）。

（2）运输工具司机身份核实的环节、具体流程、核实内容。在货物被装运或者接收前进行运输工具司机身份核实的情况，以及核实人员提前获知运输工具及司机信息的情况。

（3）发现运输工具或司机身份不符等异常情况的处置程序，过往发生的实际处置情况（若有）以及处置结果。

(4) 对进入企业经营场所的运输工具司机限定活动区域或有内部人员陪同的情况。

(5) 对装运出口货物、物品的已装货运输工具从装货后到出口前的运输过程的管理情况,实时跟踪已装货运输工具的位置或派员跟车等情况。

C. 按照海关认证人员要求提供抽查记录

(1) 企业对司机身份核实的记录。

(2) 重新认证企业,抽查自成为认证企业或者最近一次重新认证后每一年的记录。

(3) 企业对运输工具司机管理应与企业制度规定相符,并符合本项标准要求。

(4) 过往发生的司机身份核实的异常处置记录(若有)。

(5) 过往发生的运输过程中的异常处置记录(若有)。

D. 配合海关认证人员实地查看

运输工具司机身份核实的情况。

第 47 项

A. 货物、物品安全情况

(1) 负责装运和接收货物、物品的责任部门(岗位)。

(2) 装运和接收货物、物品的流程。

(3) 装运、接收货物、物品时核对的单据、内容、方式。

(4) 关键交接环节的要求,签名或盖章的情况。

(5) 过往发生的删改单、查验查获、申报不实处罚记录等情况,企业装运和接收制度的落实情况、异常处置情况。

B. 按照海关认证人员要求提供抽查记录

(1) 企业货物、物品的整套装运文件。

(2) 企业货物、物品的整套接收文件。

(3) 重新认证企业,抽查自成为认证企业或者最近一次重新认证后每一年的记录。

(4) 企业装运和接收货物情况应与企业制度规定相符,并符合本项标准要求。

C. 配合海关认证人员实地查看

(1) 装运和接收货物、物品的实际情况。

(2) 监装的实际情况,以及监装时查看实物确保申报与实际出口货物一致的情况。

(3) 装运、接收货物、物品时的视频监控记录至少保存 60 日。

第 48 项

A. 建立以下书面文件并有效落实

货物、物品差异处置的书面文件,明确货物物品安全管理责任部门(岗位)、工作职责、管理要求、应急处置、档案资料保管等内容。应包括:货物和物品溢、短装,法检商品安全、卫生、环保等指标不合格或者其他异常现象等处置措施。

B. 货物、物品安全情况

(1) 发现货物、物品差异的处置要求,过往发生的实际处置情况(若有)以及处置结果。

(2) 采取措施避免再次发生同样情形的情况。

C. 按照海关认证人员要求提供抽查记录
(1) 企业货物、物品差异处置记录。
(2) 重新认证企业,抽查自成为认证企业或者最近一次重新认证后每一年的记录。
(3) 企业货物、物品差异管理情况应与企业制度规定相符,并符合本项标准要求。

D. 配合海关认证人员实地查看
企业的接收、装运的相关单证,结合进出口数据验证申报一致性的情况。

第49项

A. 建立以下书面文件并有效落实
企业确保出口货物、物品安全装运的管理制度的书面文件,明确货物、物品安全管理责任部门(岗位)、工作职责、管理要求、应急处置、档案资料保管等内容。

B. 货物、物品安全情况
(1) 负责出口货物、物品安全装运的责任部门(岗位)。
(2) 生产型企业对整柜出口的货物、物品,在生产经营地实施监装的方式(视频、实地)、人员等情况;对拼箱出口的货物,要求承运其货物、物品的物流、仓储企业加强出口安全管理的情况,以及确保安全装运所采取的措施。
(3) 非生产型企业确保安全装运所采取的措施(监装、抽查、验核单证或者查看照片、视频等)情况。
(4) 发现异常情况的处置要求,过往发生的实际处置情况(若有)以及处置结果。

C. 按照海关认证人员要求提供抽查记录
(1) 生产型企业的出口监装记录。
(2) 非生产型企业的监装、抽查、验核单证或者查看照片、视频等记录。
(3) 重新认证企业,抽查自成为认证企业或者最近一次重新认证后每一年的记录。
(4) 企业出口安全管理应与企业制度规定相符,并符合本项标准要求。

D. 配合海关认证人员实地查看
生产型企业出口货物、物品的监装情况。(监装的视频监控记录至少保存60日。)

十四、运输工具安全

第50项,建立并执行保证在其供应链内用于进出口货物、进出境物品运输的所有运输工具的完整性、安全性的管理制度。

第51项,在装货前对运输工具进行检查,防止藏匿可疑货物、物品。

第52项,确保运输工具在无人看管的情况下的安全。

第53项,确保运输工具的驾驶人员经过培训,保证运输工具和货物、物品的安全。

● 相关解读

第50项
涉及进出口货物、进出境物品运输的企业,认证以下内容,否则不适用本项标准。

A. 建立以下书面文件并有效落实

运输工具安全管理制度的书面文件,明确运输工具安全管理责任部门(岗位)、工作职责、管理要求、档案资料保管等内容。

B. 运输工具安全情况

(1) 企业所在的国际贸易供应链环节涉及进出口货物、进出境物品运输的情况及运输方式。

(2) 负责运输工具安全管理的责任部门(岗位)。

(3) 配合海关认证人员了解其岗位职责及日常工作情况。

C. 按照海关认证人员要求提供抽查记录

对不涉及进出口货物、进出境物品运输的,企业提供相关情况说明的书面材料。

D. 只做单纯的国际贸易业务的非生产型企业

应配合海关认证人员的延伸认证要求,联系 1 家由海关认证人员指定的与其有委托关系的主要物流运输企业进行延伸认证,包括提供运输工具安全相关制度、配合认证人员的抽查要求提供相关记录,以及必要时实地认证。企业委托的物流运输企业均为海关认证企业的,免予延伸认证。

E. 只做单纯的报关业务的企业

应配合海关认证人员的延伸认证要求,联系 1 家由海关认证人员指定的与其有委托关系的被代理企业或者主要物流运输企业进行延伸认证,包括提供运输工具安全相关制度、配合认证人员的抽查要求提供相关记录以及必要时实地认证。企业有委托关系的被代理企业和物流运输企业均为海关认证企业的,免予延伸认证。

第 51 项

A. 建立以下书面文件并有效落实

运输工具检查的书面文件,明确运输工具安全管理责任部门(岗位)、工作职责、管理要求、档案资料保管等内容。

B. 运输工具安全情况

(1) 负责运输工具检查的责任部门(岗位)。

(2) 自行负责或委托第三方物流公司负责进出口货物、进出境物品运输的情况。

(3) 使用的运输工具种类。

(4) 运输工具检查的环节、具体流程、检查重点。

(5) 运输工具检查人员接受专业培训的情况,对检查目的的了解情况,对相关技能的掌握情况。

(6) 发现运输工具藏匿可疑货物、物品或者有可疑、改装现象的处置要求,过往发生的实际处置情况(若有)以及处置结果。

C. 按照海关认证人员要求提供抽查记录

(1) 运输工具检查记录。应包括运输工具号码、检查结果、检查人员、日期及时间等。

(2) 过往发生的藏匿可疑货物、物品或者有可疑、改装现象的处置记录(若有)。

(3) 重新认证企业,抽查自成为认证企业或者最近一次重新认证后每一年的记录。
(4) 企业对运输工具管理应与企业制度规定相符,并符合本项标准要求。
D. 配合海关认证人员实地查看
运输工具检查的具体执行情况。

第 52 项

运输工具存储:运输工具要停放在安全的区域,以防止未经许可的进入或者其他损害,有报告和解决未经许可擅自进入或者损害的程序。

A. 建立以下书面文件并有效落实
运输工具停放管理的书面文件,明确运输工具停放管理责任部门(岗位)、工作职责、管理要求、档案资料保管等内容。

B. 运输工具安全情况
(1) 运输工具停放区域符合安全区域的要求的情况。
(2) 运输工具停放区域的管理措施。
(3) 发现未经许可的进入或者其他损害时的处置程序,过往发生的实际处置情况(若有)以及处置结果。

C. 配合海关认证人员实地查看
(1) 运输工具停放区域的管理情况。
(2) 过往发生的对未经许可的进入或者其他损害的异常处置记录(若有)。

第 53 项

A. 检查文件
运输工具的驾驶人员资质管理以及培训要求的书面文件。检查是否明确责任部门(岗位)、工作职责、管理要求、档案资料保管等内容。

B. 询问
(1) 与负责运输工具安全的工作人员面谈,了解企业对运输工具的驾驶人员有哪些资质类要求。
(2) 与负责运输工具安全的工作人员面谈,了解企业对运输工具的驾驶人员是否开展安全培训,培训的主要内容有哪些。
(3) 与运输工具驾驶人员面谈,了解其是否受过专业培训,是否了解运输工具日常检查主要方法,是否了解运输工具藏匿可疑货物、物品或者有可疑、改装现象等异常情况的处置程序。

十五、商业伙伴安全

本标准所称商业伙伴是指与进出口相关的商业伙伴。商业伙伴系海关高级认证企业的,企业可以免于对该商业伙伴执行本项标准。

第 54 项,建立并执行评估、检查商业伙伴供应链安全的管理制度。

第 55 项,在筛选商业伙伴时根据本认证标准对商业伙伴进行全面评估,重点评估守法合规、贸易安全和供货资质。

第 56 项，企业应当在合同、协议或者其他书面资料中建议商业伙伴按照本认证标准优化和完善贸易安全管理，以加强全球供应链的安全性。

第 57 项，定期监控或者检查商业伙伴遵守贸易安全要求的情况。

● **相关解读**

第 54 项

A. 建立以下书面文件并有效落实

商业伙伴供应链安全的管理制度的书面文件，明确商业伙伴安全管理责任部门（岗位）、工作职责、管理要求、档案资料保管等内容。

B. 商业伙伴安全情况

（1）负责评估、检查商业伙伴供应链安全的责任部门（岗位）、人员、人数以及职责分工等。

（2）企业对商业伙伴供应链安全的评估、检查的实施情况，包括评估、检查项目，具体实施流程，以及做出评估、检查结论等。

C. 按照海关认证人员要求提供抽查记录

（1）企业商业伙伴供应链安全评估、检查的记录（包括评估、检查项目，评估、检查过程，评估、检查结论）。

（2）重新认证企业，抽查自成为认证企业或者最近一次重新认证后每一年的记录。

（3）企业对商业伙伴供应链安全管理情况应与企业制度规定相符，并符合本项标准要求。

第 55 项

A. 建立以下书面文件并有效落实

企业筛选、评估商业伙伴的书面文件，明确商业伙伴安全管理责任部门（岗位）、工作职责、管理要求、档案资料保管等内容。主要针对与其进出口活动相关的供应链环节中的商业伙伴，如生产、物流、仓储、报关、收发货单位等。

B. 商业伙伴安全情况

（1）负责筛选、评估商业伙伴的责任部门（岗位）。

（2）筛选、评估的商业伙伴范围。

（3）商业伙伴的评估标准。

（4）筛选、评估过程中重点关注的内容。对守法合规、贸易安全和供货资质的评估方式、途径。

（5）实地考察商业伙伴的情况，实地考察重点和考察结果处置。

（6）对委托报关、物流、仓储的商业伙伴将委托业务再次外包情形的掌握，以及对外包情形的强化管理情况。

（7）对企业解释有特定原因非自主选择而由相关方指定的商业伙伴，企业对相关方进行商业伙伴全面评估情况的掌握，以及对相关方按照本标准所列要求对商业伙伴进行全面评估的提醒情况。

C. 按照海关认证人员要求提供抽查记录

(1) 企业商业伙伴筛选、评估记录。

(2) 重新认证企业,抽查自成为认证企业或者最近一次重新认证后每一年的记录。

(3) 企业对商业伙伴筛选、评估管理情况应与企业制度规定相符,并符合本项标准要求。

D. 配合海关认证人员实地查看商业伙伴清单。

第 56 项

A. 商业伙伴安全情况

(1) 结合商业伙伴在国际贸易供应链环节中所涉及的业务,按照本认证标准中相关的贸易安全内容在合同、协议或者其他书面资料中做出较为明确的要求的情况。

(2) 对商业伙伴提供贸易安全相关培训、指导的情况。

B. 按照海关认证人员要求提供抽查记录

(1) 企业与生产、物流、仓储、报关、收发货单位等不同类型商业伙伴签订的合同、协议或者书面材料。

(2) 重新认证企业,抽查自成为认证企业或者最近一次重新认证后每一年的记录。

(3) 企业对商业伙伴书面文件管理情况应与企业制度规定相符,并符合本项标准要求。

第 57 项

A. 建立以下书面文件并有效落实

定期监控或者检查的书面文件。

B. 商业伙伴安全情况

(1) 负责定期监控或者检查的责任部门(岗位)。

(2) 监控或者检查方式、内容、频次。

(3) 对商业伙伴不符合贸易安全标准或相关要求的处置情况。

C. 按照海关认证人员要求提供抽查记录

(1) 定期监控或者检查商业伙伴遵守贸易安全的相关材料。

(2) 重新认证企业,抽查自成为认证企业或者最近一次重新认证后每一年的记录。

(3) 企业监控检查管理情况应与企业制度规定相符,并符合本项标准要求。

十六、海关业务和贸易安全培训

第 58 项,建立并执行海关法律法规等相关规定和贸易安全相关知识的内部培训制度。

第 59 项,定期对与进出口活动相关岗位的员工进行海关法律法规等相关规定的培训,及时了解、掌握海关最新的政策文件要求。法定代表人(负责人)、负责关务的高级管理人员、关务负责人、负责贸易安全的高级管理人员应当每年参加至少 2 次培训。

第 60 项,定期对员工进行与国际贸易供应链中货物流动相关风险的教育和培训,让员工了解、掌握海关高级认证企业在保证货物、物品安全过程中应做的工作。

第61项，定期对员工进行危机管理的培训和危机处理模拟演练，让员工了解、掌握在应急处置和异常报告过程中应做的工作。

第62项，定期对员工进行信息安全和保密意识的教育和培训。

● 相关解读

第58项

A. 建立以下书面文件并有效落实

企业内部培训制度的书面文件，应有海关法律法规等相关规定培训的内容。海关业务培训的书面文件，可以是关于海关单项业务培训制度的书面文件；也可以是企业根据认证标准中关于各个单项业务培训的要求，统一制定的企业综合性内部培训制度的书面文件。综合性培训制度中需要包含海关各单项业务培训的内容。

B. 海关业务培训情况

（1）负责海关法律法规等相关规定内部培训的具体部门（岗位）、人员及职责分工、人数等。

（2）培训计划、方式、内容、频次、培训人员范围以及培训效果等。

（3）针对与企业业务相关的海关法律法规等相关规定，尤其是近一年来海关出台的规章制度和规范性文件等进行培训的情况。

（4）针对企业过往发生的申报差错、违法记录以及其他不规范行为进行专题分析、查找原因，并针对上述行为所涉及的海关法律法规等相关规定进行培训的情况。

（5）配合海关认证人员了解员工参加内部业务培训情况，特别是从事进出口业务的员工参加内部业务培训情况及对相关业务涉及的海关法律法规、规章制度以及业务规范的了解及掌握情况。

C. 按照海关认证人员要求提供抽查记录

（1）企业内部培训的历史记录。

（2）重新认证企业，自成为认证企业或者最近一次重新认证后每一年的培训记录。培训记录可以为纸本文档、电子文档、系统记录、照片、视频等，应包括培训老师、日期、地点、参训人员、培训内容以及培训材料。企业海关业务培训开展情况应与企业制度规定相符，并符合本项标准要求。

第59项

A. 建立以下书面文件并有效落实

法定代表人（负责人）不参与企业日常经营管理，由其授权人员实际负责企业日常经营管理，并代替参加培训的，应有企业法定代表人（负责人）签署的书面授权文件。

B. 海关业务培训情况

（1）法定代表人（负责人）、负责关务的高级管理人员、关务负责人、负责贸易安全的高级管理人员的姓名、职务及职责分工。法定代表人（负责人）不参与企业日常经营管理的，可以由其授权人员（实际负责企业日常经营管理）代替。

(2) 配合海关认证人员了解上述人员参加培训的具体情况,包括培训次数、培训内容、培训时间、参加人员范围和培训效果等,以及每个人对其自身工作职责涉及的进出口业务和海关相关规定的了解、掌握情况。

C. 按照海关认证人员要求提供抽查记录

(1) 法定代表人(负责人)、负责关务的高级管理人员、关务负责人、负责贸易安全的高级管理人员,上述每个人参加培训的历史记录。法定代表人(负责人)不参与企业日常经营管理的,由其授权人员(实际负责企业日常经营管理)代替参加培训的历史记录。

(2) 重新认证企业,自成为认证企业或者最近一次重新认证后每一年的培训记录。培训记录可以为纸本文档、电子文档、系统记录、照片、视频等,应包括培训老师、日期、地点、参训人员、培训内容以及培训材料。

(3) 企业培训开展情况应与企业制度规定相符,并符合本项标准要求。

第60项

A. 安全培训情况

(1) 企业对员工进行与国际贸易供应链中货物流动相关风险的教育和培训情况,培训对象、内容、方式、频次等。

(2) 配合海关认证人员了解其贸易安全相关岗位人员对海关认证企业在保证货物、物品安全过程中应做工作的了解、掌握情况。

(3) 配合海关认证人员了解其贸易安全相关岗位人员对发现可疑事件(包括可疑人员、可疑货物物品、异常情况和内部阴谋等)处置程序的了解、掌握情况。

B. 按照海关认证人员要求提供抽查记录

(1) 企业安全意识培训记录。

(2) 重新认证企业,抽查自成为认证企业或者最近一次重新认证后每一年的记录。

(3) 企业安全培训情况应与企业制度规定相符,并符合本项标准要求。

C. 配合海关认证人员实地查看:企业贸易安全相关岗位人员的实际操作情况。

第61项

A. 建立以下书面文件并有效落实

危机管理培训书面文件,明确危机管理责任部门(岗位)、工作职责、管理要求、危机管理培训和模拟演练、档案资料保管等内容。

B. 安全培训情况

(1) 危机管理的培训内容、培训频次等。

(2) 对员工进行危机处理模拟演练的具体情况。

(3) 配合海关认证人员了解其贸易安全相关岗位人员对应急处置和异常报告过程中应做工作的了解、掌握情况。

C. 按照海关认证人员要求提供抽查记录

(1) 危机管理培训的历史记录。

(2) 企业危机处理模拟演练的照片、视频等记录。

（3）重新认证企业，抽查自成为认证企业或者最近一次重新认证后每一年的记录。

（4）企业危机管理培训情况应与企业制度规定相符，并符合本项标准要求。

D. 配合海关认证人员实地查看

企业危机管理培训的实际执行情况和培训效果。

第62项

A. 建立以下书面文件并有效落实

对员工进行信息安全管理培训的书面文件。应明确对员工进行信息安全培训的部门（岗位）、培训周期、内容确定、培训实施、效果评估、档案资料保管等内容。

B. 信息安全情况

（1）信息安全教育和培训的具体部门（岗位）、人员、人数以及职责分工等。

（2）配合海关认证人员了解其参加信息安全培训的情况，以及其掌握信息安全相关制度的情况。

C. 按照海关认证人员要求提供抽查记录

（1）企业信息安全培训的历史记录。

（2）重新认证企业，企业自成为认证企业或者最近一次重新认证后，每一年的记录。

（3）企业提供的信息安全培训记录应与企业制度规定相符，并符合本项标准要求。

D. 建立以下书面文件并有效落实

（1）信息安全管理制度的书面文件。

（2）应明确责任追究部门（岗位）、工作职责，管理要求，责任追究的内容、方式、如何实施，档案资料保管等内容。

E. 信息安全情况

（1）企业过往是否发生过违反信息安全造成损害的行为，如有，具体情形以及处置情况。

（2）是否能够发现和防止非法入侵和篡改数据，过往是否发现有企业信息化系统被非法侵入或者篡改数据的情事，如有，具体情形以及处置情况。

F. 按照海关认证人员要求提供抽查记录

（1）企业对违反信息安全管理制度造成损害行为予以责任追究的相关记录。

（2）重新认证企业，企业自成为认证企业或者最近一次重新认证后，每一年的记录。

（3）企业信息安全责任追究应有效落实，并符合标准要求。

AEO认证标准的总体框架

根据海关总署公布《海关高级认证企业标准》（海关总署公告2022年第106号），AEO认证企业标准继续执行"1+N"通用标准和行业标准，它是企业申请认证所参考的重要准则。认证标准框架保持基本一致,以高级认证企业的通用标准为例,内容框架分为4大类16条62项,具体如图4-1所示。

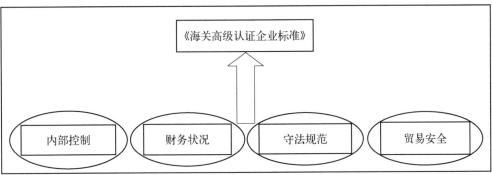

图4-1 AEO认证标准的总体框架

AEO认证中,首先最关键的是财务状况,财务指标不达标,新申请或者重新认证的企业无法通过。不论是新申请认证的企业抑或者重新认证的企业都需要根据海关总署公布的《海关高级认证企业标准》(海关总署公告2022年第106号),结合会计师事务所出具的企业年度财务审计报告测算出资产负债率,无连续5年资产负债率超过95%情形(资产负债率=负债总额/资产总额,负债总额、资产总额以审计报告后附的财务报表数据的期末值为准),判断财务指标是否达标。

其次最核心的是守法规范,企业需坚持合规理念,遵守各项法律法规,勿在守法规范上触碰红线,如企业外部信用出现重大问题或受到海关行政处罚超过上限,都无法通过AEO

认证。

最后内部控制和贸易安全方面需要有效落实。AEO认证的整体目标是保持供应链交付的稳定和管理货物交付中的管理风险,企业需要一系列的措施来完成这一目标。

收集的历年来认证不通过的情形:(1)财务指标不达标;(2)内部审计制度达不到要求;(3)财务系统达不到有效运行要求;(4)信息系统达不到有效运行要求;(5)视频监控系统达不到要求;(6)分支机构列入异常名录。

在申请AEO认证的过程中,这不仅仅只是关务部门"单打独斗"的事儿,需要企业负责人高度重视,部门之间相互配合,因为认证的过程中可能涉及公司组织架构的调整、规章制度的修改合并、软件硬件设施的投入等,企业若想一次通过认证,就需要统筹认证工作,统一认识团结合作由上至下达成共识形成合力按照认证标准框架共同推进完成。

资料来源:http://www.customs.gov.cn/chongqing-customs/515860/2827785/3156756/index.html。

第三节 《海关高级认证企业标准》(单项标准)

一、加工贸易以及保税进出口业务

第1项,对与加工贸易或保税货物有关的进口、存储、转让、转移、销售、加工、使用、损耗和出口等情况的账簿、报表以及其他有关单证的准确性、一致性进行内部复核,并保管相关单证资料。

● **相关解读**

第1项

对于从事加工贸易以及保税进出口业务的企业,认证以下内容,否则不适用本项标准。
A. 单证控制情况
(1)加工贸易以及保税进出口业务的单证复核的内容。
(2)针对以下内容的复核操作情况:

备案环节重点复核项目,手册是否明确标注国产料件所占比例,是否按要求缴纳风险保证金。

生产环节重点复核项目,深加工结转报关数量是否符合海关审批要求,收发货清单是否记录清晰;料件串换是否经海关审批,串换数量是否符合海关要求;外发加工收发货清单是否记录清晰。

处置环节重点复核项目,是否存在未经海关许可,擅自处置保税料件及制成品;边角料及副产品内销征税归类、消耗性物料归类是否准确,不作价设备是否已解除监管,未解除监管的是否仍在本企业使用。

核销环节重点复核项目,是否有超期报核或者未报核手册,残次品、副产品、边角料内销归类、价格申报是否正确,手册是否仍有余料未处置。

B. 按照海关认证人员要求提供抽查记录

(1) 企业单证复核记录。可以包括手册设立、手册核销、内销征税、货物外存、料件串换、货物抵押、深加工结转、外发加工、保证金等相关单证。

(2) 重新认证企业,自成为认证企业或者最近一次重新认证后每一年的记录。单证复核应与企业制度规定相符,管理措施应有效实施。

C. 配合海关认证人员实地查看

企业进行上述单证复核和纠错的操作流程。

二、卫生检疫业务

第2项,涉及出入境特殊物品的,审核特殊物品出入境卫生检疫审批单中的储存条件及拆检注意事项。

第3项,涉及出入境特殊物品的,建立特殊物品生产、使用、销售记录及符合海关要求的特殊物品安全管理制度。

● 相关解读

第2项

对于涉及出入境特殊物品的企业,认证以下内容,否则不适用本项标准。

A. 建立以下书面文件并有效落实

企业与出入境特殊物品风险等级相适应的实验室资质文件。应明确出入境特殊物品质量安全流程、岗位设置、岗位职责、人员及职责分工、管理要求、异常情况处置等内容。

B. 质量管理情况

(1) 建立生物安全管理体系的情况,应确保正常运输。

(2) 企业相关人员应现场配合认证人员了解其对生物安全管理制度的了解、掌握情况,接受生物安全知识培训及记录情况。

(3) 涉及的特殊物品生物安全等级,以及与生物安全等级相适应的生物安全控制能力要求。

(4) 生物废弃物处理方案及处置情况记录,突发感染性物质污染的应急处置方案及演练记录。

C. 配合海关认证人员实地查看

企业实验室资质文件的有效期及批准开展的项目应当与实际实验活动相符情况。

第3项

对于从事特殊物品出入境的企业,认证以下内容,否则不适用本项标准。

A. 建立以下书面文件并有效落实

企业特殊物品生物安全管理体系的书面文件,应覆盖企业生产经营全过程的特殊物品生物安全管理规定,包括生产、使用、运输、保存、销售、销毁等各个环节,确保有特殊物品生物安全的管理岗位设置、岗位职责、操作要求、工作流程等内容。

B. 单证保管情况

（1）企业特殊物品安全管理制度落实情况，包括在特殊物品生产、使用、运输、保存、销售、销毁等过程中，生物安全管理要求的落实情况，负责落实的具体岗位和职责、工作流程，以及工作记录的生成和保存情况。

（2）负责留存特殊物品生产、使用、运输、保存、销售、销毁等安全管理记录的具体部门（岗位）、人员及职责分工、人数等。

（3）企业特殊物品生产、使用、运输、保存、销售、销毁等安全管理记录档案管理的工作流程、存放的具体地点、保管方式，存放地点的安全性，必要的防火、防水、防盗等设备、设施，执行效果。

C. 按照海关认证人员要求提供抽查记录

出入境特殊物品生产、使用、运输、保存、销售、销毁等安全管理的有关工作记录。

（1）重新认证企业，自成为认证企业或者最近一次重新认证后每一年的记录。

（2）相关记录保存期限不少于 2 年。记录应与实际出入境特殊物品情况相符，与企业制度规定相符，并符合本项标准要求。

D. 配合海关认证人员实地查看

（1）企业特殊物品安全管理制度实际落实情况，在各个生产作业环节的具体实施流程，实施的具体内容，负责实施的部门（岗位）、人员及职责分工，发现不符合安全管理制度情形的处置流程。

（2）企业特殊物品生产、使用、运输、保存、销售、销毁等安全管理记录归档具体做法和工作流程，单证保管场所，保管情况。

（3）企业涉及出入境特殊物品的，应当建立特殊物品生产、使用、销售记录，并确保记录的真实性。

三、动植物检疫业务

第 4 项，企业进出境动植物及其产品需要检疫监管的，对口岸查验、装卸、调离、运输、隔离、生产、加工、存放、流向、检疫处理等环节建立台账。

● **相关解读**

第 4 项

进出境动植物及其产品需要检疫监管的企业，认证以下内容，否则不适用本项标准。

A. 单证保管情况

（1）负责进出境动植物及其产品业务涉及台账保管的具体部门（岗位）、人员、人数等。

（2）保管单证的种类，应包括进出境动植物及其产品业务各环节的主要台账。

（3）归档要求和保管方式（纸质或电子均可）。

（4）上述台账的日常管理情况。

（5）上述台账保管的期限，应满足海关监管规定的要求。

B. 按照海关认证人员要求提供抽查记录
（1）企业从事进出境动植物及其产品涉及的装卸、调离、运输、生产、加工、存放、检疫处理等环节的台账。
（2）重新认证企业，自成为认证企业或者最近一次重新认证后每一年的记录。
（3）单证保管应与企业制度规定相符，管理措施应有效实施。
C. 配合海关认证人员实地查看
（1）登录系统或实地查看企业从事进出境动植物及其产品涉及的装卸、调离、运输、生产、加工、存放、检疫处理等环节的台账保管情况。
（2）企业实施许可证管理或者输华官方证书管理的，根据实际进出口情况，对国外品质证书、质量保证书、装运前检验证书、原产地证书、卫生检疫单证、输华食品官方证书、动植物检疫官方证书、动植物检疫许可证、农业转基因生物安全证书等单证的真实性、有效性、完整性、一致性进行内部复核。

对于实施许可证管理或者输华官方证书管理的企业，认证以下内容，否则不适用本项标准：
（1）许可证管理或者输华官方证书管理的单证复核的内容。
（2）针对以下内容的复核操作情况：装运前检验证书、注册登记证书、许可证、品质证书、质量保证书等单证是否真实有效。

动植检单证重点复核项目：品名（拉丁文）、数重量、HS 编码、启运国、原产国、收发货人、入境口岸、有效期限。

四、进出口食品业务

第 5 项，企业进出口食品的，设有专门场所、特定部门和专人对进口、出口、销售记录和被境外通报的记录进行保管。

第 6 项，1 年内出口产品被国外通报安全卫生问题，调查后确认为企业自身原因导致质量安全问题的批次不超过 2 批次。

第 7 项，1 年内未出现因质量管理不到位，被国外通报使用我国或进口国禁用农药或禁用物质等严重安全卫生问题。

第 8 项，1 年内进口商未被列入海关总署进口食品不良记录名单。

● **相关解读**

第 5 项
对于进出口食品的企业，认证以下内容，否则不适用本项标准。
A. 单证保管情况
（1）进出口和销售食品记录的保管情况，保管的场所、部门和人员。
（2）记录内容。
（3）归档要求和保管方式（纸质或电子均可）。

(4) 企业保管的期限,应满足《食品安全法》以及其他海关监管规定的要求。

B. 按照海关认证人员要求提供抽查记录

(1) 企业进出口和销售食品记录。

(2) 重新认证企业,自成为认证企业或者最近一次重新认证后每一年的记录。

(3) 单证保管应与企业制度规定相符,管理措施应有效实施。

C. 配合海关认证人员实地查看

进出口和销售食品记录的保管场所和保管情况。

对于实施许可证管理或者输华官方证书管理的企业,认证以下内容,否则不适用本项标准。

A. 单证控制情况

(1) 许可证管理或者输华官方证书管理的单证复核的内容。

(2) 针对以下内容的复核操作情况:

食品检验重点复核外方提供的原产地证书、输华食品官方证书格式、内容、印章、证书评语等是否符合海关要求,品名、数量、生产批号、原产地等产品信息与实际进口货物的是否一致等。

B. 按照海关认证人员要求提供抽查记录:企业单证复核记录

(1) 重新认证企业,自成为认证企业或者最近一次重新认证后每一年的记录。

(2) 单证复核应与企业制度规定相符,管理措施应有效实施。

C. 配合海关认证人员实地查看

企业进行上述单证复核或纠错的操作流程。

企业进口食品,建立境外出口商、境外食品生产企业实地审核制度,存留食品安全国家标准全项目自主检测报告。企业出口食品,具备与生产能力相适应的自检实验室,存留出厂检测报告。

第 6 项

由海关认定。企业应当配合海关了解相关情况。企业对海关认定有异议的,可以向海关说明情况,并提供相关证明材料。

第 7 项

由海关认定。企业应当配合海关了解相关情况。企业对海关认定有异议的,可以向海关说明情况,并提供相关证明材料。

第 8 项

由海关认定。企业应当配合海关了解相关情况。企业对海关认定有异议的,可以向海关说明情况,并提供相关证明材料。

五、进出口商品检验业务

第 9 项,企业进出口商品需要检验监管的,对日常检验监管情况、生产经营情况、不合格货物的处置、销毁、退运、召回等情况建立台账。

• **相关解读**

第 9 项

进出口商品需要检验监管的企业,认证以下内容,否则不适用本项标准。

A. 单证保管情况

(1) 负责建立和保管需要检验监管的(法定检验)进出口商品相关台账的具体部门(岗位)、人员、人数等。

(2) 建立与需要检验监管的(法定检验)进出口商品相关记录台账的管理要求及操作流程。

(3) 对记录台账数据出现差错时的改正及预防措施。

B. 按照海关认证人员要求提供抽查记录

企业需要检验监管的(法定检验)进出口商品相关台账,应有记录人员签名,如是电子台账的,应符合相关要求,确保可追溯识别。

C. 配合海关认证人员实地查看

登录系统或实地查看需要检验监管的(法定检验)进出口商品记录台账保管情况。

六、代理报关业务

报关是指进出口货物收发货人、进出境运输工具负责人、进出境物品的所有人或者他们的代理人向海关办理货物、物品或运输工具进出境手续及相关海关事务的过程。

进出境运输工具、货物、物品的报关是一项专业性较强的工作,尤其是进出境货物的报关比较复杂,一些运输工具负责人、进出口货物收发货人或者物品的所有人,由于经济、时间、地点等方面的原因,不能或者不愿意自行办理报关手续,而委托代理人代为报关,从而形成了自理报关和代理报关两种报关类型。

第一种类型是自理报关,是指进出口货物收发货人自行办理报关业务的行为。进出口货物收发货人是指依法直接进口或者出口货物的中华人民共和国关境内的法人、其他组织或者个人。进出口货物收发货人经向海关备案后,只能为本单位进出口货物报关。

第二种类型是代理报关,是指接受进出口货物收发货人的委托,代理其办理报关业务的行为。我国海关法律把有权接受他人委托办理报关业务的企业称为报关企业。报关企业,是指按照规定经海关准予注册登记,接受进出口货物收发货人的委托,以进出口货物收发货人的名义或者以自己的名义,向海关办理代理报关业务,从事报关服务的境内企业法人。

根据海关总署公告 2022 年第 113 号(《关于进一步明确报关单位备案有关事宜的公告》)的规定,进出口货物收发货人及其分支机构备案应当符合的条件:

1. **进出口货物收发货人的条件**

(1) 进出口货物收发货人应当为以下市场主体类型:

① 公司、非公司企业法人;

② 个人独资企业、合伙企业;

③ 农民专业合作社(联合社);

④ 个体工商户;

⑤ 外国公司分支机构；

⑥ 法律、行政法规规定的其他市场主体。

(2) 进出口货物收发货人应当取得对外贸易经营者备案。法律、行政法规、规章另有规定的，从其规定。

(3) 尚未办理进出口货物收发货人备案或者临时备案。

2. 进出口货物收发货人分支机构的条件

(1) 进出口货物收发货人分支机构的市场主体类型应当为以下市场主体的分支机构：

① 公司、非公司企业法人；

② 个人独资企业、合伙企业；

③ 农民专业合作社（联合社）。

(2) 进出口货物收发货人分支机构应当取得对外贸易经营者备案。法律、行政法规、规章另有规定的，从其规定。

(3) 进出口货物收发货人分支机构所属市场主体已经办理进出口货物收发货人备案。

(4) 尚未办理进出口货物收发货人分支机构备案或者临时备案。

根据海关总署公告 2022 年第 113 号的规定，报关企业及其分支机构备案应当符合的条件：

1. 报关企业的条件

(1) 报关企业应当为以下市场主体类型：

① 公司、非公司企业法人；

② 个人独资企业、合伙企业。

(2) 尚未办理报关企业备案。

2. 报关企业分支机构的条件

(1) 报关企业分支机构的市场主体类型应当为以下市场主体的分支机构：

① 公司、非公司企业法人；

② 个人独资企业、合伙企业。

(2) 报关企业分支机构所属市场主体已经办理报关企业备案。

(3) 尚未办理报关企业分支机构备案。

2022 年 12 月 30 日，十三届全国人大常委会第三十八次会议经表决，通过了关于修改对外贸易法的决定，删去《中华人民共和国对外贸易法》第九条关于对外贸易经营者备案登记的规定。

根据决定，自 2022 年 12 月 30 日起，各地商务主管部门停止办理对外贸易经营者备案登记。对于申请进出口环节许可证、技术进出口合同登记证书、配额、国有贸易资格等相关证件和资格的市场主体，有关部门不再要求其提供对外贸易经营者备案登记材料。因此，从事进出口业务的企业，不再办理对外贸易经营者备案登记手续，企业自动获取进出口权（仍需办理海关备案获取报关权限）。

第10项,遵守法律法规。

(1) 1年内无因违反海关的监管规定被海关行政处罚金额超过1万元的行为。

(2) 1年内因违反海关的监管规定被海关行政处罚的次数不超过上年度报关单、进出境备案清单、进出境运输工具舱单等单证(以下简称"相关单证")总票数万分之一,且被海关行政处罚金额累计不超过3万元。

(3) 上年度相关单证票数无法计算的,1年内无因违反海关的监管规定被海关行政处罚的行为。

上述(1)、(2)、(3)所列行为经海关认定系企业自查发现并主动向海关报明的,比照《中华人民共和国海关注册登记和备案企业信用管理办法》第三十七条第四款执行。(企业主动披露且被海关处以警告或者海关总署规定数额以下罚款的行为,不作为海关认定企业信用状况的记录。)

第11项,建立并执行代理申报前对进出口单证及相关信息、监管证件、商业单据等资料的真实性、完整性和有效性进行合理审查并复核纠错的制度。通过信息系统对进出口单证等信息进行申报要素的逻辑检验。

第12项,建立并执行对代理报关的进出口货物收发货人进行海关法律法规等相关规定的培训制度。

第13项,企业应当协助海关对其被代理企业或者主要物流运输企业按照通用标准的货物、物品安全和运输工具安全要求实施延伸认证。

● **相关解读**

第10项

由海关认定。企业应当配合海关了解相关情况。企业对海关认定有异议的,可以向海关说明情况,并提供相关证明材料。

A. 建立以下书面文件并有效落实

企业货物流、单证流、信息流的流程管理的书面文件。应明确各流程管理责任部门(岗位)、管理要求、岗位设置、岗位职责等内容。

B. 单证保管情况

(1) 接受委托代理报关的方式,单票接受委托和长期合同委托的占比。

(2) 目前企业主要的委托客户,以及委托的业务量。

(3) 企业接收委托方提供的报关资料,与委托方确认资料的准确性的操作流程。

(4) 接收到委托报关资料后代理报关的操作流程。

(5) 发现委托方提供的报关资料错误或异常情形的处理措施。

(6) 企业报关人员在报关现场的操作流程,对代理申报货物实际到货与委托方提供的报关资料一致性的控制措施。

(7) 代理报关货物进出口手续办结后,与委托人进行手续交接的操作流程。

(8) 代理报关、物流等费用的结算方式。

C. 按照海关认证人员要求提供抽查记录

(1) 代理申报的一般贸易报关单证。

(2) 代理申报的加工贸易报关单证。

(3) 代理申报的其他贸易方式报关单证。

重新认证企业,自成为认证企业或者最近一次重新认证后每一年的记录。

企业代理报关活动应与企业制度规定相符,管理措施应有效实施。

D. 配合海关认证人员实地查看

(1) 企业代理报关货物商品编码的审核过程。

(2) 企业代理报关单证的制作流程。

(3) 代理报关活动的有关数据及时、准确、完整、规范录入系统。系统数据自进出口货物办结海关手续之日起保存3年以上。

第11项

企业代理报关及相关活动管理流程设置合理、完备,涉及的货物流、单证流、信息流能够得到有效控制。

A. 建立以下书面文件并有效落实

系统数据录入制度的书面文件。应明确数据管理部门(岗位),数据容灾备份,数据安全管理,数据录入、存储和异常处理,档案资料保管等内容。

B. 数据管理情况

(1) 系统数据的录入或生成。

(2) 保证数据录入及时、准确、完整、规范所采取的措施。

(3) 数据录入的监督审核。

(4) 系统数据种类和范围。

(5) 系统数据保存年限。

(6) 系统数据录入出现错漏的处理措施。

(7) 系统数据异常处理的流程,审批层级。

(8) 系统备份情况,备份频次。

C. 按照海关认证人员要求提供抽查记录

(1) 企业代理报关单证,系统数据应当准确、完整和规范。

(2) 重新认证企业,自成为认证企业或者最近一次重新认证后每一年的报关单证。

(3) 企业数据管理应与企业制度规定相符,管理措施应有效实施。

D. 配合海关认证人员实地查看

(1) 演示代理报关活动有关数据通过系统的录入等操作。

(2) 系统数据录入方式、范围及保存年限。

第12项

建立面向客户的海关法律法规等相关规定的培训制度并有效落实,每年开展客户海关业务专业培训。

A. 建立以下书面文件并有效落实

内部培训制度的书面文件。应明确面向客户对海关法律法规等相关规定培训的内容。

B. 海关业务培训情况

(1) 企业对客户进行海关法律法规等相关规定的培训情况,培训计划、方式、内容、频次,培训人员范围等。

(2) 培训内容应包括客户所涉及的主要海关业务。

(3) 针对过往发生较多申报差错、违法记录或其他不规范行为的客户进行培训的情况。

(4) 培训效果。

C. 按照海关认证人员要求提供抽查记录

(1) 面向客户培训的历史记录。

(2) 重新认证企业,自成为认证企业或者最近一次重新认证后每一年的培训记录。

(3) 培训记录可以为纸本文档、电子文档、系统记录、照片、视频等,应包括培训老师、日期、地点、参训人员、培训内容以及培训材料。

(4) 企业面向客户的海关业务培训开展情况应与企业制度规定相符,并符合本项标准要求。

第 13 项

A. 商业伙伴系海关认证企业的,企业可以免于对该商业伙伴执行本项标准。

B. 企业对商业伙伴信用等级调整情况的掌握,以及对不再是认证企业的商业伙伴及时执行本项标准的情况。

七、快件运营业务

进出境快件是指进出境快件运营人,以向客户承诺的快速商业运作方式承揽、承运的进出境的货物、物品。

进出境快件运营人是指在中华人民共和国境内依法注册,在海关登记备案的从事进出境快件运营业务的国际货物运输代理企业。

进出境快件分为文件类、个人物品类和货物类三类。

第一类:文件类进出境快件是指法律、行政法规规定予以免税且无商业价值的文件、单证及资料。

第二类:个人物品类进出境快件是指海关法规规定自用、合理数量范围内的进出境的旅客分离运输行李物品、亲友间相互馈赠物品和其他个人物品。

第三类:货物类进出境快件是指文件类、个人物品类进出境快件以外的进出境快件。

第 14 项,建立并执行对收发件人的提醒制度,主动告知禁止、限制进出境物品的相关规定,并作出如实申报提示。

第 15 项,建立并执行收发件人信息核实的管理制度。

第 16 项,建立并执行对代理申报的快件是否符合海关有关监管要求的审核制度,与委托人核实、确认快件申报信息。

第17项，建立并执行符合法律法规要求的揽收快件验视、复核制度，对揽收承运的出境快件实施过机检查。

第18项，信息系统应当具备全程实时快件物流信息跟踪功能，能够查询、记录快件的揽收、分拣、口岸、货类、签收、申报收件地、实际派送地等信息；对境内交由其他物流企业派送的包裹，能够提供实时物流和妥投数据。

第19项，建立并执行快件风险防控制度，能够识别高风险收发件人、高风险快件，发现《中华人民共和国禁止进出境物品表》所列物品、有违法嫌疑或高风险快件的，立即通知海关并协助海关进行处理。

● **相关解读**

第14项

A. 检查文件

对收发件人的提醒制度的书面文件，检查是否明确实施提醒制度责任部门（岗位）的工作职责、工作流程、管理要求等，是否包含主动告知收发件人禁止、限制进出境物品的相关规定，并做出如实申报提示的内容。

B. 询问

（1）负责执行对收发件人的提醒制度的责任部门（岗位）、人员、人数等。

（2）企业进行上述提醒的方式和流程。

（3）提醒的内容，是否提示客户如实申报，并向收发件人告知禁止、限制进出境物品的相关规定以及违反规定的可能后果。

C. 实地查看

对收发件人的提醒工作流程。

D. 随机抽查

执行提醒制度的相关记录。

第15项

A. 检查文件

收发件人信息核实管理制度的书面文件，检查是否明确收发件人信息核实责任部门（岗位）的工作职责、工作流程、管理要求等。

B. 询问

（1）负责执行收发件人信息核实管理制度的责任部门（岗位）、人员、人数等。

（2）代理申报的进出境快件类型，文件类（以下简称"A类"）、个人物品类（以下简称"B类"）、低值货物类（以下简称"C类"）三大类的具体情况。

（3）代理申报不同类型快件分别核实收发件人信息的方式、要求及流程，重点关注以下内容。B类快件是否对收发件人的个人身份信息进行核实，是否核对由国家主管部门认证的身份信息；C类快件是否对收发货人信息进行核实，重点关注是否核对、记录其统一社会信用代码。是否对收发件人与代理进出口经营单位的委托进出口协议、与申报单位的代理报关协议的真实性进行审核。

（4）发现收发件人身份证明信息不真实的处置流程，过往是否出现过相关情况。

C. 实地查看

企业核实收发件人的个人信息或者收发货人信息的情况。

第16项

A. 检查文件

快件审核制度的书面文件，检查是否明确快件审核责任部门（岗位）的工作职责、工作流程、管理要求等，是否包含了对代理申报的快件符合海关监管要求情况进行审核、与委托人核实、确认快件申报信息的要求方式与流程等内容。

B. 询问

（1）负责执行快件审核的责任部门（岗位）、人员、人数等。

（2）代理申报的进出境快件类型，文件类（以下简称A类）、个人物品类（以下简称B类）和低值货物类（以下简称C类）三大类的具体情况。

（3）代理申报不同类型快件分别审核的单证、审核方式、审核要求及流程。重点关注以下内容：是否使用本企业专用的进出境快件标识和专用分运单，分运单信息是否规范、完整；是否与委托人核实、确认快件申报信息。

A类快件的价值、重量是否符合海关对无商业价值的文件、单证、单据和资料的相关规定。

B类快件的限量、限值、涉税要素等事项是否符合海关对境内收发件人（自然人）收取或者交寄的个人自用物品（旅客分离运输行李物品除外）的相关规定。

（4）审核时发现问题错漏如何处理，存在争议时如何处理。

（5）如何保障审核的质量。

（6）是否了解快件规范申报的具体要求，申报前是否针对品名、件数、重量、价值、商品HS编码、快件类别、进出口方式、国别、是否为木质包装等内容进行复核纠错。

（7）是否发生过因单证、信息错误导致报关差错或被海关处罚的情形，如有，如何改进并提升复核纠错质量、资料审查质量。

C. 实地查看

对代理申报的快件进行审核的情况。

D. 随机抽查

对代理申报的快件进行审核的记录。

第17项

（1）企业应建立包括境外合作者的揽收快件验视、实名收寄、复核制度。

（2）建立并执行符合法律法规要求的揽收快件验视、复核制度，对限制类快件应当要求客户提供有关证明文件，对不符合法律法规要求的快件不得揽收承运。

（3）要求境外合作者建立符合法律法规要求的快件揽收验视、复核制度，并检查评估其执行落实情况,每年度不少于1次。

(4) 建立快件装卸、分拣、存储、运输全程(关境内)监控制度并有效落实。应海关要求提供相关信息。

(5) 建立对有违法嫌疑或高风险快件处置制度,发现上述情况及时采取处置措施并向海关报告。

第18项

(1) 企业应具备从揽收到派送全程实时快件物流信息跟踪功能,能够实现对揽收快件物流状态的实时查询。

(2) 企业应具备快件仓储管理功能,能够对快件在海关监管作业场所内的物流状态实施跟踪、查询、控制等。

(3) 企业应具备与海关即时对接的条件,根据海关要求,为接入海关信息管理系统预留相应的数据接口。

(4) 企业系统应向海关开放快件揽收、流向、派送等相关动态信息查询使用权限,提供信息查询接口;具有自营货站的,需具备场所物流管理系统,向海关开放快件进出监管作业场所时间、库存时间、存放位置和理货信息等物流信息的查询权限。

第19项

(1) 建立对有违法嫌疑或高风险快件处置制度,发现上述情况及时采取处置措施并向海关报告。

(2) 企业应具备风险控制功能,对客户和快件进行风险识别、分析、筛查、处置并实施分级管理。

(3) 建立境内和境外合作者的风险分级管理制度,结合海关监管情况及企业内部掌握情况对合作者进行动态评估,要求合作者按照海关认证标准优化和完善贸易安全管理。

八、物流运输业务

水运物流运输企业,是指已经在海关办理注册登记或者备案手续,直接负责运输工具(指船舶)经营管理,从事水运跨境物流运输或者境内海关监管货物物流运输业务的企业。

对于为水运物流运输企业提供服务企业,例如为水运物流运输企业提供服务的船舶代理企业、船舶服务企业、仓储企业、理货公司等,按照提供服务企业在海关注册登记或者备案的管理类型,适用相应的单项标准+通用标准。

公路物流运输企业,是指已经在海关办理注册登记或者备案手续,直接负责运输工具(指车辆)经营管理,从事公路跨境物流运输或者境内海关监管货物物流运输业务的企业。

对于为公路物流运输企业提供服务企业,例如为公路物流运输企业提供服务的报关企业、仓储企业等,按照提供服务企业在海关注册登记或者备案的管理类型,适用相应的单项标准+通用标准。

航空物流运输企业,是指已经在海关办理注册登记或者备案手续,直接负责运输工具(指航空器)经营管理,从事航空跨境物流运输或者境内海关监管货物物流运输业务的企业。

对于为航空物流运输企业提供服务企业,例如为航空物流运输企业提供服务的地面代理企业、舱单传输企业等,按照提供服务企业在海关注册登记或者备案的管理类型,适用相应的单项标准+通用标准。

第20项,企业从事跨境物流运输业务或者境内海关监管货物物流运输业务且直接负责运输工具经营管理。

第21项,建立并执行控制运输工具按规定区域和路线行驶的管理制度,能够实时掌握运输工具的行驶状态、路线,保存运输工具行驶轨迹数据记录。

第22项,建立并执行运输工具驾驶人员与运输工具的匹配管理制度。载运前运输企业应当向客户发送公路运输车辆号牌、驾驶人员信息。

● 相关解读

第20项

涉及进出口货物、进出境物品运输的企业,认证以下内容,否则不适用本项标准。

A. 建立以下书面文件并有效落实

运输工具安全管理制度的书面文件,明确运输工具安全管理责任部门(岗位)、工作职责、管理要求、档案资料保管等内容。

B. 运输工具安全情况

(1) 企业所在的国际贸易供应链环节涉及进出口货物、进出境物品运输的情况及运输方式。

(2) 负责运输工具安全管理的责任部门(岗位)。

(3) 配合海关认证人员了解其岗位职责及日常工作情况。

C. 按照海关认证人员要求提供抽查记录

对不涉及进出口货物、进出境物品运输的,企业提供相关情况说明的书面材料。

第21项

(1) 运输工具检查:对所辖运营船舶及设施、设备进行检查,防止未经许可的人员或者物品混入,防止擅自改装船舶的情事发生,并有书面制度和程序。

(2) 具备实时掌握船舶行驶状态、路线的制度和措施,能够控制船舶按规定区域和路线行驶,并保存船舶行驶轨迹数据记录。

(3) 建立并执行所辖运营船舶传染病防控、环境卫生、垃圾废弃物存放处置、病媒生物控制的管理制度。

(4) "病媒生物",是指能够携带和传播细菌、病毒及病原微生物等传染病的有害生物。

(5) 企业应要求国际航行船舶安装船舶自动识别系统(AIS),能实时记录船舶行驶状态、路线,保存船舶行驶轨迹数据记录。企业应能通过相关系统掌握、查询船舶实时动态。

(6) 企业应依据《中华人民共和国国境卫生检疫法》《国际航行船舶出入境检验检疫管

理办法》《关于加强国际航行船舶船员疫情防控的公告》《国际海事组织环保会 MEPC.201 (62)决议的 MARPOL 附则 V》等文件制定所辖运营船舶传染病防控、环境卫生、垃圾废弃物存放处置、病媒生物控制的管理制度并有效落实。

第 22 项

A. 建立以下书面文件并有效落实

运输工具司机身份核实的书面文件,明确运输工具司机身份核实责任部门(岗位)、工作职责、管理要求、档案资料保管等内容。

B. 运输工具安全情况

(1) 负责运输工具司机身份核实的责任部门(岗位)。

(2) 运输工具司机身份核实的环节、具体流程、核实内容。在货物被装运或者接收前进行运输工具司机身份核实的情况,以及核实人员提前获知运输工具及司机信息的情况。

(3) 发现运输工具或司机身份不符等异常情况的处置程序,过往发生的实际处置情况(若有)以及处置结果。

(4) 对进入企业经营场所的运输工具司机限定活动区域或有内部人员陪同的情况。

(5) 对装运出口货物、物品的已装货运输工具从装货后到出口前的运输过程的管理情况,实时跟踪已装货运输工具的位置或派员跟车等情况。

(6) 发现异常情况的处置程序,过往发生的实际处置情况(若有)以及处置结果。

C. 按照海关认证人员要求提供抽查记录

(1) 企业对司机身份核实的记录。

重新认证企业,抽查自成为认证企业或者最近一次重新认证后每一年的记录。

企业对运输工具司机管理应与企业制度规定相符,并符合本项标准要求。

(2) 过往发生的司机身份核实的异常处置记录(若有)。

(3) 过往发生的运输过程中的异常处置记录(若有)。

D. 配合海关认证人员实地查看:运输工具司机身份核实的情况。

九、跨境电子商务平台业务

海关要求跨境电商进出口商品统一采取通关无纸化作业方式进行申报。申报前,跨境电商企业或其代理人、物流企业应当如实向海关传输交易、支付、物流等电子信息。因此,需要下列三类平台完成跨境电商进出口商品相关信息的传输及申报:

(1) 跨境电商交易平台,是指经海关登记认可且与海关联网,提供跨境电商零售进出口商品交易、支付、物流等服务的平台。

(2) 跨境电商通关监管平台,是指由中国海关搭建,实现对跨境电商零售进出口商品交易、仓储、物流和通关环节进行电子监管执法的平台。

(3) 跨境电商通关服务平台,是指由电子口岸搭建,连接跨境电商交易平台与跨境电商通关监管平台,实现企业、海关以及相关管理部门之间跨境电商进出口业务数据交换与信息共享的平台。

由此可知,跨境电商通关监管平台是由海关搭建的平台,跨境电商通关服务平台是由电子口岸搭建的平台,它们都是由政府部门建立的具有监管性质的平台,均不需要申请认证。本节所说的跨境电子商务平台是指跨境电商交易平台。

第23项,建立并执行对进入平台销售的商品是否符合跨境电商有关监管要求的审核制度。

第24项,如实向海关实时传输施加电子签名的跨境电商交易电子信息,并对真实性、完整性和有效性进行合理审查。

第25项,建立并执行防止虚假交易及二次销售的风险防控制度,能够对境内订购人身份信息真实性进行校验,利用平台运营所积累的数据对商品归类、价格等准入、税收要素,产品质量和交易真实性进行监控。

第26项,建立并执行对跨境电子商务企业及其境内代理人的身份、地址、资质等信息的审核制度,定期对上述信息进行核验、更新。

第27项,建立并执行对跨境电子商务企业及其境内代理人进行海关法律法规等相关规定的培训制度。

第28项,建立并执行对跨境电子商务企业及其境内代理人交易行为的监控制度,能够有效识别非正常交易行为并采取相应的处置措施。

第29项,根据风险评估结果、违法违规记录等建立并执行对跨境电子商务企业及其境内代理人的分级管理制度,对有违法违规记录的跨境电子商务企业及其境内代理人采取相应管控措施。

● **相关解读**

第23项

(1) 设置专门业务风险管理部门,重点围绕商品合规、质量安全、生物安全、虚假交易、二次销售、知识产权等开展风险评估与日常监控,部门职责分工明确。

(2) 设置专门客户服务部门,重点围绕交易规则评估、交易安全保障、消费者权益保护、不良信息处理等开展日常监控和服务,部门职责分工明确。

(3) 企业应当建立职责分工明确、风险管控措施完备并有效运作的业务风险管理部门及客户服务部门,制定相应的书面文件。

(4) 企业风险管理部门应重点对商品合规、质量安全、生物安全、虚假交易、二次销售、知识产权等开展风险评估与日常监控。

(5) 企业客户服务部门应重点对交易规则评估、交易安全保障、消费者权益保护、不良信息处理等开展风险评估与日常监控。

第24项

(1) 建立并执行交易电子信息复核制度。

(2) 设置专门部门或岗位人员,对向海关传输的电子信息真实性、完整性和有效性进行合理审查。

第 25 项

(1) 利用跨境电子商务平台运营所积累的数据对商品价格、归类等税收要素、产品质量和交易真实性进行监控。按照及时性、完整性、准确性与安全性等海关要求,保存与跨境电子商务有关的合作合同(协议)、委托代理协议等资料,以及向海关传输的电子信息,保存时限不低于3年。

(2) 建立真实、准确、完整并有效控制跨境电子商务经营活动的信息系统,在资质审核、财务管理、进出口申报、业务风险管理等方面具备可记录、可追溯、可查询、可分析、可预警等功能并有效运行。

(3) 具备与海关即时对接的条件。向海关开放相关系统查询使用权限,满足海关风险防控、定期验核交易数据等管理要求。

第 26 项

(1) 具备境内订购人身份信息真实性校验功能并有效运行。

(2) 完整记录用户注册、浏览、购买、支付等在网站上开展各类操作活动的时间、账号、IP地址等详细信息。

(3) 企业应保存用户注册、浏览、购买、支付等在网站上开展各类操作活动的时间、账号、IP地址等详细信息。

第 27 项

(1) 企业对电商企业及其境内代理人进行培训的内容应包括其涉及的主要海关业务,且要保存完整、详细的培训课件、签到、评价等相关培训记录。

(2) 企业应建立培训效果评估机制,督促电商企业及其境内代理人全面掌握海关业务知识。

第 28 项

(1) 建立电商企业及其境内代理人和其他商业合作伙伴的资质准入制度并有效落实。

(2) 企业应建立电商企业及其境内代理人和其他商业合作伙伴的资质准入制度的书面文件,并明确管理部门、工作职责、岗位设置、岗位职责、管理要求、档案材料管理等内容。

(3) 与电商企业及其境内代理人和其他商业合作伙伴签订规范的跨境电子商务合同(协议),在合同、协议或者其他书面资料中要求电商企业及其境内代理人和其他商业合作伙伴,按照海关认证标准优化和完善贸易安全管理。

(4) 企业应明确与电商企业及其境内代理人和其他商业合作伙伴签订合同(协议)的方式、途径。

(5) 将本认证标准中相关的贸易安全内容在合同、协议或者其他书面资料中作出较为明确的要求。

第 29 项

(1) 企业应根据风险评估结果、违法违规记录等建立电商企业及其境内代理人分级管理制度的书面文件。

(2) 企业应对有违法记录的电商企业及其境内代理人进行责任回溯。

(3)企业应建立对电商企业及其境内代理人交易行为的监控制度的书面文件。

十、外贸综合服务业务

2013年7月24日的国务院常务会议指出,中国经贸环境复杂严峻,进出口增速明显放缓。要通过制度创新,提高贸易便利化水平,增强企业竞争力。会议就此提出了制定便利通关办法、支持外贸综合服务企业等六项举措,俗称"外贸国六条"。

"外贸国六条"实际上是国家相关部委深入一线调研,认真听取外贸出口行业诉求,对当时存在的制约外贸出口发展的因素进行充分分析后做出的决定,非常具有针对性。"外贸国六条"首次提出外贸综合服务的概念,其中的第四条指出"支持外贸综合服务企业为中小民营企业出口提供融资、通关、退税等服务",定义了一个全新的行业——外贸综合服务行业。

这是外贸综合服务行业发展的一个里程碑,意味着这一行业首次被国家最高行政机关认可并鼓励发展,意味着为外贸出口行业内普遍存在多年但又未得到国家相关管理部门认可的一种经营方式,即"假自营、真代理"进行有条件的正名,对该种经营方式予以合法化。

外贸综合服务企业是指具备对外贸易经营者身份,接受国内外客户委托,依法签订综合服务合同(协议),依托综合服务信息平台,代为办理包括报关报检、物流、退税、结算、信保等在内的综合服务业务和协助办理融资业务的企业。

外贸综合服务企业的主要特征:第一,主要服务对象为国内的中小企业;第二,提供一站式服务;第三,创新盈利的方式。

外贸综合服务企业的运行机制是以中小企业为服务对象,以电子商务为工具,以进出口业务流程服务外包为内容,以供应链服务平台为依托,采用流程化、标准化服务,为中小企业提供一站式通关、物流、退税、外汇、保险、融资等政府性服务或商业性服务(见图4-2)。

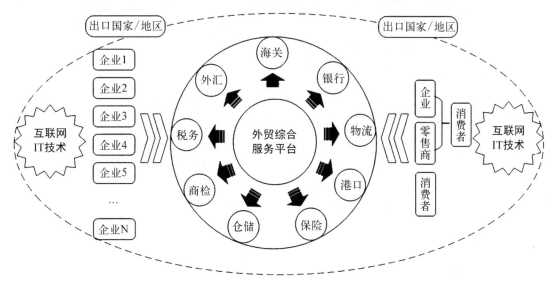

图4-2 外贸综合服务平台运行机制

外贸综合服务企业的主要作用是：支持外贸转型升级，扩大贸易参与群体；有利于中小企业商业信用的建立；帮助中小企业降低成本，做精做细，提高竞争力；协助优化政府监管服务资源，扩大出口。

外贸综合服务企业的战略意义是助推中国制造的转型升级；推进区域经济布局的优化；助推第三方服务业发展升级；为宏观调控和政策制定提供参考。

第30项，建立并执行对外贸综合服务平台客户订单相关信息、资料的真实性、完整性和有效性进行合理审查的制度，通过外贸综合服务平台对报关单信息进行申报要素的逻辑检验以及税收要素、贸易真实性的监控。

第31项，建立并执行对外贸综合服务平台客户的实地审核、培训及分级管理制度。

第32项，建立并执行对外贸综合服务平台客户进出口货物的风险评估制度，能够有效识别高风险货物并采取监装、检查等合理的处置措施。

● **相关解读**

第30项

设置专门部门或岗位人员，对外贸综合服务平台客户订单对应的进出口货物以及生产工厂信息、知识产权授权或合法渠道进货证明和客户提供的监管证件、商业单据、进出口单证等资料的真实性、完整性和有效性进行合理审查。

在申报前或者委托申报前通过外贸综合服务平台对报关单进行申报要素的逻辑检验，利用外贸综合服务平台运营所积累的数据进行商品价格、归类等税收要素和产品质量监控。

A. 单证控制情况

（1）负责的具体部门（岗位）、人员、人数等。

（2）针对平台客户订单对应的进出口货物以及生产工厂信息、知识产权授权或合法渠道进货证明和客户提供的监管证件、商业单据、进出口单证等资料进行合理审查的情况。

（3）复核纠错时发现错漏的处理措施，存在争议时的处理措施。

（4）保障复核纠错的质量所采取的具体措施。

（5）是否发生过因单证错误导致报关差错或被海关处罚的情形，如有，具体情形及提升复核纠错质量所采取的具体措施。

（6）在申报前或者委托申报前通过平台进行申报要素的逻辑检验，利用平台运营所积累的数据进行商品价格、归类等税收和产品质量要素监控的情况，审查的结果。

B. 按照海关认证人员要求提供抽查记录

（1）企业的进出口单证的复核记录。

（2）重新认证企业，自成为认证企业或者最近一次重新认证后每一年的单证。企业对单证复核应与企业制度规定相符，管理措施应有效实施。

C. 配合海关认证人员实地查看

（1）企业演示相关操作流程。

(2) 平台上的历史审核数据。

第 31 项

建立平台客户的资质准入制度并有效落实。

A. 建立以下书面文件并有效落实

平台客户资质准入制度的书面文件,明确管理部门、工作职责、岗位设置、岗位职责、管理要求、档案材料管理等内容。

B. 平台客户资质准入管理情况

(1) 负责平台客户资质准入的责任部门(岗位)。

(2) 平台客户资质准入的条件。

C. 按照海关认证人员要求提供抽查记录

(1) 平台客户的资质准入的相关材料。

(2) 重新认证企业,抽查自成为认证企业或者最近一次重新认证后每一年的记录。

(3) 企业平台客户资质准入管理情况应与企业制度规定相符,并符合本项标准要求。

(4) 通过实地考核的方式对客户的生产能力、贸易真实性、进出口和产能是否匹配等情况进行核查。

D. 配合海关认证人员实地查看

必要时配合海关认证人员对有关平台客户进行实地核查。

根据风险评估结果、违法记录等建立外贸综合服务平台客户分级管理制度,对有违法记录的外贸综合服务平台客户进行责任回溯,不得代理被列入联合惩戒对象的企业办理进出口业务。

A. 建立以下书面文件并有效落实

根据风险评估结果、违法记录等建立平台客户分级管理制度的书面文件。

B. 平台客户资质情况

(1) 对有违法记录的平台客户进行责任回溯的情况。

(2) 对客户被列入联合惩戒对象的审查情况,发现列入的处置措施,过往发生的实际处置情况(若有)以及处置结果。

C. 配合海关认证人员实地查看

(1) 平台客户风险评估结果。

(2) 平台客户违法记录清单。

(3) 平台客户分级管理情况。

(4) 必要时配合海关认证人员对有关平台客户进行实地核查。

第 32 项

建立对订单装运的货物、物品真实性进行核查的制度并有效落实。对单笔交易额度较大的订单进行跟踪验货和现场监装,对交易额度小但交易频繁、总额较大的客户进行抽样查验且派人监督。对小额订单要求提供包含有产品包装、堆放、装运过程和运输车辆信息等的现场照片或视频。

A. 建立以下书面文件并有效落实

对订单装运的货物、物品真实性进行核查的管理制度的书面文件,明确管理部门、工作职责、岗位设置、岗位职责、管理要求、应急处置、档案材料管理等内容。

B. 货物、物品安全情况

(1) 负责订单装运货物、物品真实性核查的责任部门(岗位)。

(2) 单笔交易额度较大订单的具体标准,跟踪验货和现场监装的具体执行情况。

(3) 交易额度小、交易频繁、总额较大的具体标准,抽样查验和派人监督的具体执行情况。

(4) 小额订单的具体标准,提供包含有产品包装、堆放、装运过程和运输车辆信息等的现场照片或视频的具体执行情况。

(5) 过往发生的异常情况和处置(若有)。

C. 按照海关认证人员要求提供抽查记录

企业对平台客户跟踪验货和现场监装的相关材料。

重新认证企业,抽查自成为认证企业或者最近一次重新认证后每一年的记录。

企业跟踪验货和现场监装等应与企业制度规定相符,并符合本项标准要求。

D. 配合海关认证人员实地查看

企业对平台客户货物、物品进行跟踪验货、监装的现场照片或视频。

装运出口货物、出境物品要视频监控并保存视频监控记录 3 个月;派员实地监装比例不低于 10%。发现有违法嫌疑或者高风险的货物、物品,及时采取合理的处置措施,并向海关报告。

练习题

一、不定项选择题

1.《海关高级认证企业标准》认证结果选项分为( )。

　　A. 达标　　　　　B. 基本达标　　　C. 不达标　　　　D. 不适用

2.《海关高级认证企业标准》包括( )。

　　A. 综合标准　　　B. 通用标准　　　C. 单一标准　　　D. 单项标准

3.《海关高级认证企业标准》(通用标准)的财务状况标准包括( )。

　　A. 内部审计和改进　B. 财务状况　　　C. 遵守法律法规　D. 进出口记录

4. 对企业财务状况的认定为基本达标的情况包括( )。

　　A. 上年度审计报告为无保留意见且无连续 5 年资产负债率超过 95% 情形的

　　B. 上年度审计报告为带保留意见且无连续 5 年资产负债率超过 95% 情形的

　　C. 上年度审计报告为否定意见,或者连续 5 年资产负债率超过 95% 情形的

　　D. 企业的 ERP 系统已与海关对接且提供资产负债表的,企业无连续 5 年资产负债率超过 95% 情形的

5. 法定代表人(负责人)、负责关务的高级管理人员、关务负责人、负责贸易安全的高级管理人员应当每年参加至少(　　)培训。
   A. 1次　　　　　B. 2次　　　　　C. 3次　　　　　D. 4次

二、判断题

1. 内部控制标准、财务状况标准、守法规范标准、贸易安全标准这四大类标准均属于《海关高级认证企业标准》(单项标准)。　　　　　　　　　　　　　　　　　　　　　　　(　　)

2. 加工贸易以及保税进出口业务、卫生检疫业务、动植物检疫业务、进出口食品业务、进出口商品检验业务、代理报关业务、快件运营业务、物流运输业务、跨境电子商务平台业务、外贸综合服务业务,这些针对企业不同类型和经营范围的分类均属于《海关高级认证企业标准》(通用标准)。　　　　　　　　　　　　　　　　　　　　　　　　　　　　(　　)

3. 关企沟通联系合作规定:建立并执行与海关沟通联系和合作的机制,指定高级管理人员负责关务。在发现异常、可疑的货物单据或者非法、可疑和不明货物涉及海关业务时,及时通知海关。　　　　　　　　　　　　　　　　　　　　　　　　　　　　　　(　　)

4. 遵守法律法规规定:企业法定代表人、主要负责人、财务负责人、关务负责人2年内未因故意犯罪受过刑事处罚。　　　　　　　　　　　　　　　　　　　　　　　　　(　　)

5. 进出口商品检验业务规定:企业进出口商品需要检验监管的,对日常检验监管情况、生产经营情况、不合格货物的处置、销毁、退运、召回等情况建立台账。　　　　(　　)

扩展阅读

【企业管理】Q&A:新版《海关高级认证企业标准》问答

2022年10月28日,海关总署公布了新修订的《海关高级认证企业标准》(以下简称新《标准》),对原认证标准进行了优化整合,下面让我们一起了解一下海关高级认证企业相关认证标准和流程的相关知识吧!

1. 新《标准》要求是否有所降低?

作为《中华人民共和国海关注册登记和备案企业信用管理办法》的配套文件,新《标准》在坚持总体认证标准不降低的前提下,由原来的269项优化整合至94项,缩减约65%,指标设置更科学、内容更精练、表述更简洁,更加适应企业多元化经营需求。

然而,新版认证标准对企业的达标要求并没有降低,进出口企业需要关注认证标准前后的变化,充分准备、无缝衔接,通过新申请或者持续符合AEO高级认证资质,享受通关便利、联合激励等政策红利。

2. 新《标准》认证程序与原《标准》有何区别?

新《标准》认证程序更优化,进一步为企业减负增效。新《标准》聚焦市场主体反映较为集中的"程序烦琐、标准繁复"等问题,在制度设计上更加突出实用、管用、好用。

（1）整合优化了认证项目。新《标准》对原《标准》中重复表述、缺乏对应便利化措施、与企业经营实际不匹配的项目进行了较大幅度的优化整合。如，将原通用标准中的"单证控制"项和原单项标准中12个相关分项整合优化为1个项目，将原通用标准中的"信息系统"和原单项标准中的15个相关分项整合优化为1个项目；调整了原通用标准中的"注册信息""申报规范""传输规范"等16个分项、4个单项标准中"货物、物品安全"等10个分项；不再对企业"信息系统"的功能模块、数据库做出具体要求，更贴合企业经营实际。

（2）改革了认证判别方式。在企业通过认证条件中取消"赋分制"。企业没有"不达标"项且通用标准和单项标准的"基本达标"项分别不超过3项的，即可通过认证，通过认证的判断标准更加简单直接。

3. 新《标准》如何进一步与国际标准接轨？

为促进AEO互认磋商和制度比对高效开展，有利于AEO国际互认合作顺利推进，助力我国企业"走出去"和境外互认方AEO企业"引进来"，新《标准》主动对接世界海关组织最新出台实施的《全球贸易安全与便利标准框架》（以下简称《标准框架》）附件4所涉及的全部AEO条件与要求。

按照国际规则最新变化，在新《标准》"关企沟通联系合作""信息系统""经营场所安全""人员安全""海关业务和贸易安全培训"等项目中增加了员工保密意识的教育和培训、背景调查等相应内容；在"经营场所安全""集装箱""商业伙伴""进出口货物和进出境物品"等项目中增加相应解释，避免企业产生理解偏差。

同时，立足中国海关认证执法实践，将与《标准框架》所涉及的AEO条件与要求相关联的内容予以整合，如将原《标准》的"内部审计"和"改进机制"两个项目，整合为"内部审计和改进"项目，进一步实现与WCO国际规则趋同。

4. 认证通过的条件是什么？

（1）取消了赋分制规则，但依然采用"达标""基本达标""不达标""不适用"的结论来逐个评判企业是否符合各项标准。

（2）针对通过要求，除所有认证结果选项"均没有不达标情形"条件外，由"内部控制、贸易安全两类标准中没有单一标准项基本达标超过3项"的条件，调整为"通用标准基本达标不超过3项、单项标准基本达标不超过3项"，使通过认证的判断标准更加简单直接。

5. 企业申请高级认证企业时，海关是否要对所有通过标准和单项标准进行认证？

《中华人民共和国海关注册登记和备案企业信用管理办法》规定"高级认证企业应当同时符合通用标准和相应的单项标准"。

新《标准》实施后，海关将根据通用标准和企业经营涉及的海关业务类型相应单项标准进行认证。单项标准目前包括加工贸易以及保税进出口业务、卫生检疫业务、动植物检疫业务、进出口食品业务、进出口商品检验业务、代理报关业务、快件运营业务、物流运输业务、跨境电子商务平台业务和外贸综合服务业务等10项海关不同类型的业务。

6. 新《标准》在通用标准上有何变化？

(1) 内部控制标准。

① 将"内部组织架构"整合调整为"关企沟通联系合作"，新增"建立并执行与海关沟通联系和合作的机制"的要求，以及"在发现异常、可疑的货物单据或者非法、可疑和不明货物涉及海关业务时，及时通知海关"的规定。

② 分项标准"进出口单证"整合了原认证标准中对应的通用标准及单项标准相应条款，新增了"建立并执行禁止类产品合规审查制度"的要求。

③ 分项标准"信息系统"同样整合了原认证标准中对应的通用标准及单项标准中的相应条款，申明了"进出口活动主要环节在系统中能够实现流程检索、跟踪，涉及的货物流、单证流、信息流能够相互印证"的表述。

④ 分项标准"内部审计和改进"新增"发现有不符合海关企业认证标准事项导致企业无法持续符合认证企业标准的，应当主动及时向海关报告"的要求。

(2) 财务状况标准。

新版认证标准整体放宽了对财务状况的达标要求：

① 对"资产负债率超过95%"的不达标标准，从连续3年触发相应情形放宽至连续5年。

② 对财务状况的达标标准，从"提交会计师事务所出具的无保留意见审计报告"要求，调整为"提供会计师事务所审计报告"或"企业ERP系统与海关联网后的资产负债表"的可选择认证要求，避免由于企业审计报告未完成而导致认证延迟等情况发生。同时将财务状况连续提供3个会计年度调整为"上一会计年度"，为企业减负。

③ 新增对财务状况指标的"基本达标"认定条件，即"审计报告为带保留意见且无连续5年资产负债率超过95%情形"，在一定程度上降低了通过难度：原认证标准下，若企业的审计报告为带保留意见，则财务状况指标一项会被判定为"不达标"，进而企业将被一票否决被认定为不通过，新版认证标准下即使财务状况指标一项判定为"基本达标"，还可以根据其他标准情况进行综合审核认定。

(3) 守法规范标准。

新版认证标准在整合原标准的基础上完善了部分分项标准的内容：

① "遵守法律法规"分项标准中放宽了对企业法定代表人、主要负责人、财务负责人、关务负责人等相关管理人员故意犯罪受过刑事处罚的追溯期限，从原来的2年调整为1年；根据251号令的规定新增引用了相应条款，即"企业主动披露且被海关处以警告或者海关总署规定数额以下罚款的行为，不作为海关认定企业信用状况的记录"的认定标准。

② "管理要求"分项标准中删减了"2年内无未按海关要求办理保金保函的延期、退转手续的情形""2年内无未按规定向海关报告减免税货物使用状况的情形"等相关要求；紧密围绕海关监管重点，新增"危险品伪瞒报、夹藏夹带被查发"的一票否决项，引导进出口企业坚持安全发展理念。

③ 整体守法规范标准减少了对某些违规情事的追溯期限，如"向海关提供虚假情况或者隐瞒事实""企业和企业法定代表人、主要负责人、财务负责人、关务负责人等相关人员均

未被列入国家失信联合惩戒名单"等守法规范情事,管理要求的追溯期由2年降低为1年。

值得关注的是,新版认证标准对守法规范依然采用的是"一票否决"式的认定机制,即守法规范指标中只有"达标"和"不达标"两个选项,企业不符合标准中任何一种情形,即被判定为单项标准"不达标",进而导致整体无法通过AEO高级认证。

(4) 贸易安全标准。

新版认证标准在整合原标准的基础上完善了部分分项标准的内容:

① 调整"场所安全"为"经营场所安全",在一定程度上对共享办公区、共享园区等情形放宽了认定标准,对公共区域实施一般化的管理措施即可。

② 吸收合并了原认证标准中通用标准和单项标准中的相应规定,形成人员安全、货物物品安全、运输工具安全、商业伙伴安全等分项标准,整体规定更加贴合实践情况,符合大多数企业的生产经营实际。

③ 对标世界海关组织(WCO)《全球贸易安全与便利框架》的最新变化,在"集装箱""商业伙伴"等项目中增加对应解释,避免企业产生理解偏差。

④ 统合原认证标准中涉及"海关业务培训""信息安全""安全培训"的相关内容,综合调整为"海关业务和贸易安全培训"。

7. 新《标准》在单项标准上有何变化?

新版认证标准改变了原来按照企业类别分别单独设置单项标准的做法,取而代之的是秉持"信用+"管理理念,把信用管理与其他海关监管措施有机结合,标准内容覆盖保税、卫检、动植检、食品、商检、代理报关、快件运营、物流运输、跨境电商平台、外贸综合服务等10个业务领域,按照企业的不同经营范围进行设定,更加契合企业实际,让标准具有可操作性,即企业只需要按照自身的业务范围遵从相应的认证要求,不再考虑企业类别归属的冲突。

具体地,在单项标准中,对开展进出口食品业务的企业新增"1年内出口产品被国外通报安全卫生问题,调查后确认为企业自身原因导致质量安全问题的批次不超过2批次"的管理要求;对开展跨境电子商务平台业务的企业新增"对进入平台销售的商品是否符合跨境电商有关监管要求的审核制度"的管理要求,进一步体现监管协同效应。

8. "遵守法律法规"标准中增加的"经海关认定系企业自查发现并主动向海关报明"如何理解?

为更好体现海关宽严相济的执法理念,避免出现执法过程"一刀切"的情况,海关进一步优化"容错机制",鼓励企业自主发现差错并主动向海关报明,新《标准》对海关行政处罚决定书中注明"企业自查发现并主动向海关报明"的情形进行了明确:相关行政处罚不作为海关认定企业信用状况的记录。

9. 深圳关区企业如何申请海关高级认证企业?

(1) 提交申请。

企业想要申请成为海关高级认证企业的,对照《海关高级认证企业标准》(包括内部控制、财务状况、守法规范和贸易安全4大类标准)企业开展自我评估符合标准后,可向注册地海关企管部门提交申请。

可以现场提交或者网上提交申请。现场提交申请时需递交纸本申请材料原件,需加盖公章,如授权委托,需提供授权委托书和经办人身份证件复印件。材料齐全、填写完整、规范的,海关予以接受并制发受理回执。

深圳关区办理地点:福中海关

深圳关区咨询电话:0755-84395653。

网上提交申请请登录中国国际贸易"单一窗口"网站。

(2)海关审核。

企业提交的申请材料齐全、填写完整、规范的,海关予以接受并制发《高级认证企业申请回执》。

(3)实施认证。

深圳海关审核并组织开展认证作业,前往企业进行实地认证。

(4)作出决定。

深圳海关自收到申请及相关资料之日起90日内进行认证并作出决定。特殊情形下,海关的认证时限可以延长30日。

其中:适用认证企业管理的,海关制发《高级认证企业证书》。不予适用认证企业管理的,海关制发《未通过认证决定书》。

(5)企业信用等级查询途径。

企业可以登录"中国海关企业进出口信用信息公示平台",查询在海关的注册登记或者备案信息、信用等级及行政处罚信息等。

资料来源:http://www.customs.gov.cn/shenzhen_customs/511683/szhgaeogjrzsxjdztlm/rdwtjd50/5320098/index.html。

第五章 中国海关高级认证企业认证实施过程

本章概要

本章的主题是海关企业高级认证实施的策略和方法,共分为六个部分:一是 AEO 认证项目管理;二是 AEO 认证项目管理体系;三是 AEO 认证规划过程管理;四是 AEO 认证执行过程管理;五是 AEO 认证监控过程管理;六是 AEO 认证收尾过程管理。

学习目标

了解 AEO 认证涉及复杂标准体系,涵盖内部控制标准、财务状况标准、守法规范标准、贸易安全标准等方面;熟悉海关企业 AEO 认证项目过程,包括启动过程、规划过程、执行过程、监控过程和收尾过程;了解海关企业 AEO 认证过程任务分解;了解海关企业 AEO 认证过程的步骤;了解海关企业 AEO 认证过程监控的要点;了解海关企业 AEO 认证收尾过程中的项目总结。

在了解和熟悉上述内容的基础上,对中国海关高级认证企业认证实施过程有一个整体的概况把握,在以后从事涉外工作的过程中,增加和积累实际工作经验,为从事海关信用体系建设和贸易合规工作打下坚实的基础。

一、AEO 认证项目管理

海关 AEO 认证涉及一系列复杂的标准体系和管理优化措施,需要企业高效协同,切实改善。

现今,中国已经全面进入 AEO+时代。通过海关 AEO 认证,已经成为广大涉外企业提升市场竞争力的必须依靠的手段。

AEO 认证涉及复杂标准体系,涵盖内部控制标准、财务状况标准、守法规范标准、贸易安全标准等方面,可细分成近百项细节认证标准。

AEO 认证涉及范围广、层次多,细节要求高,是一项系统化的管理优化工程,对于广大企业来讲,需要慎终如始,是一个重大的挑战。

二、AEO 认证项目管理体系

项目管理是项目的管理者在有限的资源约束下,运用系统的观点、方法和理论,对项目涉及的全部工作进行有效的管理,即从项目的决策开始到项目结束的全过程进行计划、组织、指挥、协调、控制和评价,以实现项目的目标。

企业 AEO 认证项目过程包含五个阶段:第一阶段启动过程;第二阶段规划过程;第三阶段执行过程;第四阶段监控过程;第五阶段收尾过程。

(一) AEO 认证启动过程管理

AEO 认证启动过程管理包括明确其重要性、紧迫性、必要性和可行性,确定 AEO 项目方案及目标、项目组织架构、项目成本、项目实施计划等(如图 5-1)。

图 5-1 AEO 认证启动过程核心管理事务

(二) AEO 认证工程总则——信用为先,营建文化

AEO 认证是海关对进出口企业信用体系进行认证。企业应该培育良好的信用管理文化,建立健全全面进出口信用体系,包括进出口信用体系管理策略、进出口信用体系管理的组织职能体系、进出口信用体系内部控制体系,从而为实现进出口信用体系管理的总体目标提供合理保证的过程和方法。

要抓好涉外型企业进出口信用体系管理,不仅仅是企业一个报关作业部门就能够达成的事务。涉外型企业进出口信用体系管理必然是全局性的事务,受企业管理层和其他人员的影响,应用于企业的战略制定及各个方面,通过企业部门间的协作,将企业的进出口信用管理置于可控状态,从而为实现企业的经营目标提供合理保证。

AEO认证工程总则：
培育良好的信用管理文化。进出口信用体系管理不是作秀，杜绝"造假"；
切实建立制度、体系，严格执行，杜绝形式主义；
必须建立独立客观的进出口活动审计体系并形成常态运作机制；
必须完善进出口活动的内部控制体系；
必须将贸易安全体系纳入企业管理体系中（如：场所、人员、货物安全、运输安全等）。

企业的进出口信用体系管理和AEO认证工程是一个过程。企业进出口信用体系管理不是静止、一成不变的，而是一个持续改进的过程。它既与海关政策变化相关，也与企业日常的管理水平、经营活动息息相关。比如，国内某知名企业通过关务作业整改，将海关政策和监管要求嵌入企业采购、销售、仓库管理、财务管理、生产管理等各个运营环节，优化企业相关作业流程的同时，建立了进出口信用体系管理组织以及自查自核体系，将关务内控管理体系与公司的销售、采购、计划、物控、生产制造等内控流程、制度融为一体。

企业进出口信用体系管理和AEO认证工程仅对目标的实现提供合理的保证而非绝对的保证，这是因为进出口信用体系管理的不确定性与未来有关，当政策环境和流程环境变化时，进出口信用体系管理系统也要进行相应的调整。

为了进出口信用体系管理和实施AEO认证所设立的企业管理控制制度并非是在企业内对权力进行分配，而是当企业的进出口信用体系管理机制嵌入到企业的基本制度之中，并成为企业经营中一个不可分割的部分时，进出口信用体系管理才有可能发挥出最大效用。

企业进出口信用体系建设和AEO认证工程是各位员工的共同责任，而并非管理层单方面的责任，企业进出口信用体系管理受公司各个层级员工的影响。

企业进出口信用体系管理机制对公司员工的行为产生相应的影响，具有一定的约束性。但是在一个企业中，由于不同的员工具有不同的教育背景、经历和技能，也有不同的需求和偏好，对进出口信用体系管理和AEO认证的认识、态度和方法也就不一致。往往出现制度的制定与执行相脱节，企业进出口信用体系管理和AEO认证工程就是要提供一种机制来帮助员工从公司目标实现这一角度来理解进出口信用体系管理和AEO认证工程，将员工的职责、权限和工作方式与公司目标之间建立一个明确的、紧密的关联。

（1）企业应注重进出口信用体系管理意识的企业文化，促进企业进出口信用体系管理水平、员工进出口信用体系管理素质的提升，保障企业进出口信用体系管理和AEO认证工程目标的实现。

（2）进出口信用体系管理文化建设应融入企业文化建设全过程。大力培育和塑造良好的进出口信用体系管理文化，树立正确的进出口信用体系管理理念，增强员工进出口信用体系管理意识，将进出口信用体系管理意识转化为员工的共同认识和自觉行动，促进企业建立系统、规范、高效的进出口信用体系管理机制。

（3）企业应在内部各个层面营造进出口信用体系管理文化氛围。企业高层应高度重视进出口信用体系管理文化的培育，同时在培育进出口信用体系管理文化中起表率作用。重要进出口业务流程和进出口信用体系管理控制点的管理人员和业务操作人员应成为培育进出口信用体系管理文化的骨干。

（4）企业应大力加强员工法律素质教育，制定员工道德诚信准则，形成人人讲道德诚信、合法合规经营的进出口信用体系管理文化。对于不遵守国家法律法规和企业规章制度、弄虚作假、徇私舞弊等违法及违反道德诚信准则的行为，企业应严肃查处。

（5）企业全体员工尤其是各级管理人员和业务操作人员应通过多种形式，努力传播企业进出口信用体系管理文化，严格防控纯粹风险、审慎处置机会风险。

（6）进出口信用体系管理文化建设应与薪酬制度和人事制度相结合，有利于增强各级管理人员特别是高级管理人员进出口信用体系管理意识，防止盲目扩张、片面追求业绩、忽视进出口信用体系管理等行为的发生。

（7）企业应建立重要进出口业务流程、进出口信用体系管理控制点的管理人员和业务操作人员岗前进出口信用体系管理培训制度。采取多种途径和形式，加强对进出口信用体系管理理念、知识、流程、管控核心内容的培训，培养进出口信用体系管理人才，培育进出口信用体系管理文化。

（三）进出口信用体系管理的方向和目标

涉外型企业进出口信用体系管理问题归根到底是企业规范化运作的问题。实施进出口信用体系管理，必然受诸多因素影响，如企业管理水平、生产工艺复杂度、进出口作业方式、规范化作业程序等。

我们认为进出口信用体系管理的方向和目标就是一个字——"清"（如图5-2）。

图5-2　涉外型企业进出口信用体系管理的方向和目标

1. 看清楚

涉外型企业必须充分认清形势、看清政策、看清楚自身目前的运行状况。

实施全面进出口信用体系管理，企业应广泛、持续不断地收集与本企业进出口信用体系和进出口信用体系管理相关的内部、外部初始信息，包括历史数据、现行数据和未来风险预测数据。应把收集初始信息的职责分工落实到各有关职能部门和业务单位。

（1）企业须加强对政策法规的学习，时刻关注国家政策变化走向，有效杜绝政策不清、政策不明所带来的风险；

(2)及时掌握企业内、外部人员的道德风险,避免企业遭受损失或业务控制系统失灵;

(3)广泛收集国内涉外型企业忽视法律法规引发进出口信用体系失控,从而导致企业蒙受损失的案例;

(4)理清现状,心中有数,企业必须对自身的管理现状有个清醒的认识。

涉外型企业应充分掌控进出口业务管理现状,评估企业现行进出口业务各个环节的运作风险,使管理层对企业整体运作水平有一个系统、理性、具体的认识。

2. 分清楚

在看清企业现状的基础上,对于历史积存问题,要认识分析,制定有效的"消遣"方案。

另外,要结合进出口信用体系特点和AEO认证标准要求,做好企业人员的责任分工和流程设计。

举例来说,对于加工贸易企业,一定强化员工的保税意识:保税/非保税作业一定要分清楚;保税加工货物的各种形态一定要分清楚;外发加工、受托加工货物一定要分清楚……,同时细化保税加工过程的责任分工、强化内部控制机制。

3. 说清楚

对于可能引起进出口风险事务,如归类争议、估价争议、账务差异争议等,企业一定要抓好证据收集和过程管控工作,以便能够对相关事务"说清楚",充分运用好主动披露机制。

AEO认证工程是行业最佳实践、企业特色和AEO标准相融合的过程。

在海关实施认证过程中,企业须将相关行业最佳实践、企业特色充分地与海关认证官员沟通,以增强彼此之间的了解。

4. 交清楚

建立进出口信用管理体系,企业一定要树立依法纳税意识,正确认识"补税",该纳税的一定要交清楚。许多企业违规、走私就源自贪图小利、玩弄小聪明以逃避国家税收。

为了实现"看清楚、分清楚、说清楚、交清楚",企业须采取配套的有效措施,建立规范的管理制度。

(四)AEO认证项目组织架构

AEO认证工程涉及几乎所有部门,为确保AEO认证工程顺利实施,企业应该建立强有力的项目组织。

图5-3为某集团企业结合自身管理特色和AEO认证工程的特点,设计的多层级、多组合AEO认证工程组织架构。

AEO认证是CEO工程,必须企业高层的全力支持。

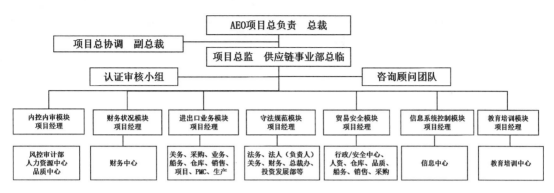

图 5-3 AEO 认证工程组织架构范例

项目管理者或项目经理在 AEO 认证工程项目管理中起着非常重要的作用。即便是组织架构相对简单的企业,也必须安排具备相应管理能力、权限的人员负责项目管理。

(五)AEO 认证工程项目成本

项目的成本是项目的全过程所耗用的各种费用的总和。项目的成本管理对于企业来说非常重要,成本管理并不只是把项目的费用进行监控和记录,而是需要对费用数据进行分析,以发现费用的成本隐患和问题,在项目遭受可能的损失之前采取必要的行动。

 可能涉及的诸多成本投入促使一些企业推迟 AEO 认证工程项目。

AEO 认证工程可能涉及的成本费用项目包括软硬件和配套设施、管理体系改善、人力资源投入、第三方咨询机构费用等方面。

表 5-1 是某公司实施 AEO 认证工程项目的成本概算表。

表 5-1 AEO 认证工程项目成本概算表范例[①]

成本项目	子成本项目	费用预算(人民币)	说明
软硬件和配套设计	进出口业务系统应用服务器	10 万元	双机镜像
	信息化系统	65 万元	进出口业务系统 进出口业务系统与 SAP 系统集成应用开发

---

① 注:此处为粗略概算。更精确的成本数据在对企业 AEO 认证体系评估和确定相应的改善方案之后方能进行测算。

续　表

成　本　项　目	子 成 本 项 目	费用预算（人民币）	说　　明
软硬件和配套设计	系统维护费	9.75万元	软件一般按15%支付年度服务费
	安防设施（门窗、视频、报警、隔离设施等）	115万元	1）围墙搭建、围网搭建 2）视频要求高清制式，围墙全覆盖、装卸平台、出入口、停车区域等
	身份识别和其他配套设备（备份、防入侵、反病毒等）	20万元	
管理体系建设	体系复核和评估	68万元	耗时120—210天
	管理制度体系改善		
	组织机构＆人力资源改善		
	作业程序、业务流程改善		
	培训体系改善		
	信息化系统、安防装备、身份识别以及其他硬件设施改善		
	进出口业务审计		
	财务状况指标改善		
	守法规范指标改善		
	AEO认证其他要件完善		
人力资源增加	增加约5人	50万元	年度成本
第三方咨询机构费用	具备生产计划、生产作业控制、供应链管理体系化咨询能力的顾问机构	20万元	年度服务

三、AEO认证规划过程管理

AEO认证规划阶段的主要工作如图5-4所示。

各企业可以结合自身的特色对AEO认证工作任务进行分解，如图5-5所示。

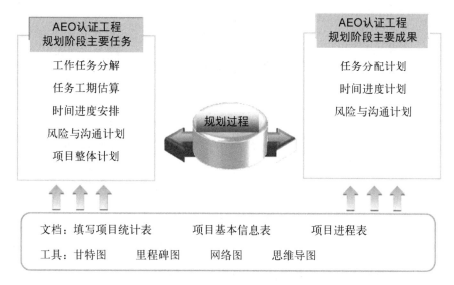

图 5-4　AEO 认证工程规划阶段主要工作

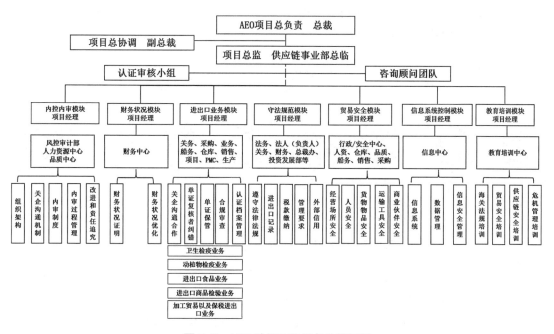

图 5-5　AEO 认证工程任务分解示例

四、AEO 认证执行过程管理

项目执行是指正式开始为完成项目而进行的活动或努力的工作过程。项目执行过程是项目管理应用领域中最为重要的环节。在这个过程中,需要协调和管理项目中存在的各种技术、组织、管理等方面的问题。

基于这样的分解,一般企业的 AEO 认证工程的步骤如图 5-6 所示。

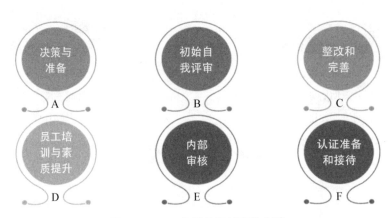

图 5-6　AEO 认证执行过程的步骤

1. 决策与准备

企业须结合自身发展规划和条件,确定 AEO 认证目标。

2. 初始自我评估

企业参照 AEO 认证标准,进行自我评估。图 5-7 为企业 AEO 认证体系自我评估参考流程。如果企业不具备自我评估能力,也可以委托专业咨询机构帮助进行自我评估。

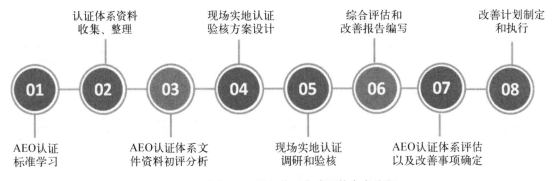

图 5-7　企业 AEO 认证体系自我评估参考流程

3. 整改和完善

在自我评估的基础上,企业制订 AEO 认证体系整改计划并持续完善。

由于 AEO 认证体系建设是涉及企业诸多部门,是系统化工程,建议企业制订严谨的整改和完善计划(见图 5-8)。

图 5-8　AEO 认证体系整改和完善计划示意图

4. 员工培训与素质提升

员工素质提升是 AEO 认证体系建设的关键。

按照 AEO 认证标准,企业应当建立对人员进行海关法律法规、信息安全、供应链安全、危机管理等政策教育和培训的机制,以识别违反安全政策的行为,并采取必要的措施应对在安全方面的失误。

同时,AEO 认证体系建设过程涉及诸多的制造、流程优化和改善,需要通过员工培训强化执行。

5. 内部审核

企业制订 AEO 认证体系整改计划,可能采取循环推进方式,通过几轮自我评估、持续完善方式,最终达到 AEO 认证标准要求。

如有必要,也可以委托专业咨询机构帮助进行过程整改、完善和内部审核指导。

6. 认证准备和接待

为了提升海关实地认证时的企业配合效率,建议企业提前做好认证准备和接待工作预案。

表 5-2 可供参考。

表 5-2　AEO 海关现场认证准备指导书(示例)

负责人员	准备事项内容	备注
AEO 接待人	1. 会议准备:投影仪,白板(笔、板刷),公司简介 PPT/视频,认证文件(电子档、纸质档)。 2. 向海关认证关员介绍现场参加会议的公司领导、各部门负责人。 3. 播放公司介绍 PPT/视频。 4. 按照顺序展示认证文档(制度、程序/流程、记录)。 5. 负责会议记录,详细记录海关认证关员提出的整改意见。	
法人代表 (或其授权人)	1. 向认证海关关员介绍公司组织架构、运营等的概况。 2. 应海关要求,介绍自己对国家海关法律法规,尤其是对 AEO 认证方面的有关规定的了解情况。 3. 应认证海关关员要求回答参加何时参加了海关法律法规培训、培训的内容,和对培训的体会等。	准备应答海关询问。
负责海关事务的 高级管理人员	1. 介绍公司 AEO 认证事务,包括启动时间、培训情况、制度/流程改进等情况。 2. 介绍公司进出口业务运作总体流程。 3. 说明公司是否有违反海关监管要求或被海关要求改进的事项,如有,如何改进的(记录)。 4. 介绍企业是否有良好的外部信用情况(连续 1 年在工商、商务、税务、银行、外汇、检验检疫、公安、检察院、法院等部门未被列入经营异常名录、失信企业)。	准备应答海关询问。

续 表

负责人员	准备事项内容	备 注
负责海关事务的高级管理人员	5. 介绍自己对国家海关法律法规方面的政策,尤其是AEO认证方面的有关规定。 6. 介绍企业是否有因为违反海关监管事项的责任追究事项、如有介绍具体的追责情况(记录)。 7. 介绍在改进方面实施的机制,是否有正在进行的改进?如果有,介绍具体改进情况(记录)。 7. 简单介绍公司信息化系统使用情况,如使用什么财务、物流、关务系统或模块。 8. 简单了解进出口业务数据是否在财务、物流、关务模块中可追溯,根据什么实现追溯,在海关要求时予以简单回复。 9. 介绍公司对商业合作伙伴的准入评估、定期检查情况(请提前要求采购、商务、关务等部门提供简单介绍),在海关要求时予以简单回复。 10. 了解现有与公司发生业务往来的商业合作伙伴类型、总体数量、海关信用等级等方面的情况。 11. 应海关要求,能介绍自己对国家海关法律法规,尤其是对AEO认证方面的有关规定的了解情况。 12. 应认证海关关员要求时回答参加何时参加了海关法律法规培训、培训的内容,和对培训内容的理解等。	准备应答海关询问。
以下略。		

五、AEO 认证监控过程管理

项目监控规程是指项目从发起起点到结束终点之间的各项监督、调控的工作的规程。AEO 认证工程项目监控范围是全部的,不能是局部的范围。而且项目的监控都是跟项目的活动内容对应存在,只要有活动,就会有监控。

项目监控主要对项目进度、资源和费用、人员表现和高风险任务等方面进行管理(如图 5-9 所示)。所采取的监控方法、监控工具如图 5-10 所示。

图 5-9 AEO 认证项目监管要点

图 5-10　AEO 认证项目监控方法、监控工具示意图

六、AEO 认证收尾过程管理

AEO 认证工程的目标是通过海关 AEO 认证。经认证,符合高级认证企业标准的企业,海关制发高级认证企业证书;不符合高级认证企业标准的企业,海关制发未通过认证决定书。高级认证企业证书、未通过认证决定书应当送达申请人,并且自送达之日起生效。

 AEO 认证工程是持续动态、循环优化的管理工程,不是一劳永逸的事务。一次认证工程项目的收尾可能意味着再一次认证工程项目的开始。

中国海关对企业信用状况的认定结果实施动态调整。

海关对高级认证企业每 5 年复核一次。企业信用状况发生异常情况的,海关可以不定期开展复核。

项目收尾中的一项重要工作是进行项目总结,相关总结事项如图 5-11 所示。

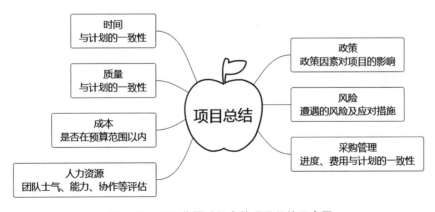

图 5-11　项目收尾过程中的项目总结示意图

练习题

一、不定项选择题

1. 海关企业 AEO 认证项目过程包括（　　）阶段。
   A. 2 个　　　　　B. 3 个　　　　　C. 4 个　　　　　D. 5 个
2. 海关企业 AEO 认证项目过程包括的阶段有（　　）。
   A. 启动过程　　　B. 规划过程　　　C. 执行过程　　　D. 监控过程
3. AEO 认证工程是（　　）相融合的过程。
   A. 管理层责任　　B. 行业最佳实践　C. 企业特色　　　D. AEO 标准
4. AEO 认证工程可能涉及的成本费用项目包括（　　）等方面。
   A. 软硬件和配套设施　　　　　　　B. 管理体系改善
   C. 人力资源投入　　　　　　　　　D. 第三方咨询机构费用
5. AEO 认证执行过程中，一般企业的 AEO 认证工程包括的步骤有（　　）。
   A. 整改和完善　　　　　　　　　　B. 员工培训与素质提升
   C. 内部审核　　　　　　　　　　　D. 认证准备和接待

二、判断题

1. AEO 认证涉及范围广、层次多，细节要求高，是一项系统化的管理优化工程，对于广大企业来讲，需要慎终如始，是一个重大的挑战。（　　）
2. 企业的进出口信用体系管理和 AEO 认证工程是两个过程。（　　）
3. 企业进出口信用体系建设和 AEO 认证工程是管理层单方面的责任，企业进出口信用体系管理不受公司各个层级员工的影响。（　　）
4. AEO 认证工程是持续动态、循环优化的管理工程，不是一劳永逸的事务。（　　）
5. 进出口信用体系管理和实施 AEO 认证所设立的企业管理控制制度是在企业内对权力进行分配，不是为了企业的进出口信用体系管理机制嵌入到企业的基本制度之中。（　　）

扩展阅读

AEO 认证推动企业自我革新

企业档案：

盘起工业（大连）有限公司（以下简称盘起）成立于 1990 年 10 月，是日本盘起工业株式会社在大连开发区投资兴建的外商独资企业，也是盘起中国集团的母公司，主要生产模具标准件及外围部件，年进出口总额 3 700 万美元，年销售额突破 14 亿元人民币，是中国规模最大、最具影响力的模具标准件企业。经过海关认证前培育,历经前期整改、正式申请、企业各部门自我革新、部门间高效联动,完成了大量工作。2020年12月,成为大连关区高级认证企业。

企业家名片:

川崎丈二(日本),现任盘起总经理,法定代表人。

问:据我们了解,疫情期间,贵公司进出口总值逆势增长,您认为AEO认证对企业生产经营的促进作用体现在哪些方面?

川崎丈二:AEO认证将我公司信用管控和海关监管业务有机融合起来。通过打出"提高企业生产管控"和"完善企业生产标准"的组合拳,在获得国际贸易"绿色通行证"与提升国际品牌形象的同时,为我公司创造更多的红利。具体直观表现为强化和提升内部管理,实现利益最大化(优先享有提前通关、提前申报、提前退税、免除担保,享受财政部、商务部等部门的联合激励政策),成本最小化(降低企业财产风险、供应链安全风险、国际贸易风险等;降低我司进出口货物查验率、稽查率,减少查验费等)。让企业牢牢植根本土,让员工更有安全感!

问:企业为申请AEO认证做了哪些准备?

川崎丈二:我们可用几组数字介绍公司的前期准备:历经7次会议、2次调研、12场次培训,AEO认证小组涉及的12个部门自查自改;数次用钉钉、微信等软件在线辅导;1次海关入场交流指导,迅速做出应对,查缺漏,补短板,自上而下,有效进行。围绕海关AEO认证指南4大类、17项、31条标准,予以完善改进。例如,经营管理部《合同评审》、监察室《内部监察实施细则》、品质管理部《管理手册》、物流部《进出口管理细则》、采购部《采购、业务操作细则》、海外部《海外销售业务流程》、研究开发部《文件管理要领》、信息管理部《信息安全管理手册》、财务部《财务工作流程手册》、人力资源部《就业规则》、生产管理部《大连工厂厂区间产品转运规定》、总务部《总务管理规程》等,新增、修订了公司级46个相关管理文件,并有效实施。

问:您觉得AEO认证给企业带来的最大利好是什么?

川崎丈二:我觉得最大的利好,就是使我们在申请认证、对标标准的过程中,找到了企业新的增长点,即通过规范内部管理,提质增效;通过内审及时纠偏,各部门精诚协作,促使企业管理全面优化升级。

问:具体来说,AEO认证从哪些方面提升了企业内部管理水平?

川崎丈二:AEO认证绝非仅和进出口贸易有关,对公司健全经营管理体系也具有重要意义。经过认证准备工作,公司有多个文件进行同步修改并有效实施,降低了盘起的运营风险,提升了盘起的整体管理水平,也打破了以往的一些工作模式和流程。我们不会止步于在审核中获得认证,今后也会继续保持和持续改进,将AEO认证工作更好地对接我公司发展所需，更高效地与发展深度融合。

通过海关认证，我们确定了盘起今后的工作重点：一是有效落实；二是持续不断地学习，主动提高与完善；三是在业务环节，释放创新潜力，解锁改善技能，继续提升业务质量和纠错能力；四是我们有责任和义务协助合作伙伴提升其管理水平，这样才能良性进步，共同发展，合作共赢。盘起30年来取得了优异的成绩、积累了丰富的经验，未来将借助AEO认证的契机，全方面提升管理水平，为成为行业内的No.1不断努力。

问：贵公司对此次认证过程有哪些体会？

川崎丈二：我司对此次认证过程体会颇深，每个部门都在此次认证中收获满满，在公司的总结会议上，各部门都表达了此次认证过程中的收获和感想，我在此转述一下，和广大兄弟企业共勉。

物流部表示，作为AEO认证项目的牵头部门和协调人，组织多次认证标准的内部培训及内部检查，全力推进认证工作。完善了本部门《仓储、发货区域安全管理要领》《进出口业务管理细则》等6个相关制度文件。协同监察室、品质管理部对涉及AEO认证的其他44个制度文件进行修订完善。在摸索中前行，结合AEO认证指南，紧贴公司发展需求，开展多次业务培训，提升物流员工业务知识与技能，促使物流工作更高效，确保进出口货物更安全。通过此次AEO认证工作，物流部不仅拓宽了对公司整体业务的认知度，还增进了与各部门业务配合的亲密度。

监察室认为，他们负责公司的内部控制和内部审计工作，全程参与AEO认证，完善了《内部监察实施细则》等制度文件。在全面了解并掌握所有相关业务部门业务流程及环节的同时，对各业务环节提出很多合理化改善建议。为了满足AEO认证每年一次的内审要求，监察室加强自身的专业知识学习，不断提升自己，确保今后内审工作正常有效进行。

经营管理部表示，通过AEO认证标准培训，经营管理部对部门职能、印鉴管理、合同管理等业务进行梳理，修改了《印鉴管理规程》《合同管理规程》，编制、发布了样本合同与《商业合作伙伴贸易安全补充协议》，从而完善了相关管理工作上的不足，也对今后提升本部门的业务能力起到了很好的助力作用。

品质管理部提出，他们负责公司ISO质量、航空、铁路等各个管理体系的认证、运行管理工作。借着AEO认证的契机，品质管理部审视原有业务，对公司《管理手册》《供应商选择及评价操作细则》《不符合、纠正和预防要领》等进行了符合性修订；编制了B类供应商的稽核评价表及贸易安全评价内容，补充完善了供应商评价体系；与信息管理部配合，将对供应商的日常管理纳入公司ERP系统管理中。品质管理部始终秉承"真实、有效、持续、稳定"的理念，保证公司质量方针得到充分贯彻执行。

采购部表示，通过AEO认证工作，采购部对部门业务重新梳理，修订了《设备采购管理要领》等文件，完善采购流程，消除采购隐患。供应商在企业的经营发展中发挥着重要作用，此次与品质管理部配合，用科学的考核方法去优化激活供应商。洞察采购本质要素，规范采购流程，参考采购信息流、货物流、资金流三途径，不断迭代，思考创新的可能性，以此完善采购信息系统,确保工作质量,提高效率,降低成本。今后,采购部将和诸多供应商持续改善,实现共同发展,共同进步。

海外部认为,作为一个和进出口活动直接相关的销售部门,通过学习高级认证的内容,在梳理本部门业务流程(单证流、信息流、货物流)的过程中,完善了过去忽视的个别环节,消除了海外销售业务潜在风险。AEO认证不仅督促海外部完善销售业务流程,也让其深知AEO认证将为未来海外销售带来更多的机遇与便利措施。通过此次认证工作,海外部对公司整体业务流程和相关要求有了更深入的了解和认识,更有利于今后全球销售工作的有效开展。

研究开发部认为,作为管理标准和技术标准日常管理部门,此次借着AEO认证,重视内部工作,对"外部标准"的有效性进行内部盘点,确保"外部标准"版本的有效性。随后又将《有效文件(外部标准)一览表》进行更新,确保文件的时效性。公司50个制度文件有效的完善与发布,是多个业务部门默契配合、高度凝聚取得的结果。今后,研究开发部将和各部门持续性完善各项制度文件,确保AEO认证工作的有效运行。

信息管理部表示,在合规守法的前提下,信息管理部与各部门紧密合作,整理需求、梳理业务、完善系统、重置数据、完善信息安全体系,以满足AEO认证对信息系统、数据管理、信息安全方面等高标准要求。系统要做到具备可记录、可追溯、可查询、可分析、可预警功能;数据的产生要更加及时、准确、完整、规范;数据安全需要信息安全体系护航。今后信息管理部将继续提升系统化效率,驱动超级个体,资源赋能,构建个性化、特色化的盘起信息系统。

财务部表示,对于AEO认证,从懵懂到了解,再到参与,受益匪浅。财务部一直秉承着对数据慎之又慎、对业务精益求精的原则进行日常工作。在实际工作中,及时向相关部门传递银行、外汇、税务方面的信息,认真登记进出口信息。AEO认证的过程,也是一个重新审视自我业务的过程,可以将业务流程内部控制上的瑕疵进行讨论改进,对业务提升有很大的帮助。

人力资源部认为,招聘、培训、档案管理是HR工作的重点项目。今年,借由AEO认证工作,重新审视部门工作,修订完善《就业规则》《招聘管理细则》《人员培训管理细则》《档案管理规定》等制度文件。在招聘、员工入职时增加背景调查、无犯罪记录证明,离职时严控各项权限的使用等安全管控措施;扩大公司内部培训内容和范围。截至目前,共开展了20多场次相关培训,参加人数约6 000余人次。为企业招聘、培养优秀的人才,促进公司的和谐发展,人力资源部责任在肩,不负使命。

生产管理部认为,在AEO认证工作的指导下,加强仓库人员安全教育培训,提高员工安全意识,开展《AEO认证基础知识培训》《危险化学品安全管理》等培训;建立《原材料管理规则》《资材管理规则》等安全规章制度;新增锁闭装置、监控设备,进一步完善仓库区域安全防护措施;各库分区域标志清晰,警示明确。本着预防为主、规范管理、确保安全的工作方针,从安全培训、重点防范、消除隐患入手,抓落实、保落地,确保库存安全、货物安全。

总务部认为,作为企业的"大管家",总务部从新厂房建设开始,就陆续投入各种硬件设备,安装出入刷卡机,增加监控摄像头,加高围墙电网等,为AEO认证工作奠定基础。总务部完善了《总务管理规程》《公司内部治安保卫管理要领》等10个制度文件。从员工上下班刷卡出入,到进出车辆和人员的登记检查,总务部从安全角度出发,改善消除所有安全隐患,提高公司厂区管理,提升公司生产的安全等级;增强员工对公司的信赖度和归属感。未来,总务部在AEO认证的推动下,持续完善各项设施,为公司的发展提供有力支持。

问:通过您的介绍,我们可以深刻感受到取得高级认证资质后,贵司各部门的管理水平都有了质的提升,也预祝企业在今后的生产经营中,取得更好的成绩。下一步公司有什么规划和设想?

川崎丈二:取得海关高级认证资格,这不是结束,而是开始。今后,我们将持续以更高的标准和更严的要求,进一步规范内部控制和业务管理,为公司及盘起集团整体的高质量持续性发展助力前行。"假舆马者,非利足也,而致千里;假舟楫者,非能水也,而绝江河。君子生非异也,善假于物也。"我们要借AEO认证的东风,夯实工作基础,让盘起集团的发展更具活力。

资料来源:《海关总署文告》2021年第12期,第78—83页。

附录

AEO 认证部分申请文件范例

注:范例只是纲领性的内容,实际制度中,需要细化和丰富内容,特别需要列明海关要求的相关内容。制定文件时,需要按照企业自身的业务流程,组织结构和管理规则来量身定制。这样,才是符合海关要求的 AEO 文件。必须杜绝照抄应付,与实际不符的制度将被海关否决。

001 人事行政管理制度

第一章 总则

第一条 为加强公司的人事行政管理,理顺公司内部管理关系和提高工作效率,使公司人事行政管理规范化、制度化,根据《公司法》《劳动法》以及其他法律法规的规定,结合公司实际情况,特制定本制度。

第二条 适用范围:本规定适用公司全体职员,即公司聘用的全部从业人员。

第三条 除遵照国家有关法律规定外,本公司的人事行政管理,均依本制度规定办理。

第二章 人才招聘

第四条 公司因业务或管理需要招收新员工的,由各主管部门根据岗位要求和需求人数填写《员工需求申请书》,经总经理批准后,报送人力资源部门予以招工。

第五条 公司招聘员工应以岗位要求、学识、能力、品德、体格等综合因素为依据,采用面试、笔试两种方式考查,公平竞争、择优录取。公司相关岗位员工审核一般原则:

(一)年龄 18—50 周岁,提供的身份证需真实有效,符合岗位设定的年龄要求。

(二)大专及以上学历,并需要提供学历证书,必须为全日制统招,国家承认学历,条件特别优秀者经总经理特批可以破格录用。

(三)个别需持证上岗的岗位,需要持有相关资格证书或相关技术职称的证书,必须真实有效,符合岗位设定的资格要求。

(四)相关岗位工作经验:业务助理应届生以上;业务员 1 年以上;经理需 5 年以上。

第六条 招用员工的程序为:入职调查(用电话或发放第三者背景调查表等方式)(此处需要细化)、面试(主管部门)、笔试(行政部)、通知结果(行政部)、三个月的培训、考核(主管部门)、予以试用(主管部门)、予以转正。

第七条 新进员工经笔试、面试合格和培训考核通过后,由行政部门办理试用手续。试用人员办理试用手续时,应向行政部门送交以下证件:

(一)毕业证书、学位证书原件及复印件;

(二)技术职务任职资格证书原件及复印件;

（三）身份证原件及复印件；

（四）体检表；

（五）其他必要的证件。

第八条 新员工的试用期为1个月或者3个月。在试用期间，由部门主管或经理对新员工的专业知识、工作能力、工作效率、责任感、品德等方面进行考核，考核合格的，予以转正；考核不合格的，予以辞退或安排在其他岗位试用。对于试用期内表现特别优秀的个别员工，试用部门主管可以提前结束试用期。

第九条 转正后的员工，公司将根据其岗位特点进行每年不少于一次的无犯罪背景调查。对于转岗至重要管理岗位的，人事部门将重新启动入职背景调查以保证公司用人的合法性。

第三章 人才培训

第十条 为提高员工的自身素质和工作技能，营造学习型企业，公司将举办各种培训活动；并根据实际工作的需要和员工的表现选派优秀的员工参加其他专业培训。

第十一条 公司各管理人员要高度重视人才培养与工作培训，要从公司的战略角度抓好人才培养和工作培训，各部门要有计划地安排员工进行培训，要有准备地开展各项培训活动；要深入领悟公司的用人理念和人才战略，要努力打造能够满足公司不断发展、使公司在市场竞争当中处于绝对优势的优秀人才队伍。

第十二条 员工的培训分为岗前培训、在职培训。

（一）岗前培训。内容包括

1. 公司简介、企业文化、规章制度等，具体由人力资源部负责；

2. 工作要求、工作程序、工作职责说明、工作技能培训等，由各主管部门负责。

（二）在职培训。各主管部门应该根据工作需要，定期对员工进行培训；在工作过程中，各级主管应随时因材施教，不断提高员工的工作技能和综合能力；员工本身也应该不断地研究、学习本职技能，不断地提高工作效率，不断地创新。

第十三条 凡被公司安排进行培训的员工应该服从安排，准时、认真地参加培训，不得无故缺席，确有特殊原因，应按有关请假制度执行。

第十四条 各部门应该将每次培训的人员和内容以书面的形式交由人力资源部备案；被指派到外面参加专业培训的员工，在培训过程中获得和积累的技术、资料等相关信息应该交由人力资源部保管；未经许可，任何人不得私自拷贝、传授或转交给其他公司或个人。

第四章 工作守则和行为准则

第十五条 公司的发展离不开全体员工共同的努力，全体员工要不断学习，万众一心、塑造卓越、共同成就未来；在工作过程中应该遵循如下守则：

（一）热爱公司，热爱工作，热爱生活；

（二）要有强烈的责任心和敬业精神；

（三）要有大局观念和战略思维，处处以公司的利益为重；

（四）要深入学习、充分了解、认真执行管理制度；

（五）结果导向，用自己最大的努力，给出最好的结果；

（六）要有团队合作精神和强烈的集体荣誉感，分工不分家；要充分发挥合作的力量，使"1＋1＞2"；

（七）不断学习，敢于创新，有错必纠，追求卓越；

（八）永不放弃，敢于挑战，积极主动，不怕困难；

（九）要注意培养良好的职业道德和个人习惯；

（十）要有时间紧迫感和危机感；

（十一）牢固树立服务意识。服务要做到主动、热情、周到,全心全意为客户服务,全心全意为公司其他同事服务。

第十六条 企业的业绩来自员工的努力,员工的行为代表着企业的形象,公司员工在工作的过程中应当遵守的行为准则有:

（一）遵守公司一切规章制度,服从公司的安排与管理;

（二）工作认真,尽职尽责、务实求真;

（三）按规定上下班,不迟到、不早退、不旷工;

（四）服装整洁,举止端庄,谈吐得体;

（五）严格保守公司的人事、财务、生产、业务、技术等商业秘密;

（六）上班时间不得串岗聊天,不得利用工作时间从事与工作无关的活动;

（七）工作时间不得中途离开岗位;如需离开,须经上级主管人员批准同意后方可离开;

（八）不得损毁或非法侵占公司财物,未经许可,不得把公司财物带离公司;

（九）讲究卫生,物品摆放整齐,不乱丢垃圾,维护公司办公环境的干净与整洁;

（十）法律法规或公司规定的其他准则。

第五章 员工的考勤、请假、休假制度

第十七条 工作时间。公司办公室管理人员采取弹性工作时间,可分为三种时间安排。第一种时间安排:上午9:00—12:00;下午13:00—18:00;第二种时间安排:上午9:30—12:00;下午13:00—18:30;第三种时间安排:上午10:00—12:00;下午13:00—19:00。每周工作五天,周六、周日休息。

第十八条 公司根据工作需要可以安排员工进行加班,员工不得推辞;但对被安排进行加班的员工,公司应该给予补偿合理的加班费或安排补休。

第十九条 请假。员工因病、因事需请假的,应事先填写请假单,先经过部门主管同意,再由上级领导审批后才能离开工作岗位;并获有关主管批准并交送人力资源部备案。员工因突发事件未经上述程序请假,则应在当日电话通知主管,并在恢复正常上班当日补办有关手续。请假的最小单位为半天,申请一周以上的假期需提前一周以上提出,以便主管安排工作。

第二十条 以下情况视为旷工:

（一）未经请假或假满未经续假而擅自不到职的;

（二）迟到、早退超过30分钟的;

（三）工作过程当中擅自离开岗位的;

（四）法律法规或公司其他管理制度规定的旷工情况。

第二十一条 国家规定的法定假日,公司按照国家的有关规定组织放假。

第二十二条 带薪年休假:工作已满1年不满10年的,年休假5天;已满10年不满20年的,年休假10天;已满20年的,年休假15天;部门经理安排员工休年假时,需提前一周向总经理提出申请,经批准后方可休假;确因工作需要无法安排休假的,由公司给予相应补助。

第六章 工资和福利津贴

第一节 工资

第二十三条 公司工资包括:基本工资以及福利津贴等。

第二十四条 工资自报到之日起薪,离职之日停薪。

第二十五条 加班费根据公司的相关规定或有关法律法规发放。

第二十六条 公司每月5日发上月工资。

第二十七条　在营业利润提高时,公司会相应地提高公司员工的工资待遇。

第二节　福利津贴

第二十八条　公司的福利津贴包括:奖金、保险、节假日津贴、交通补贴、外出旅游等内容。

第二十九条　奖金:对于工作表现优秀,为公司发展做出较大贡献者,公司将给予相应的奖金奖励。

第三十条　公司依照国家有关法律法规的规定,按照一定比例为员工购买社会保险。

第三十一条　生日补贴金:凡属于公司正式员工,公司在其生日之日给予 200 元的补贴金。

第三十二条　外出郊游:为丰富员工的业余生活,公司将根据需要组织外出郊游活动。

第七章　奖惩

第一节　奖惩原则

第三十三条　公司在对员工进行奖惩时,应该遵守赏罚分明、公平、公正、民主、合理等原则,并做到:

(一)奖惩有据:奖惩的依据是公司的各项规章制度、工作目标、员工业绩表现等;

(二)奖惩及时:公司管理人员对有利于公司未来发展、业绩提高的行为,应该及时给予奖励;并及时发现、纠正、惩罚员工错误或不当的行为,减少公司损失,使奖惩机制发挥应有的作用;

(三)奖惩公开:为了使奖惩公正、公平,并达到应有的效果,奖惩结果必须公开;

(四)有功必奖,有过必惩:在制度面前公司所有员工应人人平等,一视同仁,严防特权现象发生。

第二节　奖励

第三十四条　公司奖励的形式包括物质奖励、精神奖励、物质和精神奖励相结合等形式;公司奖励的种类包括:年终奖,全勤奖,优秀员工奖等。

第三十五条　年终奖:公司根据员工该年度的综合表现以及业绩情况发放年终奖。

第三十六条　全勤奖:全年满勤,无迟到、早退、病、事假者。

第三十七条　优秀员工奖:对于工作表现突出,业绩优秀,为公司带来明显效益者,公司将根据实际给予相应的奖励。

第三节　惩罚

第三十八条　惩罚的目的在于促使员工必须和应该达到并保持应有的工作水准,惩前毖后,不断改进,从而保障公司和员工共同利益和长远利益。公司惩罚的方式包括:警告、通报批评、罚款、辞退(此处需要增加"假借海关名义获取不当利益的情况下,将被辞退")等形式。

第三十九条　其他应该处罚的行为:

(一)利用工作之便图取私利、贪污、盗窃、诈骗、索贿、受贿、私吃回扣、经手钱财不清、拖欠钱财不偿、违反公司财务制度者;

(二)窃取、泄露、盗卖公司商业秘密者;

(三)恣意制造内部矛盾,影响公司团结和工作配合者;

(四)玩忽职守、敷衍塞责,行动迟缓,给公司生产管理带来损害者;

(五)利用工作时间从事第二职业或兼任其他企业职务者;

(六)损毁公司财物;未经允许,私自把公司财物带离公司者;

(七)公司遭遇任何灾难或发生紧急事件时,责任人或在场职员未能及时全力加以挽救者;

(八)打架斗殴、大声喧哗,影响正常工作秩序者;

(九)依照公司制度或法律法规规定应该处罚的其他情况。

第四十条　员工行为给公司造成重大损失或触犯国家法律法规的,公司有权对其做出处罚,或依法提起诉讼,追究其法律责任。

第八章 档案、公文打印管理

第四十一条 公司的档案管理由人力资源部指定专人负责,归档范围包括:公司相关证件、员工手册、委托书、协议合同、通知等文件材料。

第四十二条 人力资源部应切实履行职责,确保原始资料及单据、表册齐全完整。

第四十三条 公司印鉴由人力资源部负责人负责管理。

第九章 离职与解聘

第四十四条 员工自愿辞职,须提前一个月写出辞职申请书并填好辞工表,报经部门主管同意后,上报人力资源部审批,方可办理辞职手续。

第四十五条 依据公司用工制度,因员工不能胜任岗位工作及各项要求的,由部门提出解聘意见,并填写《解除劳动合同报告》,报人力资源部备案,办理解聘手续。

第四十六条 在试用期内,员工有品行不良、工作欠佳或无故旷职等行为,公司可以随时停止试用,并由主管部门报人力资源部办理辞退手续。

第四十七条 员工离职应该做好工作交接手续和离职手续(需要细化离职手续内容,特别是交还各项证件、门禁卡等内容)。

第四十八条 辞职者或被解聘者在办理完手续当天即可以到财务部门办理工资结算手续。

第十章 附则

第四十九条 本制度如有未尽事宜,由相关部门做出补充决定并报总经理审批;或依照国家的有关规定,结合公司的实际情况予以修订。

第五十条 本制度自2015年1月1日起执行。

002 印章管理制度

一、目的

为了管好企业的印章,避免因错用、滥用公章可能发生的风险,以维护公司的信誉和合法权益,特制定有关印章的管理规定。

二、范围

公司所有业务部门。

三、定义

公司印章包括行政公章、业务专用章、报关专用章和财务专用章。

四、权责

企业印章由专人负责保管,凡使用企业印章必须按规定履行审批手续,并做好记录。

五、行政公章用于文件、信函、介绍信、证明等,一律需经公司领导批准,否则不予办理。

六、业务专用章用于代理进出口合同、《报关委托书》及有关业务协议书,按公司的管理制度审批用章。

七、报关专用章用于向海关报关使用,如:报关单等。

八、不允许空白发票、装箱单及空白委托报关单及其他空白信笺用章。

九、财务用章,由财务部门用于支付货款或申请开出信用证,不能用于签订合同、协议。

十、公章刻制、销毁由公司领导批准后,行政部负责处理,并做好收发记录和每年检查印章保管情况。

十一、管理人员要坚持原则,不徇私情,履行职责,严格按公司管理制度用章。

十二、公章管理人员,凡不按审批手续私用和滥用公章者,将追究其责任。

附件:

使用印章申请表

编号：

日期		用印章部门		用印章申请人	
用何印章		数量		事由	
用印章部门经理			公司领导		
备注					

003 信息安全管理制度

特别声明：

本制度系本公司信息安全总制度，用以约束全体员工。

第一章 总则

为了加强公司计算机信息系统安全保护工作，保障公司计算机信息系统安全、稳定运行，根据《中华人民共和国计算机信息系统安全保护条例》等有关法律、法规，制定本制度。

范围：本制度适用于本公司。

第二章 办公电脑管理

第一条 计算机的使用部门要保持清洁、安全、良好的计算机设备工作环境，禁止在计算机应用环境中放置易燃、易爆、强腐蚀、强磁性等影响计算机设备安全的物品。遵循谁使用谁负责的原则。

第二条 严格遵守计算机设备使用、开机、关机等安全操作规程和正确的使用方法。任何人不允许带电插拔计算机外部设备接口，计算机出现故障时应及时向主管报告，不允许私自处理或找非本公司技术人员进行维修及操作。

第三条 非本公司技术人员对我公司的设备、系统等进行维修、维护时，必须有本公司相关人员现场全程监督。计算机设备送外维修，须经经理批准。

第四条 员工发生岗位异动时必须根据相关规定移交使用的计算机及计算机里面保存的资料。

第五条 管理部门应对报废设备中存有的程序、数据资料进行备份后清除，并妥善处理废弃无用的资料和介质，防止泄密。

第六条 未经主管允许不准在办公电脑上安装其他软件、不准使用来历不明的载体(包括软盘、光盘、移动硬盘等)。

第七条 不得私自在公司网络上以任何形式绕过公司网络连接外部公共网，破坏公司网络的完整性。

第八条 不得私自在公司网络上安装服务器软件、代理软件和影响网络安全的其他软件。

第九条 不得安装和使用黑客软件、恶意软件、游戏以及其他与工作无关的软件。

第十条 掌握防病毒软件的使用，配合信息管理部防止病毒的蔓延，发现怀疑是病毒或杀毒软件不能自动升级的情况，应及时向信息部报告。

第十一条 使用公司规定的正版软件，尊重知识产权。

第十二条 不得私自安装操作系统，特殊要求必须经信息管理部批准。

第十三条 外来电脑加入公司局域网，要符合公司的信息安全规定：

(一) 接入公司网络必须经信息管理部批准；

（二）要安装正版的操作系统，系统补丁是最新的；如长期连接公司网络，必须能自动安装系统补丁；

（三）安装常用的防病毒软件，病毒码必须是最新的；如长期连接公司网络，必须安装公司指定的防病毒软件；

（四）接入公司网络前，对电脑进行本地硬盘杀毒。

第三章　虚拟权限管理

操作员工号是用来进入各类应用系统进行业务操作、分级对数据存取进行控制的。操作工号的设置根据不同应用系统的要求及岗位职责而设置。

第十四条　不得将自己的操作工号转借给他人使用，或者使用他人的操作工号进行操作。

第十五条　操作人员发生异动时必须将相关的操作工号报主管进行权限设置或者暂停处理。

第十六条　操作工号必须设置密码，不得使用初始密码。密码应具有安全性、保密性，不应是名字、生日、重复、顺序、规律数字等容易猜测的数字和字符串，并且必须三个月更改一次。

第十七条　新增和修改操作工号权限，必须凭签名走相关流程由信息管理部存档后执行。

第十八条　外人未经公司领导批准不得操作公司计算机设备。

第四章　部门资料安全管理

第一节　外接存储设备安全管理

第十九条　严禁所有人员以个人介质光盘、U盘、移动硬盘等存储设备拷贝公司的文件资料并带出公司。若因出差等原因需要拷贝文件资料到存储设备中，需要向上级请示，并以公司存储设备做文件拷贝。为确保硬盘的安全，严禁任何人私自拆开电脑机箱。

（一）将用户主机贴上封条标签，任何人不得私自拆开机箱。若需要进行电脑硬件故障排查，应在拆除封条标签、故障排查结束后及时更换新的封条标签。主管定期检查，若发现有封条拆开痕迹，应查看视频监控记录，追查相关人责任。

（二）给每台电脑主机配备锁柜，将所有用户主机存放在锁柜内，锁柜钥匙统一由信息管理部保管，若需要为用户处理电脑故障，主管在打开锁柜处理完电脑故障时，一定要锁好主机柜，确保主机内硬盘的安全。

第二节　文件传真安全管理

第二十条　所有人员对外发送传真，必须经上级核实后，统一在综合部登记，由综合部发送，严禁个人私自在未经许可的情况下对外发送任何类型的传真文件，一经发现，所有后果将由个人承担。

在对内传真文件时，应即刻通知传真接收人接收并取走传真件，在传真结束后，应马上取走传真原件。若因传真时没有取走传真原件，导致原件丢失，造成本部门信息外泄，则由本人承担一切后果。

第三节　文件打印安全管理

第二十一条　所有人员不得私自将公司文件打印带出公司，一经发现，严肃处理。若在上班时间打印工作文件，需要在打印机处等候，文件打印完成后马上取走。

若因文件打印时有其他紧急事务，应该通知本部门人员代为领取打印文件。禁止一切打印后未及时取走打印文件的行为，一经发现，将对本人给予警告，若因打印后文件丢失，造成信息资料外泄，则由本人承担相关责任。

第四节　文件的存储安全管理

第二十二条　所有员工应每周清理计算机中的文件，清除不需要的垃圾文件。

第二十三条　将重要的文件和工作资料保存在特定的文件夹里，每月末应将电脑中的文件资料做一次备份，将文件资料备份到部门专用U盘或移动硬盘上，确保个人工作资料的文件归档，以便在电脑出现突发性故障或硬盘损坏时,能够及时恢复最近的工作资料。

第二十四条 电脑桌面上的文件应每周末拷贝到非系统盘符中,或不在桌面存放任何工作性文件资料。

第二十五条 若因个人原因未执行备份,造成数据资料丢失,将由本人承担相关后果。

第二十六条 若员工离职,在办完离职手续后,主管应将此员工工作资料拷贝到部门 U 盘或移动硬盘上,若没有执行此安全过程,离职员工损失的文件资料由主管承担。

第五节　办公区域的安全管理

第二十七条 所有部门人员每天下班时应保证办公桌的整洁,将部门重要文件资料存放在个人抽屉柜中,锁闭抽屉并检查确保办公桌上没有存放重要文件或其他有可能泄露本部门工作内容的信息源。

若因资料没有存放好,被他人取走,造成的后果将由本人承担。

第五章　日常工作信息安全

第二十八条 员工应对在自己公司电脑内公司机密信息的安全负责,当需暂时离开座位时必须立即启动屏幕保护程序并带有密码。

第二十九条 员工有责任正确地保护分配给本人的所有计算机账户。

第三十条 每台公司电脑内必须安装反病毒软件并启动实时扫描程序。

第三十一条 不得安装有可能危及公司计算机网络安全的任何软件,若确实需要进行软件测试,必须将计算机脱离公司计算机网络进行单机操作。

第三十二条 任何对公司内部计算机网络的黑客行为是绝对禁止的,一经查实,将按公司有关规定严肃处理。

第三十三条 放假期间办公室的安全:确保工作电脑的安全,员工离开之前的一周内备份文件。所有员工在离开之际确保自己的电脑关机并设有开机密码,其他设备的电源也必须切断。

第三十四条 数据的安全:确保软盘,备份数据源和所有机密文件被妥善锁好。公司的高度秘密和秘密信息在不用时必须总是被保存在设有密码锁或钥匙的柜中。公司的机密信息必须存放在锁上的办公桌或文件柜中。

当员工在外的时候,不得在任何地方谈论公司的机密信息。如发现在安全方面有任何可疑之处都要向公司有关方面汇报。报告任何意外对于正确调查和阻止任何更进一步的错误行为是非常重要的。

004 公司内部职责分工管理办法

第一章　总则

为了明确职责、做到各司其职、做到各负其责,将工作落到实处,提高工作效率,保证公司各项工作正常、高效运行,特将公司内部职责分工予以明确。

第二章　执行董事

第一条 召集、主持股东会议。

第二条 参与公司重大事项决策。

第三章　总经理

第三条 主持公司日常管理工作。

第四条 分管人事部、财务部、行政部、进出口部。

第五条 制订业务开展及完成计划并保证完成实施。

第六条 召集和主持日常的工作会议。

第七条　开发新市场,发展潜在客户。

第八条　认真贯彻执行公司的管理规定,不断学习相关业务知识及规定,努力提高自身业务水平及管理水平。

第四章　内审部门

第九条　内部审计部每半年对公司进出口业务进行一次全面审计。主要审计公司各项进出口工作是否符合海关法规规定。

第十条　公司若有外聘顾问公司,则内部审计部负责配合公司聘任的关务顾问公司及其顾问师进行定期关务审核。

第十一条　内部审计部应定期检查公司进出口管理状况;监督各部门在进出口活动中遵守海关和其他相关管理部门颁布的法律法规;对公司各部门工作进行抽查或专题审计。

第十二条　内部审计部进行审计时,所有被审计对象有义务按要求予以协助,如实提供有关情况和资料。

第十三条　内部审计部可以对公司任何财务或物流活动进行专项审计。

第五章　人事行政部

第十四条　根据公司发展规划,提出机构设置和岗位职责设计方案,对公司组织结构设置提出改进方案。

第十五条　制定人力资源年度工作目标和计划,并组织实施。

第十六条　根据公司业务需求,制定招聘政策,组织实施招聘工作。

第十七条　负责记录公司员工培训情况。

第十八条　负责管理公司人事档案,办理社会保险、劳动合同,解决员工与公司劳动争议事宜。

第十九条　制定和完善公司员工手册。

第二十条　负责组织制定和完善公司各项管理制度,并监督各项制度的执行。

第二十一条　负责来访人员的接待,组织公司各种会议和其他重大活动。

第二十二条　负责对公司总经理指示和总经理办公会议精神进行督办与落实。

第二十三条　负责公司文件的打印、复印及办公设备的维修、养护。

第二十四条　负责办公场所的使用管理、办公用品(低值易耗品)的采购与管理。

第二十五条　负责公司外包计算机、网站及信息网络的建设、管理和日常维护。

第二十六条　完成总经理交办的其他工作。

第六章　财务部

第二十七条　进行宏观经济预测、外汇市场预测和公司需要的资金预测,实现对资金的有效调度。

第二十八条　编制和执行预算、财务收支计划、信贷计划,拟定并实施资金筹措和使用方案,合理有效使用资金。

第二十九条　进行各项成本的预测、计划、分析和考核,加强对成本费用的控制。

第三十条　定期进行财务分析和公司运行状况分析,为公司经营管理决策提供切实的依据。

第三十一条　进行税务筹划,办理税务事宜。

第三十二条　对公司各项业务计划、公司投资项目进行财务可行性论证。

第三十三条　参与合同条款审查工作,监督合同的执行情况,监控合同执行风险。

第三十四条　负责财务资料的真实、准确、各类凭证、数据的存档。

第三十五条　执行国家规定的会计准则,制定公司内部财务、会计制度和工作程序。

第七章 进出口操作部

第三十六条 认真贯彻执行公司的管理规定,不断学习相关业务知识及规定,努力提高自身业务水平及管理水平。

第三十七条 积极完成各项任务,注意客户的市场需求,及时处理客户的询盘及各种需求。为客户提供主动、热情、满意、周到的服务。

第三十八条 注意加强与客户的联系。努力保持与客户连贯的、长期的供求关系。

第三十九条 负责与客户商洽有关订购事宜,督促合同正常如期履行。

第四十条 注意收集一线市场信息和用户意见,反馈给公司,为公司的产品设计、市场开发、售后服务、产品改进、新产品开发等工作提供参考性意见。

第四十一条 负责所有与贸易部有关的客户服务工作,收集各类信息,并做好登记及处理工作。

第四十二条 对客户在销售和使用过程中出现的问题,联系相关部门进行及时处理,并做好登记及处理工作。

第四十三条 对客户的任何反馈要专门记录,交与有关部门进行处理,并及时反馈。

第四十四条 对客人的问题耐心解答,并与客户进行沟通。

第四十五条 组织相关人员针对客户提出的问题进行讨论,制订改进计划,并填写有关报表,提交市场分析和总结报告。

第四十六条 负责往来客户资料的整理及归档。

第四十七条 做好业务员订单的后续联系工作、订单完成进度跟踪;同客户及业务员就进度的汇报、沟通;监督并联系生产跟单员。

第四十八条 根据订单及协作部的生产计划进行全面跟踪,目的是按时、按质、按量地完成订单的履行。

第四十九条 做好生产部同外贸部的联系及沟通工作,及时准确地向业务员反馈生产过程中出现的任何问题。

第五十条 汇报和分析问题,并提出解决问题的建议。

第五十一条 审查信用证、合同及客户的有关传真或邮件,负责各类单证的制作、修改及审核工作;出货后及时按客户的要求制作出口单证。

第五十二条 对每一套单证的处理时间负责,不能延误出货,不能出现迟交单;各类单证间必须严格一致。

第五十三条 拥有制作单据的独立权,并对其真实性负责。

第五十四条 做好进出口申报前单证审核工作,并对各类单据做好相应的登记工作。

第五十五条 负责完成主管安排的其他工作。

005 内部培训制度

第一章 目的

第一条 建立人力资源管理系统,明确对各岗位人员录用、培训和考核的控制要求,以确保各岗位的人员应是能够胜任的。

第二章 范围

第二条 适用范围:公司所有员工。

第三章 职责

第三条 人事部负责编制《岗位说明书》以及人员的招聘工作,负责编制培训计划并监督实施,负责基础培训,负责组织对培训效果进行评估。

第四条 各部门负责人负责本部门的岗位基础培训。

第五条 《岗位说明书》由法定代表人负责审核,总经理负责批准。

第六条 各位员工应积极参加各种培训及学习;尤其是海关等法律法规学习(此处需要细化,包括参加培训部门及人员、频率、形式、内容等)。

第四章 培训要求

第一节 人员安排

第七条 人事部配合各部门负责人按培训管理的要求为各岗位配备与之相适应的人员。

第八条 各部门负责人随时对本部门员工进行现场考核。对不能胜任本职工作的人员,需及时安排培训,或转换工作岗位,使其具备的能力与承担的工作相适应。

第二节 培训控制

第九条 培训内容

公司的全体成员都要接受公司的基础培训和岗位专业培训,并根据需要参加继续在职教育培训。

(一)公司内部基础培训

公司基础培训包括公司概况、公司方针、目标与指标、环境、职业健康安全意识,职业健康安全基础知识等内容。

(二)岗位专业培训

岗位基础培训包括相关作业规范、运作程序以及相关的岗位技能、岗位环境因素、岗位风险及其控制措施等内容。通过岗位基础培训使员工掌握相关的运作程序,熟悉与其岗位相关的经验和技能、风险及其控制措施,并具备岗位作业技能和反应能力。

(三)继续在职教育培训

继续在职教育培训旨在提高岗位技能、管理水平、质量、环境与职业健康安全意识。

第十条 培训方式

(一)外出进修、学习、考察、参加学习班等。

(二)公司内组织学习,开展案例讨论、技术操作示教、在岗培训等。

(三)培训不局限于课堂教学,要充分利用公司内部刊物、板报、会议等,进行宣传教育。

第十一条 培训计划及培训的实施

(一)每年12月,人事部根据公司发展的需要、法规要求及公司基础培训、岗位基础培训的要求,在征询各部门负责人意见的基础上,制订下一年度的培训计划;对于临时培训需求,则制订临时培训计划。

(二)人事部监督年度培训计划、临时培训计划的实施,并及时解决实施中出现的问题。

(三)基础培训由人事部考核;岗位基础培训由部门负责人考核;其他内部实施的培训由实施部门组织必要的考核。

(四)人事部记录每个员工参加培训的情况,并将员工的培训记录连同员工的学历证明、资格证书、工作简历等相关资料放入员工的档案内。

第十二条 培训效果评价

人事部每年适时组织各部门负责人就培训的整体效果进行评价,征求意见和建议,以便采取相应措施。

第十三条 相关方人员的培训

当相关方的工作直接影响到公司的运营时,应对其人员进行培训。尤其是公司高层对于进出口业务和政策法规方面的培训,每年不少于一次。

第五章 附则
本制度经总经理审核后,颁发执行。

附件:

1. 培训计划(略)
2. 培训记录(略)

006 单证复核和纠错制度

第一章 目的
第一条 建立进出口单证管理及复核制度,明确对各岗位人员审单、录入和操作执行的控制要求;规范进出口业务操作,促使进出口业务的顺利开展和有序进行,使报关业务更加有效,准确与符合法规要求,以确保从事进出口代理业务的合规性。

第二章 范围
第二条 适用范围:本公司进出口业务操作所涉及的程序。

第三章 作业流程
第三条 本公司属于进出口贸易型企业,一般通过口岸的代理报关企业代为办理手续。

第四条 货物出口时报关业务员必须在货物装船前1—2个工作日(特殊情况除外)进行报关业务。

第五条 报关业务前必须做好以下单据:

(一)出口业务:出口报关委托书,出口发票、装箱单、报关单、出口商检委托书,出口商检换证凭条或凭证等单据。

(二)进口业务:进口报关委托书,进口发票、装箱单、提单和其他特殊单证,如免表、进口许可证、无木质包装声明等。

第六条 报关业务管理

(一)出口业务

1. 操作人员必须在货物出运至少7天前取得出口报关单证。

2. 报关资料须经公司审核员复核,尤其要对产品规格、数量、金额、港口等方面进行严格检查,如发现不符需及时与客人取得联系,并追踪得到更新的报关文件。

3. 出口业务操作员在报关日至少2—3个工作日前,将全套报关资料寄给口岸代理报关行/报关公司,如在自己本属海关出口,由具体操作报关员做好交接手续,同时要求口岸报关行/报关公司回传交接单(或电子凭证,如邮件或快递签收信息)。

4. 口岸报关行/报关公司必须在报关日向海关申报并递交所需的报关资料。

5. 货物出运两个月内,口岸报关行/报关公司须将海关签发的核销单、报关单退回企业,如在自己本属海关出口,则由具体操作报关员负责追踪退单,最终退给客户由操作人员负责。

(二)进口业务

1. 操作人员应先取得进口货物正本单据。

2. 货物到港后,操作人员必须将进口发票、装箱单、提单、报关委托书及其他特殊单证寄往指定报关行,委托当地报关行办理进口成本清关手续,如在自己本属海关出口,由具体操作报关员做好交接手续,同时要求口岸报关行/报关公司回传交接单(或电子凭证,如邮件或快递签收信息)。

3. 海关等有关主管部门一旦放行,业务操作人员应及时安排拖柜并通知公司指定仓库做好卸货准备。

4.货到公司后,业务操作人员应及时报告海关和检验检疫部门前来查验,通知货主企业不得擅自开箱卸货。查验合格后再通知货主可以投入生产使用。

第四章 报关复核和纠错岗位职责制度

第七条 为了减少报关差错,提高通关速度,根据《中华人民共和国进出口货物报关单填制规范》和《中华人民共和国进出口货物申报管理规定》,报关企业应设立复审部门。

第八条 复审岗位人员应熟悉国家有关进出口的法律、法规,掌握商品知识和审单技能,并对工作认真负责。

第九条 对进出口报关单证进行全面审核,确认报关单填制是否规范、准确,报关的委托书、单证、票据是否齐全。

第十条 根据海关政策法规要求,对进出口报关单证数据的正确性、合法性和逻辑性进行综合审核,确认报关单数据正确、合法,有关数据间的逻辑关系正常。

第十一条 审核商品归类、税率、完税价格、原产地等征免税要素,确认税费的计算正确。

第十二条 通过审核报关单的填制,及时发现问题,及时纠正。

第十三条 通过审核报关单,适时对报关单差错进行分析、登记,并将差错分析情况向公司汇报。

第十四条 不参与走私违法活动和违反海关规定行为。

第五章 其他

第十五条 进出口业务操作人员必须做好进出口各种报关单据及记录的留档。

第十六条 必须保证企业的海关等机构注册信息在每次到期前完成年审,同时根据海关等有关机构的有关公告及时更新年审信息,提醒进出口业务货主完成海关年审。

第六章 附则

第十七条 本制度随相关的新出台的政策和法规做相应调整,未尽事项参照海关有关规定。

第七章 附件(略)

007 快递、信件收发管理办法

第一章 目的

第一条 为进一步规范公司快递物品的收发管理,节约公司快递成本,确保快递、信件收发工作安全、准时、必要,特制定本办法。

第二章 适用范围

第二条 本办法中所称的快递收发均指公司员工因工作需要,向外部寄送或外部寄至内部到付的快件,从而实际产生公司快递费用支出的收发活动。

第三章 收件管理

第三条 公司快递收取形式:前台收取。

第四条 快递由前台统一接收:同时前台检查信件、快递包装是否完好无损及货物安全,核对收件人是否为本公司人员,若收件人非公司人员,应当场退回。

第五条 前台确认签收后,将收到的信件、快递、挂号信函等通知收件人取件。若收件人当时不在公司,前台需电话通知收件人,以免耽误公务。

第六条 遇到付费快递,前台应联系收件人亲自付费签收,若其本人不在,可电话联系本人由其指定的代收人签收。

第四章 发件管理

第七条 发件人自行清点及打包好物品并放至前台,快递单上必须注明所邮寄物品。

第八条 由前台通知快递公司取件,并把快递底单交到发件人手中,由发件人自行跟踪。

第九条 底单由前台负责核对费用清单,核对无误后需经各部门领导签字确认。

第五章 附则

第十条 本规定解释权属公司行政办公室。自颁布之日起执行。

008 报关行和货代评估与选择管理办法

第一章 目的

第一条 原则上,选择拥有海关高级认证的报关行和货代进行相关业务合作,若是由于一些客观原因,不得不选择非海关认证的企业,为规范这些报关行和货代的评价、选择及重新评价机制,努力构建和培养合格的报关行和货代,确保公司运输管理符合要求,特制定本管理办法。

第二章 范围

第二条 本办法适用于所有报关行和货代。报关行和货代包括向公司提供所有进出口报关服务及进出口运输服务的企业。

第三章 组织和职责

第三条 公司设报关、报关行和货代评价小组,负责对相关档的修订审核以及对报关行或货代的集中评价,确定合格报关行和货代以及供货等级。

组长:总经理。

组员:进出口部,财务部。

第四条 进出口部负责组织实施报关、报关行和货代的评价、选择工作,及对报关、报关行或货代的日常考核和评价工作。

第四章 报关行或货代评价程序

第一节 新报关行、报关行/货代评价程序

(一)进出口关务部门首先对新报关行或货代进行尽职调查和资质审查。

1. 对于国内注册的新报关行或货代,要求提供相关资质证明。

包括:《企业法人营业执照》、工商注册变更信息、《税务登记证》《银行资信证明》《代理协议》、资质证、体系认证等、产品数据及其他信息,并填报《报关行/货代基本情况调查表》(见附件1);

2. 进出口部对报关行/货代相关资质进行审核并整理归档。必要时到报关行/货代经营场所进行第二方审核。资质评价合格的新报关行/货代,进入发货试用程序。

(二)试用。进出口部组织对新报关行/货代发货试用,经试用合格的,由进出口部牵头,财务部对新承运方的发货保证能力进行评价和审核,主要是服务水平和质量风险控制能力方面,填制《报关行/货代发货保证能力评价表》,提出纳入合格报关行/货代及发货等级意见后,形成《合格报关行/货代审批表》(见附件2),报公司报关行/货代评价小组批准后,列入合格报关行/货代名录。

第二节 合格报关行、货代动态管理

(一)若报关行、货代出现以下任何一种情况,公司将直接取消其承运资格:

1. 承运方经营范围及业务类型发生重大变化;
2. 一年内报关行/货代累计发货准时交付率低于60%;
3. 对公司发出的整改措施无力改进或不愿改进;
4. 已触发双方签订的协议或合同中报关行/货代资格取消的条款;
5. 报关行、货代第二方审核得分较低或严重不符合公司要求;

6. 公司报关行、货代评审及审核为不合格,且报关行/货代整改不力;

7. 提供的资质材料弄虚作假;

8. 公司要求报关行/货代进行相关赔偿,但报关行/货代未完全按时执行;

9. 停止承运达一年以上,并确认以后也会不再发生承运关系;

10. 向公司相关工作人员支付佣金或回扣;

11. 在与公司产生和解决运输争议和分歧时,擅自扣押留置公司托运货物或单证;

12. 其他情况。

(二)报关行/货代集中评价。进出口部加强报关行/货代的日常考核,根据《报关行/货代服务质量考核评分管理标准》对其进行考核打分,并将考核结果纳入报关行/货代评价管理。

每年年初,由进出口部收集资料拟制报关行/货代综合能力评价及等级意见,提交报关行/货代评价小组进行审核。进出口部根据评价小组审核意见,编制《合格报关行/货代名录》;进出口部负责跟合格报关行/货代签订正式合约。

附件:

1. 报关行/货代基本情况调查表(略)
2. 合格报关行/货代审批表(略)

009 访客管理制度

第一章　总则

第一条　为公司进入安全,完善公司制度,促进访客管理工作规范化,特制定本制度。

第二条　本规定适用于公司所有访客的接待管理。

第三条　访客分类:

(一)公司客户。

(二)政府机关人员及公司重要宾客。

(三)一般性访客,即洽公、外协、供应商、维修、应聘等人员。

(四)特殊访客,指精神不正常及蓄意滋事者。

第二章　职责与权限

第四条　办公室的职责:办公室应合理安排每天的值班人员,确保公司、员工的财产安全。办公室应定期对前台进行培训,提高前台的综合素质。

第五条　前台的职责与权限:

(一)前台言行举止要礼貌大方,不得做出有损公司形象的行为。不管哪类访客来访,都应微笑点头示意。当客人有疑问时,应耐心回答客人的问题。

(二)前台原则上应严格检查来访人员的身份,并做好登记工作。对于公司客户、政府机关人员及公司重要宾客可由公司相关人员来前台接待,并协助处理身份确认、登记等工作。

(三)对着装怪异、不填写或不如实填写会客单的一般性来访客人,前台有权禁止其进入公司。对不听劝阻者,值班人员可按特殊来访人员处理。

第六条　受访者的职责与权限

(一)公司员工在上班时间接待外来人员时,须先向部门领导申请,征得领导同意。

(二)公司员工必须在规定的区域接待来访人员,不得私自带其参观公司的任何部门。

(三)公司员工在接待来访人员时,必须要求来访人员遵守公司的规章制度。当来访人员在未知的情况下违反公司的相关规定时,公司员工须及时说明并予以制止。

第三章 访客管理流程

第七条 有客人来访,前台应先询问客人,确定来访人员属于哪一类别。

第八条 若是公司客户,前台则应马上联系,请相关人员前来接待。

第九条 若是政府机关人员或重要宾客来访,前台人员必须立即联系办公室,可由办公室负责接待,并协助办理登记手续。

第十条 若是一般性访客来访,前台则应严格按照以下流程做好来访登记工作:

(一)前台应请访客出示有效证件并咨询来访缘由与受访者;

(二)前台联系受访者,在征得受访者同意后,由访客如实填写会客单后进入公司。

第十一条 若是特殊访客来访,前台应做好解释工作,劝说其离开。对劝说无效,仍强行入内滋事者,前台和门卫可拨打报警电话(110),请公安机关出面帮助处理,同时向公司办公室报告情况。

第四章 附则

第十二条 本规定解释权属公司办公室。自颁布之日起执行。

附件:来访人员登记表

来访人员登记表

日期		进入时间		被访人		
序号	来访者	来访者单位	证件种类	证件号码	访客卡号	离开时间

接待人:　　　　　　　　　　　　　　　　受访者:
日期:　　　　　　　　　　　　　　　　　日期:

010 财务管理制度

第一章 总则

第一条 为加强公司的财务工作,发挥财务在公司经营管理和提高经济效益中的作用,特制定本规定。

第二条 公司财务部门的职能是

(一)认真贯彻执行国家有关的财务管理制度。

(二)建立健全财务管理的各种规章制度,编制财务计划,加强经营核算管理,反映、分析财务计划的执行情况,检查监督财务纪律。

(三)积极为经营管理服务,促进公司取得较好的经济效益。

(四)厉行节约,合理使用资金。

(五)合理分配公司收入,及时备齐需要上交的税收及管理费用。

(六)当有关机构及财政、税务、银行部门了解、检查财务工作时,主动提供有关资料,如实反映情况。

(七)完成公司交办的其他工作。

第三条 公司财务部由总会计师、会计、出纳和审计工作人员组成。在没有专职总会计师之前,总会计师由会计兼任。

第四条 公司各部门和职员办理财会事务,必须遵守本规定。

第二章 财务工作岗位职责

第五条 总会计师负责组织本公司的下列工作:

(一)编制和执行预算、财务收支计划、信贷计划,拟订资金筹措和使用方案,开辟财源,有效地使用资金。

(二)进行成本费用预测、计划、控制、核算、分析和考核,督促本公司有关部门降低消耗、节约费用、提高经济效益。

(三)建立健全经济核算制度,利用财务会计资料进行经济活动分析。

(四)完成公司领导交办的其他工作。

第六条 会计的主要工作职责是:

(一)按照国家会计制度的规定、记账、复账、报账做到手续完备,数字准确,账目清楚,按期报账。

(二)按照经济核算原则,定期检查,分析公司财务、成本和利润计划的执行情况,挖掘增收节支潜力,考核资金使用效果,及时向总经理提出合理化建议,当好公司参谋。

(三)妥善保管会计凭证、会计账簿、会计报表和其他会计资料。

(四)完成总经理或主管副总经理交办的其他工作。

第七条 出纳的主要工作职责是:

(一)认真执行现金管理制度。

(二)严格执行库存现金限额,超过部分必须及时送存银行,不坐支现金,不以白条抵现金。

(三)建立健全现金出纳各种账目,严格审核现金收付凭证。

(四)严格支票管理制度,编制支票使用手续,使用支票须经总经理签字后,方可生效。

(五)积极配合银行做好对账、报账工作。

(六)配合会计做好各种账务处理。

(七)完成总经理或主管副总经理交办的其他工作。

第八条 审计的主要工作职责是:

(一)认真贯彻执行有关审计管理制度。

(二)监督公司财务计划的执行、决算、预算外资金收支,以及与财务收支有关的各项经济活动及其经济效益。

(三)详细核对公司的各项与财务有关的数字、金额、期限、手续等是否准确无误。

(四)审阅公司的计划资料、合同和其他有关经济资料,以便掌握情况,发现问题,积累证据。

(五)纠正财务工作中的差错弊端,规范公司的经济行为。

(六)针对公司财务工作中出现问题产生的原因提出改进建议和措施。

(七)完成总经理交办的其他工作。

第三章 财务工作管理

第九条 会计年度自1月1日起至12月31日止。

第十条 会计凭证、会计账簿、会计报表和其他会计资料必须真实、准确、完整,并符合会计制度的规定。

第十一条 财务工作人员办理会计事项必须填制或取得原始凭证,并根据审核的原始凭证编制记账凭证。会计、出纳员记账,都必须在记账凭证上签字。

第十二条 财务工作人员应当会同总经理办公室专人定期进行财务清查,保证账簿记录与实物、款项相符。

第十三条 财务工作人员应根据账簿记录编制会计报表上报总经理,并报送有关部门。会计报表每月由会计编制并上报一次。会计报表须会计签名或盖章。

第十四条 财务工作人员对本公司实行会计监督。

财务工作人员对不真实、不合法的原始凭证,不予受理;对记载不准确、不完整的原始凭证,予以退回,要求更正、补充。

第十五条 财务工作人员发现账簿记录与实物、款项不符时,应及时向总经理书面报告,并请求查明原因,作出处理。

财务工作人员无权对上述事项自行作出处理。

第十六条 财务工作应当建立内部稽核制度,并做好内部审计。

出纳人员不得兼管稽核、会计档案保管和收入、费用、债权和债务账目的登记工作。

第十七条 财务审计每年一次。审计人员根据审计事项实行审计,并做出审计报告,报送总经理。

第十八条 财务工作人员调动工作或者离职,必须与接管人员办清交接手续。

财务工作人员办理交接手续,由总经理办公室主任监交。

第四章 支票管理

第十九条 支票由出纳员专人保管。支票使用时须有支票领用单,经总经理签字批准,然后将支票按批准金额封头,加盖印章、填写日期、用途、登记号码,领用人在支票领用簿上签字备查。

第二十条 支票付款后凭支票存根,发票由经手人签字、会计核对(购置物品由保管员签字)、总经理审批。填写金额须无误,完成后交出纳人员。出纳员统一编制凭证号,按规定登记银行账号,原支票领用人在支票领用单及登记簿上注销。

第二十一条 财务人员月底清账时凭支票领用单转应收款,发工资时从领用工资内扣还,当月工资扣还不足的,逐月延扣以后的工资,领用人完善报账手续后再作补发工资处理。

第二十二条 对于报销时短缺的金额,财务人员要及时催办,到月底按第二十一条规定处理。

第二十三条 凡1000元以上的款项进入银行账户两日内,会计或出纳人员应将文字性报告呈送总经理。

第二十四条 公司财务人员支付的每一笔款项(包括公私借用),不论金额大小均须总经理签字。总经理外出应由财务人员设法通知,同意后可先付款后补签。

第五章 现金管理

第二十五条 公司可以在下列范围内使用现金:

(一)职员工资、津贴、奖金;

(二)个人劳务报酬;

(三)出差人员必须携带的差旅费;

(四)结算起点以下的零星支出;

(五)总经理批准的其他开支。

第二十六条 除本规定第二十五条外,财务人员支付个人款项,超过使用现金限额的部分,应当以支票支付;确需全额支付现金的,经会计审核,总经理批准后支付现金。

第二十七条 公司固定资产、办公用品、劳保、福利及其他工作用品必须采取转账结算方式,不得使用现金。

第二十八条 日常零星开支所需库存现金限额为2 000元。超额部分应存入银行。

第二十九条 财务人员需要支付现金时，可以从公司库存现金限额中支付或从银行存款中提取，不得从现金收入中直接支付(即坐支)。因特殊情况确需坐支的，应事先报经总经理批准。

第三十条 财务人员从银行提取现金，应当填写《现金领用单》，并写明用途和金额，由总经理批准后提取。

第三十一条 公司职员因工作需要借用现金时，需填写《借款单》，经会计审核，交总经理批准签字后方可借用。超过还款期限即转应收款，在当月工资中扣还。

第三十二条 符合本规定第二十五条的，凭发票、工资单、差旅费单及公司认可的有效报销或领款凭证，经手人签字，会计审核，总经理批准后由出纳支付现金。

第三十三条 发票及报销单经总经理批准后，由会计审核，经手人签字，确认金额数量无误，填制记账凭证。

第三十四条 工资由财务人员依据总经理办公室及各部门每月提供的核发工资资料代理编制职员工资表，交总经理签字，财务人员按时提款，当月发放工资，填制记账凭证，进行账务处理。

第三十五条 差旅费及各种补助单(包括领款单)，由部主任签字，会计审核时间、天数无误并报主管复核后，送总经理签字，填制凭证，交出纳员付款，办理会计核算手续。

第三十六条 无论何种汇款，财务人员都须审核《请款单》，分别由经手人、财务、总经理签字。会计审核有关凭证。

第三十七条 出纳人员应当建立健全现金账目，逐笔记载现金支付。账目应当日清月结，每日结算，账款相符。

第六章 出口业务管理

第三十八条 出口项目需要报审，业务人员需向财务部门提供下列资料：

（一）出口合同及国内购销合同或委托代理出口协议；

（二）《自营出口商品换汇成本预算单》；

（三）如出口商品属于国家计划配额内商品，还需提供出口商品许可证正本，招标项目需提供出口中标书。

第三十九条 财务主管人员有权根据上述资料审核以下内容：

（一）复核《自营出口商品换汇成本预算单》，对项目预期的总体盈利情况进行审核；

（二）项目在运行过程中是否有违反国家财经纪律(如海关、税务、外管局等部门的有关规定)和公司有关财务制度的可能；

（三）对于代理出口业务是否存在承担销售盈亏、垫付商品资金及担负基本费用的情况；

（四）对收付款方式的选择是否合理、安全，经营资金是否有保障。

在上述审核过程中，财务主管人员对项目的某些具体情况持有异议时，项目执行人须详细说明情况，对有严重违反国家财经纪律或公司财务制度，以至于项目不具备操作的条件时，财务主管人员可在《合同审批表》中签署否定意见。

第四十条 对于自营出口项目，业务人员应在支付国内商品采购货款前1—3天与财务人员联系，以便财务人员及时安排资金。办理付款手续时，业务人员应填制(出口业务/财务联系单)，并报请本公司负责人签审，并附加有关合同或协议书副本，财务人员依此办理付款手续。付款后业务人员应在10个工作日内将发票交财务部门。对于增值税发票，财务人员应逐项认真审核。对不符合要求的发票，业务人员有责任重新向客户索取。

第四十一条 在买方开出信用证后,业务人员应立即通知财务人员到通知银行查收,财务人员视资金状况采取相应融资措施,需要信用证打包贷款的项目,财务人员应及时与银行联系,争取贷款早日到位。

第四十二条 在出口货物装船发运后,业务人员应在1—2个工作日内按照信用证或有关出口合同的要求制妥全套结汇单据,并填制汇票,业务人员应配合财务人员做好审单工作,尽早向银行交单收汇、结汇。

第四十三条 财务人员在办理出口退税时,应及时备好全套资料如下:

(一)网上填制出口退税申请表;

(二)增值税抵扣联发票;

(三)出口报关单;

(四)外贸发票和装箱单;

(五)海运货物场站收据或空运提单。

上报税务局后,财务人员还应积极配合税务局做好函证调查工作,尽早收回退税款。

第四十四条 代理出口业务中,在完成银行结汇工作之后,财务人员应持上述资料到税务局办理出口退税转移单,并交委托方在当地退税。对于委托方坚持在我公司办理退税的,我公司本着不垫付税款的原则执行。

第七章 进口业务管理

第四十五条 本公司进口项目需要报审,业务执行人需向财务部门提供下列资料:

(一)进口合同及国内购销合同或委托代理进口协议;

(二)《自营进口商品盈亏预算单》;

(三)如进口商品属于国家控制性商品,还需提供进口商品许可证正本或机电设备进口证明或进口商品登记证明;

(四)如进口商品属于海关免税货物,需提供进出口货物征免税证明。

第四十六条 财务主管人员有权根据上述资料审核以下内容:

(一)复核《自营进口商品盈亏预算单》,对项目预期的总体盈利情况进行审核;

(二)项目在运行过程中是否有违反国家财经纪律(如海关、税务、外管局等部门的有关规定)和公司有关财务制度的可能;

(三)对于代理进口业务是否存在承担销售盈亏、垫付商品资金及担负基本费用的情况;

(四)对收付款方式的选择是否合理、安全,项目资金是否有保障;

(五)如对内为远期收款方式的,除有长期业务关系的客户经特批外,一般不宜采用。

第四十七条 对于需开立信用证的进口业务,业务人员须提前三天向财务部门提交(建行或交行的信用证开立申请书),并报请财务负责人以及公司负责人签审后,再向财务人员提供下列资料:

(一)进口合同、国内购销合同或委托代理进口协议正本一套;

(二)银行开证申请书;

(三)如属国家控制性商品,还需提供进口商品许可证或机电设备进口证明或进口商品登记证明等文件正本。

第四十八条 财务人员在备齐上述开证所需资料审核无误后,尽快提交银行,并按与银行事先约定的保证金比例将款项转入银行保证金账户。信用证开出后,财务人员应及时取回信用证副本并交业务人员共同核对。

第四十九条 开出的信用证需修改时,业务人员应及时向财务部门提出书面改证申请并附详细内容,重要内容的修改还需业务部门负责人签字财务人员审核无误后加盖财务章送交银行通知改证,并及时查收改证回单。

第五十条 财务人员应根据信用证条款或进口合同中规定的议付单据仔细核查单证是否相符,以及各单据之间是否相符。若发现单单之间、单证之间有不一致之处,应及时通知付款银行,停止对出口商付款。

第五十一条 在对外议付或电汇支付货款时,业务人员应提前1—3天与财务人员联系,以便财务人员合理安排资金;经审核无误可以对外付款的合同,业务人员填制《进口业务或财务联系单》,并报请业务部门负责人、财务部门负责人、公司负责人(信用证方式除外)签审后交财务人员办理付款手续,并配合财务人员备齐向银行购汇所需的资料。

第五十二条 财务人员在见到《进口业务或财务联系单》后,填制付款单据,向银行提交下述资料:

(一)购汇申请书;

(二)境外/境内汇款申请书;

(三)进口合同、国内购销合同或委托代理进口协议正本、进口发票;

(四)如属国家控制性商品,还需提供进口商品许可证或机电产品进口证明或进口商品登记证明等文件。

(五)进口报关单

支付后,财务人员应及时取回购汇单据并将购汇成本告知业务人员。

第五十三条 代理进口业务对外议付时,如果公司尚未收到委托方应付的货款,在信用证付款方式下,业务人员负有责任将公司所垫货款及加收的利息在限期内向委托方追回,在其他付款方式下,财务人员有权延迟或拒绝付款。

第五十四条 合同未经财务人员审核,或无法提供银行购汇所需单据的项目,财务人员有权拒绝付款。

第五十五条 进口商品在国内销售时,财务人员根据《购销合同》中的规定及时与业务人员联系催收货款,货款收回后方可开具增值税发票。

第五十六条 进口商品在海关报关出税单后,业务员必须凭海关出具的《进口关税或进口增值税专用缴款书》(电子支付平台预览版)和填制的《进口业务或财务联系单》,及时报请业务部门负责人、公司负责人签审后交财务人员办理网上付款手续。

第五十七条 海关税金支付后,业务员必须及时催讨海关《进口关税或进口增值税专用缴款书》正本,并交财务当月入账抵扣。如果是委托代理进口,则应将《进口关税或进口增值税专用缴款书》转交进口货物委托单位。

第八章 会计档案管理

第五十八条 凡是本公司的会计凭证、会计账簿、会计报表、会计文件和其他有保存价值的资料,均应归档。

第五十九条 会计凭证应按月、按编号顺序每月装订成册,标明起止的月份、季度、年度,以及号数、单据张数,由会计及有关人员(包括制单、审核、记账、主管)签名盖章,由总经理指定专人归档保存,归档前应加以装订。

第六十条 会计报表应分月、季、年报按时归档,由总经理指定专人保管,并分类填制目录。

第六十一条 会计档案不得携带外出,凡查阅、复制、摘录会计档案,须经总经理批准。

第九章 处罚办法

第六十二条 出现下列情况之一的,对财务人员予以警告并扣发本人月薪1—3倍:

(一)超出规定范围、限额使用现金的或超出核定的库存现金金额留存现金;

(二)用不符合财务会计制度规定的凭证顶替银行存款或库存现金;

(三) 未经批准,擅自挪用或借用他人资金(包括现金)或支付款项;

(四) 利用账户替其他单位和个人套取现金;

(五) 未经批准坐支或未按批准的坐支范围和限额坐支现金;

(六) 保留账外款项或将公司款项以财务人员个人储蓄方式存入银行;

(七) 违反本规定条款认定应予处罚的行为。

第六十三条 出现下列情况之一的,对财务人员应予解聘:

(一) 违反财务制度,造成财务工作严重混乱;

(二) 拒绝提供或提供虚假的会计凭证、账表、文件资料;

(三) 伪造、变造、谎报、毁灭、隐匿会计凭证、会计账簿;

(四) 利用职务便利,非法占有或虚报冒领、骗取公司财物;

(五) 弄虚作假,营私舞弊,非法谋私,泄露秘密及贪污挪用公司款项;

(六) 在工作范围内发生严重失误或者由于玩忽职守,致使公司利益遭受损失;

(七) 有其他应当予以辞退的渎职行为和严重错误。

第十章 附则

第六十四条 本规定由总经理办公会负责解释。

第六十五条 本规定自发布之日起生效。

011 进出口内部审计制度

第一章 总则

第一条 为了进一步提高审计工作质量,加大审计监督力度,实现内部审计工作规范化,完善公司内部控制制度,同时增强公司自我约束,改善经营管理,保障公司生产经营活动的健康发展,提高经济效益,实现公司资产保值增值,根据《中华人民共和国海关法》《中华人民共和国海关稽查条例》及《中华人民共和国会计法》等有关规定,结合本公司实际情况,制定本制度。

第二条 公司进出口所有业务和人员。

第二章 审计原则

第三条 独立性原则、合法性原则、实事求是原则、客观公正原则。

第三章 内部审计部的职责和权力

第四条 内部审计部每半年对公司进出口作业进行一次全面审计。主要审计公司进出口各项工作是否符合海关法规规定。

第五条 公司若有外聘顾问公司,则内部审计部负责配合公司聘任的关务顾问公司及其顾问师定期进行关务审计。

第六条 内部审计部应定期检查公司进出口管理状况;监督各部门在进出口活动中遵守海关和其他相关管理部门颁布的法律法规;对公司各部门工作进行抽查或专题审计。

第七条 内部审计部进行审计时,所有被审计对象有义务按要求予以协助,如实提供有关情况和资料。

第八条 内部审计部可以对公司任何财务或物流活动进行专项审计。

第四章 审计内容

第一节 进出口业务的合法性审查

第九条 进出口业务的合法性审查,主要通过询问管理人员,查阅相关批文证书完成。

第十条 检查凭证、报表、决算、资金和财产,审查有关的文件和资料的合法性。

第二节 贸易的真实性审查

第十一条 抽查进口货物报关单,检查有无进口付汇核销单,检查是否有真实的贸易往来或服务,防止出现伪造、假冒、涂改、重复使用进口货物报关单等现象。

第十二条 检查出口销售是否取得出口收汇水单。通过进口货物的购汇申请书(或境外汇款申请书)、兑换(付汇)水单、银行借记通知单、保函对外付款/承兑通知书、汇出汇款证实书,检查对外付汇的真实性。

第三节 进出口计价的准确性审查

第十三条 检查贸易合同是否包括对境外运费、包装费、管理费、特许权使用费等的约定,检查运保费、检查特许权使用费是否计入完税价格;检查对外付汇与报关单金额是否相符,如对外付汇小于报关金额,须进一步检查企业与国内资金往来以及有可能支付差额款项的账户的资金往来情况;检查"商品采购""管理费用""其他业务支出"等科目,确认是否存在向出口商在境内办事处以采购货物、支付服务费、管理费名义支付款项。

第四节 减免税设备的合法性和所有权审查

第十四条 重点关注减免税设备进口与代理企业经营范围之间是否存在不符合免税条件及用途的行为。

第五节 会计核算合规性审查

第十五条 涉及减免税设备进口代理和一般贸易明细账页面是否明确标有"减免税进口"和"一般贸易"字样;在成本核算时,是否将上述贸易分开体现。

第五章 内部审计工作程序

第十六条 编制年度审计工作计划。内部审计部应根据公司的要求和公司具体情况,确定审计重点,编制年度审计的工作计划,年度工作计划经总经理批准后实施。

第十七条 确定审计对象和制订计划。审计部根据批准的年度审计工作计划,结合具体情况,确定审计对象,以及具体审计的目的、时间、范围内容、方式、要求等事项。

第十八条 发出审计通知书。审计主管应于审计项目开始3日前,向被审部门发出审计通知书,将审计目的、时间、项目等事项通知被审计部门。

第十九条 对被审部门进行审计。由两名或两名以上的审计人员开展审计工作。在审计过程中,审计人员要根据审计工作具体要求,认真编制审计工作底稿,获取有价值的审计证据。

第二十条 提出审计报告,做出审计决定。审计工作结束后应及时出具审计报告,审计报告必须附有证明材料和有关资料,其内容包括审计范围、内容和发现的问题、评价和结论、处理意见和建议。

第二十一条 建档与保存。审计人员对办理的审计事项,可建立审计档案,由关务部门保管并作为被审计部门工作改善的参考。审计工作底稿及相关资料保留时间不应少于三个月。

第六章 奖惩

第二十二条 对忠于职守、秉公办事、客观公正、实事求是、有突出贡献的内部审计人员应给予表扬或奖励。

第二十三条 对阻挠、破坏审计人员行使职权、打击报复审计人员以及拒不执行审计决定,甚至诬告陷害他人的,应对直接责任人给予必要的处分。

第二十四条 审计人员泄露机密、以权谋私、玩忽职守、弄虚作假等造成损失或不良影响的,应视其情节轻重和损失大小,给予批评、纪律处分或追究法律责任。

第七章 附则

本制度如与国家或政府部门颁发的法规相抵触,以法规为准。

012 进出口单证管理制度

第一章 总则

第一条 为了规范进出口业务单证的存档管理,根据《中华人民共和国海关法》《中华人民共和国海关稽查条例》等有关法律法规的规定,特制定本制度。

第二条 本制度适用于本公司进出口业务单证档案管理。

第二章 存档项目

第三条 一般贸易项下进出口业务单证的管理:

(一)存档内容:进出口报关资料(包括进出口合同、进出口发票、进出口装箱单、进出口报关单、进出口商检证书、核销单)、进出口议付资料(包括进出口信用证或其他单证要求、议付发票、议付装箱单、提单、产地证、其他规定存档交单据)。

(二)按合同号顺序制作进出口合同台账以及进出口明细。

(三)进出口作业人员必须根据公司统一编号进行存档管理。

第三章 工作制度

第四条 每一项业务操作完毕,进出口操作员必须在一周内整理留档资料进行存档。

第五条 月末由部门内档案管理人员进行检查,检查留档是否按规定操作。

第六条 进出口业务操作以季度为单位,由部门主管进行抽查留档资料是否合格。

第七条 每年度一次,将当年产生的全部留档资料进行归档并做好统计在册。

第八条 留档工作作为业务操作部门业绩考核的一项内容。

第九条 保管人员工作调动,需做好书面工作交接。

第十条 根据《中华人民共和国海关稽查条例》的规定,进出口业务直接关系产生的资料,一般贸易应自办结海关手续后保存三年,减免税设备及加工贸易业务应自办结海关解除监管(监管期;设备为五年)手续后保存三年。

第十一条 查阅档案,必须经档案管理负责人批准。

第十二条 档案销毁,必须经档案管理负责人上一级领导批准。

第四章 其他

本制度未尽事宜,在工作不断补充完善。

013 进出口操作责任和纠错制度

第一章 总则

第一条 为强化工作责任,提高工作效率,防止和减少工作失误,明确全体员工在公司经营活动中应承担的责任,根据本公司实际,特制定本制度。

第二条 本制度适用于公司所有员工。

第二章 定义

第三条 工作责任追究制,是指对公司员工由于故意或者过失,不履行或者不真实履行职责,不执行或者拖延办理公司决定决议的事项,不办理或者拖延交办的工作,以致影响工作进程或工作效率,给公司的利益造成损害,或给公司造成不良影响的行为,进行内部监督和责任追究的制度。

第三章 责任追究的行为及处罚

第四条 指令失误行为指对下属下达工作指令时的失误行为。

（一）因上级下达错误的工作指令，致工作失误，没有造成公司直接或间接经济损失的，扣罚指令人50元。

（二）因下达错误的工作指令，致工作失误，造成公司直接或间接经济损失在2 000元（含）以下的，扣罚指令人100元；损失在2 000—10 000元的，扣罚指令人300元；损失在10 000元以上的，扣罚指令人500元；损失金额每增加1万元，扣罚金额相应增加100元。

（三）经查实指令失误属故意行为的，公司所蒙受的损失由指令人全额赔偿，并追究指令人的法律责任，对指令人作辞退处理。

第五条 执行不力行为。

（一）执行不力行为指下属不服从上级指挥、调度或工作执行不到位的行为。

（二）不服从指挥和工作调度，情节轻微者，首次处罚50元，以后每次加倍处罚，季度内累计两次不听从指挥和调度者，取消当季评选优秀员工资格。

（三）不服从指挥和工作调度，造成公司直接或间接经济损失或屡劝不改的，由总经理酌情对其做出降职、辞退的处理。

（四）虽服从指挥，但不按标准要求或时限完成的，每次处罚30元。

第六条 进出口工作失误行为。

（一）进出口工作失误行为指员工不按公司制度、部门工作程序、标准、作业指导书等规范性制度操作，致工作出现失误的所有行为。

（二）员工工作失误，但未造成公司直接或间接经济损失的，首次发现由部门领导在部门内通报批评，第二次发现同类工作失误，处罚当事人30元，以后加倍处罚。

（三）员工因工作失误，造成公司直接或间接经济损失的，视情节严重程度，予以相应处罚：

公司损失在2 000元（含）以下的，扣罚当事人50元；

公司损失在2 000—10 000元（含）以下的，扣罚当事人100元；

公司损失在10 000元以上的，扣罚当事人300元，损失金额每增加1万元，罚款相应增加100元。

（四）经查实工作失误属故意行为的，公司所蒙受的损失由当事人全额赔偿，并追究当事人的法律责任，对当事人作辞退处理。

（五）直管领导因督查不力，致下属员工工作失误而被处罚的，按员工被处罚金额的50%额外处罚。

第七条 失职事故行为

（一）失职事故行为指不认真履行职务职责而造成质量、安全和责任事故的行为。

（二）不履行职务职责，造成职责范围内发生质量、安全和责任事故，造成对公司影响和损失在5 000元以内的，扣罚责任人200—500元；影响和损失在5 000—20 000元以内的，扣罚责任人500—1 000元；致使公司和员工生命财产遭受重大损失或者造成恶劣影响的，除扣罚责任人1 000—5 000元外，另作辞退处理及追究其法律责任。

（三）职责范围内发生质量、安全和责任事故而不报告，发现一次扣罚责任人200元；发现两次以上扣罚责任人500—1 000元。

（四）部门出现准入、安全和责任事故的，责任人的直线领导应承担领导责任及同等额经济处罚，直线领导为两人的，按职务的高低处罚比例为4∶6；三人的比例为2∶3∶5。

第八条 以权谋私收受他人财物、回扣行为。

（一）以权谋私收受他人财物、回扣行为指利用职务之便，向客户或工作往来单位收受财物、回扣的行为。

（二）收受财物及回扣数额不满500元，予以通报批评并没收财物及回扣，酌情将财物及回扣退还客户或充公。收受财物数额在500—2 000元的，给予降职或撤职处理及没收财物及回扣；收受财物数额在2 000—5 000元的，给予降职或撤职及调离原工作岗位处理，没收财物及回扣；收受财物数额在5 000元及以上的，给予开除处理并没收财物及回扣。

（三）假借海关名义谋取个人不当利益的行为，给予开除处理。

第九条 工作责任追究所给予的处罚和损失赔偿，必须于做出处罚决定之日起一周内上交财务，逾期不交从工资中扣除。

第十条 在对责任人做出处理决定前，应听取当事人的陈述和申辩，当事人对处分不服的，可向总经理申请复核，复核中发现处理错误的，应及时纠正。

第四章 附则

第十一条 本制度由办公室负责解释执行。

014 进出口操作质量改进制度

第一章 总则

第一条 为应对在内部审计中发现的潜在报关风险以及存在的差错，特制定如下改进流程及措施，以便对原因进行分析检讨的同时，改进流程、规范行为操作，防止上述情况发生或再发生。

第二条 本制度适用于本公司关务管理和进出口经营活动中，对已出现的或潜在的报关风险或差错的控制。

第二章 定义

第三条 报关风险和差错：没有满足海关规定的要求，可能存在违法违规风险。

第四条 改进措施：为防止已出现的报关风险或差错或其他不希望出现的情况再次发生，消除其原因所采用的措施。

第三章 职责分工

活　动	职　责	批准权限	通知对象	解释人员
风险和问题报告	内部审计部门	审计员	各部门	进出口部经理
不符合原因分析	报关或内审	部门经理	各部门	进出口部经理
改进措施制定和执行	报关或内审	部门经理	各部门	进出口部经理
措施验证和效果	报关或内审	总经理	各部门	总经理

第四章 改进机制说明

第一节 风险和差错报告的提出

第五条 报关部或内审部门针对存在风险和问题进行登记，并形成报告；存在的问题包括但不限于：公司业务过程中的不合理经营措施或行为以及在进出口过程中已表明报关质量有差错的现象。

第二节 原因分析

第六条 责任部门应对报告阐述问题进行分析，确定产生问题的根本原因，以及已经造成的不良后果。

第三节 改进措施的制定

第七条 针对不符合原因,责任部门应在内审部门的协助下在5个工作日内制定改进措施,措施应包括临时措施和永久措施。

第四节 改进措施的确认

第八条 改进措施的确认须由部门负责人确认,涉及多个部门的预防措施应提交总经理批准;重大的预防措施(涉及体系调整)应经最高管理者批准后实施。

第五节 措施执行

第九条 责任部门遵照执行,并保留相关记录。

第六节 整改效果评估

第十条 定期或不定期验证纠正后情况,并将整改效果形成书面报告上报总经理审核。

第五章 附件(略)

第 一 章

一、不定项选择题

1. A 2. BD 3. ABCD 4. D 5. ABD

二、判断题

1. √ 2. × 3. × 4. √ 5. √

第 二 章

一、不定项选择题

1. D 2. ABCD 3. ABCD 4. BD 5. ABD

二、判断题

1. √ 2. × 3. × 4. √ 5. ×

第 三 章

一、不定项选择题

1. AD 2. ABCD 3. B 4. ABD 5. D

二、判断题

1. √ 2. × 3. × 4. × 5. √

第 四 章

一、不定项选择题

1. ABCD 2. BD 3. B 4. B 5. B

二、判断题

1. × 2. × 3. √ 4. × 5. √

第 五 章

一、不定项选择题

1. D 2. ABCD 3. BCD 4. ABCD 5. ABCD

二、判断题

1. √ 2. × 3. × 4. √ 5. ×

参考文献

[1] 《世界海关组织全球贸易安全与便利标准框架》.

[2] 海关总署令第251号(关于公布《中华人民共和国海关注册登记和备案企业信用管理办法》的令).

[3] 海关总署公告2018年第131号(关于明确"经认证的经营者"(AEO)企业编码填报规范的公告).

[4] 海关总署公告2018年第181号(关于实施企业协调员管理有关事项的公告).

[5] 海关总署公告2021年第86号(关于公布《中华人民共和国海关注册登记和备案企业信用管理办法》所涉及法律文书格式文本的公告).

[6] 海关总署公告2021年第88号(关于公布《海关高级认证企业标准》的公告).

[7] 印发《关于对海关高级认证企业实施联合激励的合作备忘录》的通知(发改财金〔2016〕2190号).

[8] 印发《关于对海关失信企业实施联合惩戒的合作备忘录》的通知(发改财金〔2017〕427号).

[9] 海关总署公告2013年第13号(关于与新加坡关税局全面实施"经认证的经营者(AEO)"互认的公告).

[10] 海关总署公告2014年第20号(关于正式实施中韩海关"经认证的经营者(AEO)"互认的公告).

[11] 海关总署公告2014年第64号(关于全面实施内港海关"经认证的经营者(AEO)"互认的公告).

[12] 海关总署公告2015年第52号(关于实施中国-欧盟"经认证的经营者"互认安排的公告).

[13] 海关总署公告2016年第49号(关于海峡两岸海关"经认证的经营者(AEO)"互认试点的公告).

[14] 海关总署公告2017年第23号(关于实施中国-新西兰海关"经认证的经营者(AEO)"互认的公告).

[15] 海关总署公告2017年第40号(关于实施中国-瑞士海关"经认证的经营者(AEO)"互认的公告).

[16] 海关总署公告2018年第116号(关于实施中国-以色列海关"经认证的经营者(AEO)"互认的公告).

[17] 海关总署公告 2019 年第 71 号(关于实施中国-日本海关"经认证的经营者"(AEO)互认的公告).

[18] 海关总署公告 2019 年第 101 号(关于实施中国-白俄罗斯海关"经认证的经营者"(AEO)互认的公告).

[19] 海关总署公告 2021 年第 74 号(关于实施中国-智利海关"经认证的经营者"(AEO)互认的公告).

[20] 海关总署公告 2023 年第 45 号(关于实施中国-乌干达海关"经认证的经营者"(AEO)互认的公告).

[21] 海关总署公告 2023 年第 49 号(关于实施内地-澳门海关"经认证的经营者"(AEO)互认的公告).

[22] 海关总署公告 2023 年第 74 号(关于实施中国-哥斯达黎加海关"经认证的经营者"(AEO)互认的公告).

[23] 海关总署公告 2023 年第 102 号(关于实施中国-塞尔维亚海关"经认证的经营者"(AEO)互认的公告).

[24] 海关总署公告 2023 年第 111 号(关于实施中国-南非海关"经认证的经营者"(AEO)互认的公告).

[25] 海关总署公告 2022 年第 54 号(关于处理主动披露涉税违规行为有关事项的公告).

[26] 中华人民共和国海关对进出境快件监管办法(根据 2023 年 3 月 9 日海关总署令第 262 号第四次修正).

[27] 海关总署公告 2022 年第 113 号(关于进一步明确报关单位备案有关事宜的公告).

[28] http://www.customs.gov.cn/customs/302249/302270/302272/4675079/index.html.

[29] 海关总署公告 2022 年第 106 号(关于公布《海关高级认证企业标准》的公告).

[30] 海关总署关于《海关总署关于处理主动披露违规行为有关事项的公告》(征求意见稿)公开征求意见的通知.

[31] 海关总署公告 2023 年第 127 号(关于处理主动披露违规行为有关事项的公告).

[32] 中国海关传媒中心与海关总署企业管理和稽查司联合策划出品.经认证的经营者(AEO)文告速览[J].海关总署文告,2021(10).

[33] 中国海关传媒中心与海关总署企业管理和稽查司联合策划出品.经认证的经营者(AEO)深度解读[J].海关总署文告,2021(11).

[34] 中国海关传媒中心与海关总署企业管理和稽查司联合策划出品.经认证的经营者(AEO)权威看点[J].海关总署文告,2021(12).

[35] 郑俊田,熊斌.AEO 认证实用手册[M].北京:中国商务出版社,2019.

[36] 郑俊田,熊彬,胡忠,邓彬彬,郜媛莹.AEO 认证一本通[M].北京:中国海关出版社,2015.

[37] 胡蓉,李伟,李九领.贸易安全与贸易便利[M].北京:中国海关出版社,2014.

[38] 王健.跨境电子商务[M].北京:机械工业出版社,2020.

[39] 王晓参.AEO认证200问[M].北京：中国市场出版社,2016.
[40] 严玉康,陈文珊.AEO制度概论[M].上海：立信会计出版社,2018.
[41] 中国报关协会.关务基础知识[M].北京：中国海关出版社有限公司,2023.
[42] 海关总署公告2022年第6号(关于实施中国-乌拉圭海关"经认证的经营者"(AEO)互认的公告).
[43] 上海海关关于发布AEO行动方案的通告(2023年11月9日).
[44] 海关总署公告2023年第177号(关于实施中国-澳大利亚海关"经认证的经营者"(AEO)互认的公告).

图书在版编目(CIP)数据

海关信用体系(AEO 认证)建设实务/王宛濮主编. —上海:复旦大学出版社,2024.3(2025.7 重印)
ISBN 978-7-309-17115-0

Ⅰ.①海… Ⅱ.①王… Ⅲ.①海关-信用制度-中国 Ⅳ.①F752.5

中国国家版本馆 CIP 数据核字(2023)第 234624 号

海关信用体系(AEO 认证)建设实务
HAIGUAN XINYONG TIXI(AEO RENZHENG) JIANSHE SHIWU
王宛濮　主编
责任编辑/鲍雯妍

复旦大学出版社有限公司出版发行
上海市国权路 579 号　邮编：200433
网址：fupnet@ fudanpress.com　http：//www.fudanpress.com
门市零售：86-21-65102580　　团体订购：86-21-65104505
出版部电话：86-21-65642845
杭州日报报业集团盛元印务有限公司

开本 787 毫米×1092 毫米　1/16　印张 15.75　字数 354 千字
2025 年 7 月第 1 版第 2 次印刷

ISBN 978-7-309-17115-0/F・3016
定价：60.00 元

如有印装质量问题,请向复旦大学出版社有限公司出版部调换。
版权所有　　侵权必究